万川
reflections

一步万里阔

薪酬之上

多元经济中的劳动形态

BEYOND THE WAGE

Ordinary Work in Diverse Economies

William Monteith
Dora-Olivia Vicol
Philippa Williams

中国工人出版社

[英] 威廉·蒙蒂思 | [英] 多拉-奥利维亚·维科尔 | [英] 菲利帕·威廉姆斯——编

潘馨 | 田明刚——译

献给戴维·格雷伯（1961—2020）以及
所有受他启迪而让世界变得不同的人

目录

致 谢

本书诞生于学术界的黄金时期，是非正式讨论与对话的产物。2018年盛夏，一个阳光明媚的午后，讨论在伦敦玛丽女王大学（Queen Mary University of London）展开。后来，讨论的地点换成酒吧、比萨店和数字论坛，最后变成一系列电子邮件。来自不同学科的很多同事和朋友都参与了讨论，提出了各种关于“工作”的问题。他们的名字是克劳迪娅·斯特劳斯（Claudia Strauss）、塔蒂亚娜·蒂梅（Tatiana Thieme）、梅希特希尔德·冯·瓦卡诺（Mechthild von Vacano）、帕特里克·博塔齐（Patrick Bottazzi）、萨宾·比厄里（Sabin Bieri）、路易丝·韦特（Louise Waite）、尼提亚·纳塔拉詹（Nithya Natarajan）、安德烈亚·韦斯（Andrea Weiss）、马尔科·迪农西奥（Marco Di Nunzio）、阿西娅·伊斯兰姆（Asiya Islam）、卡维塔·拉玛克里斯南（Kavita Ramakrishnan）、哈里·佩蒂特（Harry Pettit）、塞缪尔·斯特朗（Sam Strong）、利兹·富克斯曼（Liz Fouksman）、埃米尔·当西（Emil Dauncey）、米凯莱·兰乔内（Michele Lancione）、安妮米柯·普林斯（Annemiek Prins）、弗朗西斯科·卡拉法特-法里娅（Francisco Calafate-Faria）、斯米塔·亚达夫（Smita Yadav）、文森特·鲍姆·埃斯科巴尔（Vinzenz Bäumer Escobar）、莉齐·理查森（Lizzie Richardson）、阿尔·詹姆斯（Al James）、弗雷德里克·哈里·皮茨（Frederick Harry Pitts）、伊利亚纳·格申（Illana Gershon）、凯特·哈迪（Kate Hardy）、卡维塔·达塔（Kavita Datta）、洛雷娜·隆巴尔多齐（Lorena Lombardozzi）、文森特·格尔蒙德（Vincent Guermond）、西奥·巴里-博恩（Theo Barry-Born）。他们中有的人是本书中某篇文章的作者，有的人对本书的内容给予反馈，有的人捐赠奖学金给予支持。特此感谢大家！

我们也十分感谢伦敦玛丽女王大学人文与社会科学学院为研讨会提供的专款。最后，我们想感谢匿名审稿人以及布里斯托尔大学出版社团队的大力支持。对于本书来说，我们不能奢求更好的结果了！

作者介绍

文森特·鲍姆·埃斯科巴尔（Vinzenz Bäumer Escobar）博士毕业于荷兰乌得勒支大学（Utrecht University），研究加泰罗尼亚地区非主流经济形态的日常构建。他的研究方向是政治人类学和经济人类学的交叉研究，尤其关注（未来的）工作、国家主权、经济表现和普罗大众。文森特目前是挪威奥斯陆大学（University of Oslo）的博士后研究生，欧洲研究委员会（The European Research Council, ERC）资助的港口项目（PORTS）的研究员，该项目通过调查港口城市的劳动力转型和资本积累，剖析全球经济性质的变化规律。

凯瑟琳·布里克尔（Katherine Brickell） 英国伦敦大学皇家霍洛威学院（Royal Holloway, University of London）人文地理学教授，《性别、场所与文化》（*Gender, Place and Culture*）期刊的编辑，英国皇家地理学会和英国地理学家协会［Royal Geographical Society（with IBG），RGS-IBG］性别与女权主义地理学研究小组（Gender and Feminist Geographies

Research Group）前组长。她的研究以女权主义为导向，横跨社会地理学、政治地理学、发展地理学和法律地理学等多个领域，而且一直以来，她都把家庭看作现代生活中的危险区域。她已经与他人合编并出版多部作品集，这些作品讲述了她的研究兴趣——家庭的形成、瓦解、迁移、流动和固定，例如与阿约纳·达塔（Ayona Datta）合编的《跨区域地理学》（*Translocal Geographies*, 2011），与梅利莎·费尔南德斯·阿里戈蒂亚（Melissa Fernández Arrigoitia）、亚历克斯·瓦苏德万（Alex Vasudevan）合编的《被迫迁移的地理》（*Geographies of Forced Eviction*, 2017），以及与皇家霍洛威学院同事合编的《迁移手册》（*The Handbook of Displacement*, 2021）等。她的专著《家庭求救：柬埔寨普通人的性别、暴力和危机中求生》（*Home SOS: Gender, Violence and Survival in Crisis Ordinary Cambodia*, Wiley, RGS-IBG Book Series, 2020）着重讲述了普通人为了在家庭暴力中生存下来而作出的努力。

汉娜·J.道森（Hannah J. Dawson） 南非约翰内斯堡威特沃特斯兰德大学（University of the Witwatersrand）社会、工作与政治研究所（the Society, Work and Politics Institute, SWOP）博士后研究员。她的研究领域主要是年轻人的边缘化和
ix 失业现象、未来工作和更加广泛的社会保障形式，特别关注南非的相关问题。最近，她和E.富克斯曼在《非洲》（*Africa*, 2020）月刊上发表了《劳动力、懒惰与分配：南非失业人员的工作意象》（*Labour, laziness and distribution: work imaginaries among the South African unemployed*）。她正在撰写的《工

作之外：南非城市的新工种与新生活方式》（*Beyond the job: emerging forms of work and life in urban South Africa*，暂定名），探究了年轻人群体的失业现象，以及失业现象如何影响当代南非的经济生活、社会生活和政治生活。

E.富克斯曼（E. Fouksman） 英国伦敦国王学院（King's College London）政策研究中心讲师，南非约翰内斯堡威特沃特斯兰德大学社会、工作与政治研究所研究助理。她的研究围绕对工作、认可度及财富再分配（尤其是在非洲南部）的认识展开，以及后工作时代的政治与理论、全民基本收入。她的最新文章包括在《经济与社会》（*Economy and Society*）期刊上发表的《工作的道义经济》（*The Moral Economy of Work*），以及与汉娜·道森合写的《劳动力、懒惰与分配：南非失业人员的工作意象》，发表于《非洲》（2020）。

阿西娅·伊斯兰姆（Asiya Islam） 英国剑桥大学纽纳姆学院（Newnham College, University of Cambridge）乔伊斯·兰伯特研究员（the Joyce Lambert Research Fellow），社会学家、民族志学者，研究领域为性别、阶级及劳动力。她的研究探索了当代社会经济变革的背景下印度城市年轻女性的生活。2019年她获得英国剑桥大学的博士学位，主要研究印度新德里服务行业中的中下阶层年轻女性，在咖啡店、客服中心、商场与办公楼之间奔波的遭遇。

威廉·蒙蒂思（William Monteith） 英国伦敦玛丽女

王大学地理学院讲师。2016年，他在英国东英吉利大学（the University of East Anglia）国际发展学院取得博士学位，研究了在乌干达首都坎帕拉（Kampala）的中心市场竞争体制下，社会经济生活的民族志。威廉的研究兴趣是，在国家或资本主义经济不够重视人民劳动的背景下，工作意味着什么。他的研究记录了正式经济体边缘的工作经历（或称作“苟活”），以及这些经历产生的政治活动及其场所，这些经历挑战了基于全球北方先进资本主义社会的历史经验的工作和经济的理论。

x **尼提亚·纳塔拉詹（Nithya Natarajan）** 英国伦敦国王学院国际发展学院讲师。她的研究内容为城乡转型过程、劳动力关系转变，以及气候和环境的持续变化对印度和柬埔寨造成的影响及两国的应对之道。她现在是全球挑战研究基金（Global Challenges Research Fund，GCRF）的一个资助项目的共同研究员，该项目在柬埔寨和印度南部通过性别镜头探索小额信贷和营养。尼提亚的最新学术成果：在《发展与变化》（*Development and Change*，2020）上发表了《推动形成现代奴隶制：从小额信贷到柬埔寨砖窑的强迫劳动》（*Diffuse Drivers of Modern Slavery: From Microfinance to Unfree Labour in Cambodia's Brick Kilns*），以及与他人合编的《全球职场风气：劳动力、适应性与抵抗》（*Climate in the Global Workplace: Labour, Adaptation and Resistance*，即将由劳特利奇出版社出版）。

玛拉·诺盖拉（Mara Nogueira） 英国伦敦大学伯贝克

学院（Birkbeck, University of London）城市地理学讲师、伦敦政治经济学院人文地理学和城市研究博士，城市地理学家。她的研究重点是社会空间的不平等现象以及巴西城市空间生产的都市政治。她的最新研究着眼于大众经济与城市空间之间的关系，探索了多标量地理学（multiscalar geographies）和劳工危机引发的社会政治反响。她的研究成果刊登在《城市研究》（*Urban Studies*, 2020）、《国际城市和区域研究杂志》（*the International Journal of Urban and Regional Research*, 2019）等多份期刊上。

洛里·帕森斯（Laurie Parsons） 英国伦敦大学皇家霍洛威学院人文地理学讲师。他研究了气候变化引发的政治竞争对社会经济不平等现象、工作模式和流动性的影响。他致力于政策制定咨询，参与了国际透明组织（Transparency International）、国际计划组织（Plan International）、救助儿童会（Save the Children）、国际关怀组织（CARE International）、国际行动援助组织（ActionAid International）、国际争端解决中心（the International Dispute Resolution Centre, IDRC）、柬埔寨金边皇家大学（the Royal University of Phnom Penh）等组织开展的多个超大规模项目，进而探索柬埔寨的经济发展。他的第一部著作《毫无进展：跨地域时代的流动不平等》（*Going Nowhere Fast: Mobile Inequality in the Age of Translocality*）由牛津大学出版社于2020年出版。

安妮米柯·普林斯（Annemiek Prins） 荷兰奈梅亨大

学（Radboud University of Nijmegen）人类学与发展研究系博士后研究员。她在英国阿伯丁大学（the University of Aberdeen）取得博士学位，在读期间的研究对象是孟加拉国首都达卡（Dhaka）的人力三轮车车夫。她的博士论文《扰乱城市：达卡的人力车流动性、现代化与城市变迁》（*Unfixing the City: Rickshaw Mobilities, Modernities and Urban Change in Dhaka*），探究了当代城市生活的不同方面，包括流动性、非正规就业、周边地区的都市化以及城市现代性等。她正在研究的是孟
xi 加拉国帕德玛大桥（Padma Bridge）的建设，探讨在河流环境的背景下，城市化、基础设施建设与气候变化的交叉作用。

克劳迪娅·斯特劳斯（Claudia Strauss） 美国加利福尼亚克莱蒙特匹泽学院（Pitzer College）人类学教授。她的研究包括文化理论［与娜奥米·奎恩（Naomi Quinn）合著的《文化意义的认知理论》（*A Cognitive Theory of Cultural Meaning*，1997年剑桥大学出版社出版）］，以及美国公共政策的文化模式［《了解民意：移民和社会事业的美国论述》（*Making Sense of Public Opinion: American Discourses about Immigration and Social Programs*，2012年剑桥大学出版社出版）］。她正在撰写的著作《超越新教徒“工作至上”理念：“不工作”在美国的多种意义》（*Beyond the Puritan Work Ethic: Diverse Meanings of Not Working in America*）已接近尾声，本书探讨了美国失业群体的工作意义。

塞缪尔·斯特朗（Samuel Strong） 英国剑桥大学哈默顿

学院（Homerton College, University of Cambridge）初级研究员。他的研究方向是城市地理、文化地理和政治地理的交叉研究，以及当代英国的贫困现象和不平等现象。他的研究成果发表在众多知名学术论坛上，其中包括《英国地理学家协会汇刊》（*Transactions of the Institute of British Geographers*）、《政治地理学》（*Political Geography*）以及《地学论坛》（*Geoforum*）等期刊。

塔蒂亚娜·蒂梅（Tatiana Thieme） 英国伦敦大学学院（University College London）人文地理学副教授，城市民族志学者。她曾前往内罗毕、巴黎、柏林、伦敦等地实地考察，其研究主线是工资不稳定的内部、周围和外部的地理环境，以及缺少政府制度支持的个体如何在朝不保夕的城市环境中生存。她最新发表的文章与本书内容相呼应：《人文地理学进展》（*Progress in Human Geography*）期刊发表的"副业经济"主题（"the hustle economy", 2018），《社会与文化地理》（*Social and Cultural Geography*）期刊上发表的"在监狱外规划工作未来"主题（"planning working futures" outside of prison, 2018），《英国科学院学报》（*the Journal of the British Academy*）上发表的"难民：新欧洲人"主题（"refugees as new Europeans", 2020）。

多拉-奥利维亚·维科尔（Dora-Olivia Vicol） 人类学家，长期致力于研究公正与流动性。2016年，她还是英国牛津大学的一名博士研究生时，就和别人共同创办了就业权利慈善组织"工作权利中心”（the Work Rights Centre）。自那以后，她便游走于学术与非政府领域之间。她的研究记录了东欧移民与官僚主义、雇主与移民行业的冲突。

梅希特希尔德·冯·瓦卡诺（Mechthild von Vacano） 德
xii 国柏林自由大学（Freie Universität Berlin）社会与文化人类学研究所博士研究员，她的博士研究是一项关于印度尼西亚雅加达南部某个社区的民族志研究，她花了17个月在这个社区打工。她曾参与过一项印度尼西亚-德国的研究项目，探究2008年班图尔（Bantul）地震及震后的应对情况，研究成果为与他人合编的《应对灾害的文化心理学》（*Cultural Psychology of Coping with Disasters*，由德国施普林格出版社于2014年出版）。

菲利帕·威廉姆斯（Philippa Williams） 英国伦敦玛丽女王大学人文地理学准教授。她从事政治地理学、数字地理学、发展地理学的交叉研究，以及印度的日常数字化政治生活及其跨国团体。她的研究内容包括体验国家的方式，公民权利的表达方式及其边缘性（尤其是在暴力/非暴力的语境下）如何存在及越来越多地受到“数字化”的影响。她的专著《天下太平吗：印度的政治、公民和穆斯林》（*Everyday Peace?: Politics, Citizenship and Muslim Lives in India*，2015），被收入“英国皇家地理学会系列丛书”（*Wiley RGS-IBG Book Series*）。该书通过考察印度瓦拉纳西（Varanasi）纱丽产业编织工和贸易商的工作经历，研究社会治安和政治活动的真实情况。

引言：薪酬之上

威廉·蒙蒂思，多拉-奥利维亚·维科尔，菲利帕·威廉姆斯

我们要谨慎使用“工作”一词，

因为“工作”的定义影响着我们对未来世界的想象。 1

肖、沃特斯通（Shaw and Waterstone，2020，108）

我们平日听到的“工作”，通常是工业资本主义特有的类型。政府很少提起搞副业（hustling）、抚养儿女和自给自足的农业生产等工作，也很少单独列出小贩、父母和小佃农的“辛苦劳动”。通常来说，“工作”的意义反而是狭义上的经济和法律意义，即“家庭以外约定俗成的有酬劳动，是法律规定的、制度化的并受到社会保障的雇佣关系”（Komlosy，2018，8）。许多用来形容“工作”的词语（如“非正规的”“不稳定的”“体面的”等）都是根据“工作”的理想类型构建的。

然而，无论是从历史还是地理角度来看，这种工作模式都是例外。在世界上的许多地区，社会生产组织和空间生产组织不断发展，加快了有酬雇佣模式的衰退（Beck，2000；Standing，2011；Breman and van der Linden，2014）。一边是传统工作的不稳定形态，一边是雇佣临时工的新浪潮，两者齐头并进，后者让越来越多的劳动力能够灵活就业，但囊中羞涩，并且缺乏正式雇佣关系应有的相关保障。与此同时，“零工经济”（Wood et al，2018）发展迅速，数字技术推动了新的雇佣（或自主创业）形式的产生，但它们不够稳定。因此，“无薪生活”
2 方式（Denning, 2010）激增，给市民、研究人员和政府看待“工作”的方式带来诸多挑战。

佛朗哥·巴尔基耶西（Franco Barchiesi）在反思这些挑战时认为，“政府想象中的工作”与“普通人的实际工作体验”变得越发不匹配（2011, 21）。例如，当政府援引低失业率来证明经济繁荣时，这种不匹配性就很明显；而在研究人员和社会活动家想把各种谋生手段“正规化”时，这种不匹配性也很明显。这种“与薪资和工作有关的精神忧郁症”（Barchiesi, 2011, 246）限制了自我批评和反思的机会，并妨碍了未来可能出现的一种情况——工作、身份与安全以不同的方式相互交织。有酬雇佣模式就像“幻肢”（Gorz, 1999, 58），若我们抓住它不放手，最后剩下的就只有一种残酷的乐观主义（Berlant, 2011）。

本书建议，通过有酬雇佣模式的离心理论，重新讨论关于工作（的未来），目的是调查工作在世界各地迥然不同的模样，无论是想象中的，还是现实中的。本书汇集了一批来自不同学科的研究人员，思考不同的国家和地区中的与“工作”有关的问题，从孟加拉的车库到巴西的市场，从柬埔寨的砖窑到加泰罗尼亚的合作社，等等。在工资微薄的经济体里，“工作”的理想状态与实际情况是怎样的？从事这些工作的人想表达什么样的愿望和要求？他们的愿望将如何动摇以往文献中那些想当然的观点，他们又会提出哪些替代方案？……2018年夏，受到詹姆斯·弗格森（James Ferguson）和塔尼亚·李（Tania Li）的邀请，我们来到伦敦玛丽女王大学共同探讨一个话题——对有酬雇佣模式进行“深度分析”并“去中心化”。

工资本土化

女权主义者和后殖民理论家已做过论证，证明“商品化”（Gibson-Graham, 1996）、“第三世界”（Escobar, 1995）等某些主流论述被普遍当作“真理”，它们将某些群体置于“发展”和“进步”的前沿，却把其他人幽禁在“历史的等候区”（Chakrabarty, 2000, 8）。我们认为，有关有酬雇佣模式的讨论给“工作”的相关讨论施加了同样的限制，剥夺了其他的经验和可能性。因此，我们迫切需要追溯当代工作“承担的欧洲 3
的思想和历史负担”（Chakrabarty, 2000, 4），进而实现工资本土化。

有酬雇佣模式是一种比较新的概念，它最早可以追溯到18、19世纪的工业革命（又称“大变革”），其间欧洲国家试图建立劳动力市场（Polanyi, 1944）。“雇佣”这一创造被写入法律，整个过程也得以合法化，通过“雇佣”，人（“雇员”）可以把自己的劳动力卖给顾客（“雇主”），双方同意后，这种“虚构的”公平交换变成了正常化的服从关系（Polanyi, 1944）。于是“雇佣”就超越了其他所有形式的工作，呈现出现行政策和我们想象中神话般的状态（Shaw and Waterstone, 2020, 110）。现在人们理解的“工作”，特指男性在工厂里完成的，并且有工资收入，而不是以家庭为单位，在田野、作坊或家庭内完成的，由此产生了“四肢健全的养家男性”的神话（Ferguson,

2015）。因此，有酬雇佣模式的论述创造了一个竞争场所，在那里，西欧和北美的白人男性员工占据主导优势，可以获得最低工资、带薪休假、休息和退休等权利。但是，这种竞争场所会把创造价值的其他活动驱逐出正式的经济领域，降低它们的等级，使其成为“家庭的”“不正规的”和（或）“残存的”等。

把工作视为有酬雇佣模式是一种新的理解，由欧洲殖民主义者带到了世界各地。据阿希尔·姆本贝（Achille Mbembe）的研究，欧洲殖民列强把雇佣劳动当作工具，来规训当地人，“目的是能够更好地利用他们”（2001, 113）；工资是一种资源，有了工资，殖民国家就能在系统性剥夺的背景下，“用钱购买他人的顺从和感激”（2001, 45）。它象征着一种长期存在的对立关系，即被殖民地经济发展吸纳与排斥的两个群体之间的对立关系（Fanon, 1963）。对于绝大多数受到殖民统治的人而言，有酬雇佣模式代表着“感情疏离、群体瓦解、侵犯人格，以及对有意义的活动的终极否定”（Barchiesi, 2011, 250）。在这样的语境下，“拒绝被雇佣”构成了漫长的反殖民斗争史的一部分。

早在20世纪之初，有酬雇佣模式就被纳入国家行政管理、
4 法律规范以及“工人运动的政治构想”（Komlosy, 2018, 3）。当劳工组织呼吁充分就业时，加深了一种“工作即雇佣劳动”的认识；当女权运动呼吁将女性纳入劳动力范畴时，也进一步强化了这种认识。此外，当领导、参与民族解放运动的政党试图把劳动力本土化时，他们其实也接受了压迫自己的殖民者带来的这种观点（Barchiesi, 2011, 250）。

然而，全球只有少数人能接触到这种雇佣模式。即便在西欧的工业革命的巅峰时期，手工业、家庭产业、自给自足的农业等一系列社会经济活动依然持续影响着人们的生活（Komlosy，2018）。与此同时，世界上大部分地区依然是以自给自足农业、强迫劳动、奴隶制为主，那些地区生产的原材料价格低廉，对欧洲人维持新型劳动力市场至关重要（Bhattacharyya，2018；Pettinger，2019）。后殖民时代资本主义现代化的遗产之一，就是所谓的人口过剩，这种说法已被农业生产系统所摒弃，但尚未适用于拿工资的劳动群体（Li，2010；Ferguson，2015）。

如今，全球61%的人生活在“非正式经济”模式中（International Labour Organization，ILO，2020），不依赖正规雇佣模式谋生。尽管如此，“雇佣”这一名词依然带着偏见，将这一大群体标签化；他们是不正规的工作者，是“危险的阶级”（Standing，2011），是在“浪费生命”（Bauman，2003）。这里有两种含义：第一，世界上现存的工作形式五花八门，却多有雷同，创造的价值也鲜为人知；第二，不依赖有酬雇佣模式谋生的人（其中大多数是南半球发展中国家的有色人种女性劳动力），仅仅出现在反乌托邦式情景中，却在关于未来工作的讨论中杳无踪迹（参见Gorz，1999；Beck，2000）。

因此，受到有酬雇佣模式话语的影响，我们无法继续询问那些不依靠此种模式谋生的人有关价值形态的问题，极大地限制了有关“工作”（未来）的讨论。正如伊恩·肖（Ian Shaw）和麦夫·沃特斯通（Marv Waterstone）（2020，70）所述：

> 除了有酬工作以外，人的全部本领和即兴发挥让其他
> 工作形式出现在日常生活中，会给新的生产方式、繁殖形式
> 5 和社会关系提供核心见解，取代现有（但很快就会消失）的
> 安排，尽管这些工作形式通常是从残酷且急迫的情况中诞
> 生的。

因此，我们亟须从全球多数人的视角重新思考“工作”的含义，因为对于他们来说，有酬雇佣模式不是常态。本书代表了这种思考的开始。我们跟随着威廉姆斯（2007，3）的脚步，采取一种“万花筒般的视野”，这种观点不具备放之四海而皆准的逻辑，取而代之的是从四面八方涌进的片段，可以开启（而非限制）有关未来工作的讨论。单独来看，各个章节在这些工作活动特定的社会和政治背景下，追溯了它们的历史构成，同时关注性别、阶级及种族问题，以及饱受这些问题困扰的人们的经历；整体来看，这些章节质疑了“工作”和“工作经历”的单一含义，为工作、身份和安全的一体化，创造了新的可能性。

工作概念化的三种方式

要想做到工资本土化，我们必须把有关“工作”的传统观念抛在脑后。在下面几个段落中，我们将简要介绍工作概念化的三种主流方式，这三种方式都是依据有酬雇佣模式论述提出的。之后我们会解释“普通工作”的替代概念。

工作商品化

这是一项非常重要的历史传统，它根据工作与资本的关系，将工作概念化。这项传统可追溯至19世纪卡尔·马克思对曼彻斯特工厂工人的工作条件的观察。马克思认为，从根本上说，雇佣型交换是剥削。因为它为了给雇主（资本家）创造更多的价值，把劳动力变成了商品。换言之，雇员不得支配或保留自己的劳动力创造的剩余价值［“……即活的人体中存在的、每当人生产某种使用价值时就运用的体力和智力的总和”（1867）1977，270］。因此，雇佣的基本手段是离间——把人与人之间的联系变成物与物之间的联系。要想结束这种商品化的过 6
程，只有一种方法，那就是通过有组织的工人运动推翻资本主义。

受到马克思主义女权主义（Federici，1975；Mies，1986）和种族资本主义（Robinson，1983；Bhattacharyya，2018）的启发，当代有关工作商品化的讨论已经超越了厂房的范围，转而关注家务劳动形式和强迫劳动形式。该研究极大地丰富了我们对有酬雇佣模式以外工作的理解，它的研究基础是，资本主义的工作历史不是普遍存在的无产阶级化，而是性别差异化和种族差异化，催生了“家务劳动有酬化”、美国黑豹党（Black Panther Party）等政治运动。不过，非正统马克思主义中依然存有唯生产主义倾向，即把工作变成资本主义的使用价值，排除其他的经历和理想（Gibson-Graham，1996；Gidwani，2008）。约迪·梅拉米德（Jodi Melamed）认为：“在世界上任何一个地方，社会力量作为一个整体，都希望拥有唯物主义式的外观（价值），这种愿望促使理性主义、欧洲中心主义、还原论唯物主义和唯发展主义等的出现，限制了马克思主义对去殖民化运动和反种族歧视运动的作用。”（2015，82）因此，如果我们单一地强调商品化，对于世界各地非商品化和部分商品化的工作创造的价值、关系和主体性来说，就无法提出与之相关的关键问题（Millar，2018，8）。

卡尔·波拉尼（Karl Polanyi）曾发表过一篇主题为替代商品化的论文（1944）。波拉尼借鉴了20世纪初许多非西方文化的人类学研究成果［Malinowski，1922；Mauss，1970（1925）］，他认为劳动力商品化是最近出现的，在历史上是罕见的。工业革命之前，人类社会的“工作”围绕三个相互关联的活动展开：维持生存、互惠、再分配。18、19世纪的市场变革严重地破坏了这些活动，但无法通过正统马克思主义提出的方式顺利根除或脱离这些活动。相反，对波拉尼来说，经济活动依然是很多组织的重要活动，如家庭、社区、教会等。随着市场改革不断推动商品化的发展，这些组织却逆向而为，形成一种“双向运动”，在不同的地方产生了不同形式的工作和团体。在保持“经济”和“社会”的欧洲中心化特征的同时，波拉尼的介入有助于我们理解工作的含义和管理工作的组织，为探究更广泛的
7 方式提供了灵感，例如，J.K.吉布森-格雷厄姆（J.K. Gibson-Graham）的“多样化经济体”（2008）。这种多样化经济体把所有经济体诠释为市场交易、替代性市场交易和非市场交易，以及有酬劳动、替代性有酬劳动和无酬劳动。女权主义学者已

经让人们注意到无酬劳动作出的巨大贡献——它构成了全世界30%~50%的经济活动（Gibson-Graham, 2008），但是人们对替代性有酬工作日益突出的重要性的关注度依然不高，其中就包括所谓的非正式经济中的工作。

非正规工作

第二种把工作概念化的方式，是从工作与国家的关系出发的。早在20世纪70年代初，人类学家基思·哈特（Keith Hart）（1973）就创造了一个新概念，叫“非正式部门”（目前含义扩大到“非正规经济”），用来形容数千名民众前往加纳的城市和乡镇找工作，以此维持生计的活动。非正式部门由国家控制范围以外的全部工作形式构成，包括“合法”活动（如小规模商业、个人服务、家庭生产等）和“非法”活动（如卖淫、扒窃、拾荒等）（Hart, 1973）。换言之，各式各样的工作有着漫长的历史。待哈特研究时，很多发展产业（包括世界银行、国际劳工组织）把非正式部门视作“落后的”“传统的”经济领域，需要进行现代化。非正规工作被当作一个问题，因为它回避了政府的会计核算和量化，国家对它难以辨认。因此当时的主要政策是，通过扩大监管范围和增加税收，把非正式部门正式化，同时转向资本密集型的生产形式，进而形成梦寐以求的有酬雇佣模式。

从那以后，非正式部门的二元论构想遭到了广泛的批评，因为它保存了从资本主义经济部门分离的一系列边缘化活动和旧有的活动（Potts, 2008）。例如，塔尼亚·李认为，“非正规工作”的理念会产生消极的影响，因为它助长了“转变的言论”，这种言论认为，那些来到城市和乡镇的人最终会成为正式的雇佣劳动力（2017，1250）。另一种结构主义观点则认为，“非正规化”是正式部门的雇主利用不受保护的工人，降低工资成本、提高灵活性的过程（Meagher，1995，259）。然而，这两
8 种描述都忽略了在“非正规经济”语境中的多种工作的历史渊源。可以说这一概念构成了一种“他人现实的镜像”（Esteva，2010，2），它使得长期以来构成大部分南半球国家“真实”经济基础的整个经济活动领域偏离了正轨（MacGaffey，1991；Simone、Pieterse，2017）。非正规工作的概念虽然突出了工人与国家的关系——这一概念形成于法律规范、制度化和社会保障的理想模式，但掩盖了包括亲属关系和宗教在内的旧因素在规范工作生涯中的作用。

不稳定工作

第三种方法是从社会经济安全的角度将工作概念化。“不稳定性”作为通用的术语，用来描述欧洲和北美洲那些未能充分就业的工人和遭社会排斥的工人。“不稳定性”被用来描述20世纪90年代法国出现的大量“麦工”（Mcjobs，指收入低、没前途的工作——译者）（Bourdier，1998），以及2004年临时工在米兰举行的五一国际劳动节游行示威活动（Breman，2013）。最近，这个术语的内涵在盖伊·斯坦丁（Guy Standing，2011）的研究中得到了丰富，他将全球范围内，因政府和企业

试图提高劳动灵活性（类似于上文提到的“非正规化”）而被逐出有酬就业的工人，定义为“流众”（precariat，或称不稳定无产者）。对于斯坦丁来说，流众构成了“新的危险阶级”，其中包括“零工经济”中的白领、蓝领临时工和零时工（zero-hours workers），该群体与传统工人阶级相比，生活更不稳定，也更依赖于多样化的谋生活动和支持渠道。此后，国际劳工组织（2011）便采纳了“不稳定工作”的概念，即“‘不稳定工作’是非正规的就业，工资低、安全性低，没有保障，收入不够养活一个家庭”，从而绕开了“非正规工作”概念中隐含的二元论。国际劳工组织的“体面劳动议程”，提出了与“非正规工作”相反的工作概念，即“在自由、公平、人身安全和尊严得以保障的条件下的工作”，它的基础是包括劳动时间、工作任期、医疗保健和工会权利等在内的一系列通用标准。

“不稳定性”与“体面的工作”是两个对立的概念，因为它们是根据西欧产业工人的历史经验提出的，不具备广泛的代表性，所以遭到批评（Munck, 2013; Scully, 2016）。这种假设
（出现“全球流众”）过于简单，因此世界各地有酬雇佣的历史 9
和经验模糊不清。例如，佛朗哥·巴尔基耶西认为，在2007年金融危机爆发前，南非就发现“不稳定的工作”成为一种生活方式（2012; Munck引用，2013，758）。此外，“体面劳动议程”与历史上欧洲殖民列强利用有酬工作训导原住民的行为颇为相似，这种行为的依据是将工作与“体面”联系起来的道德观念（Mbembe, 2001）。实际上，在当代的发展论述中，人们依然把促进有酬雇佣模式视作一种“文明追求”（Bhattacharyya,

2018，52）。在现实生活中，人们决定从事“非正规工作”的动机很多，其中之一就是不希望从事那些丢脸的、被孤立的有酬劳动（Millar，2014，38），这也和本书中许多章节的论述不谋而合。

那么，工作商品化、非正规工作和不稳定工作这三个“工作”的概念有什么共同点呢？科林·威廉姆斯（Colin Williams）认为，这三者都是在具体的地点、具体的时间点观察得出的结果，也是“将认同的趋势普遍化”的结果（2007，2-3）。在第一阶段中，大多数经济生活被分为“二分法的某一方面”（如商品化/非商品化，正式/非正规，体面的/不稳定的）。然后把二分法的两个方面按时间顺序排列，进而展望工作的未来，“人们普遍认为，一方面能取代另一方面”（如“商品化”“正式化”“不稳定化”）（2007，2-3）。批判的观点没有对这些过程提出疑问，只是简单地颠倒它们的顺序，例如，使用“去商品化”和“非正规化”的叙事，颠倒它们的标准含义（Breman and van der Linden，2014）。在这两种情况下，工人在世界各地为自己构建的各种各样的未来，都被作者推测的未来“淹没得不知所措”（Chakrabarty，2000，87），而且“不公平现象出现在生活复杂多样的变化方向之中”（Williams，2007，3）。本书将利用“普通工作”的框架，来突出这些复杂多样的变化方向的重要地位，从而推翻普遍的看法。

普通工作：另一种框架

这个问题的核心与中心冲突的利害关系可以归结为以下

> 两种情况：一种是把工作变成丰富多彩的生活的一部分，另一种是把兴趣爱好与工作结合起来。（Gorz，1999，73） 10

当我们发现有酬雇佣仅仅是一种工作形式时，就会产生一个问题，那就是如何界定工作与非工作的界限（Glucksmann，1995，64）。因此我们面临的挑战是，如何把工作从有酬雇佣的范围内"解救"出来，又不会完全分解有酬雇佣的模式。安德烈·高兹（Andre Gorz）在以"收回工作"为主题的专著中提出了两种选择：一种是继续把工作狭义地解释为有酬劳动，并且让工作从属于生活中的其他社会经济活动；另一种是扩展工作的内涵，即涵盖其他社会经济活动。之前两代女权主义活动家和研究人员认识到了"工作"这一概念具有的政治力量——组织和发出呼声（Federici，1975；Weeks，2011；McDowell，2014）。本书延续了她们的观点，因此采用了后一种选择。人们理解的广义的工作是一种满足物质需求的行为，基于对经济的解读，这种经济关注着各式各样的社会和制度形式，让工作既有条理又能被理解（Polanyi，1944；Peck，2013）。这种理解把工作"置于社会整体的语境中"（Block、Somers，1984，63），突显了谋生行为依赖于更广泛的社会再生产系统以及创业、自我雇佣（self-employment）的可能形式。因此，我们认为有酬雇佣是一种工作模式，与强迫劳动、副业经济、合作生活方式和数字平台任务等并列。我们没有按照通常的二元对立理论（正式的/非正规的，不稳定的/体面的，资本主义/非资本主义）对这些活动进行归类，而是建议把它们理解为普通工作的例子，以三种方式展开对工作（未来）的讨论。

首先，我们利用“普通”这一概念来拓宽工作的社会经济设想范畴，改变雇佣劳动者是“从事有意义的工作又有社会尊严的模范”的形象（Shaw、Waterstone，2020，44）。长久以来，研究“工作”的理论家一直把认识局限在北半球发达国家，都认为应避免谈到“巴西化”（Beck，2000）或“南非化”（Gorz，1989）。本书采用了“普通工作”这种劳动形态的概念（作为“非正规”或“不稳定”的反义词），打破了一直以来北方（正式/发达）经
11 济体与南方（非正式/发展中）经济体之间的界限，同时重新塑造工作领域，使之变成一个“差异化的增值空间”（Gibson-Graham，2008，615）。在这一框架内，工作的未来是多元而开放的，它不是发达资本主义经济体中特定群体的发明，而是“人的创造性……无处不在”的产物（Robinson，2006，1）。我们在运用这种研究方法时，依然对不同形式的工作对个人解放和自我实现所作出的贡献，持不确定的态度。任何能够扩展工作的想象范畴的课题，都必须与世界上各式各样的社会经济实践相结合。对于这些活动，我们既不能理想化，也不能盲目地评判，而应视它们为“尚在形成的项目中的部分情况”（Roelvink et al，2015，10）。因此，“普通工作”的课题可能会作为功能异常的备选项和“真正的反乌托邦”回归，而反之亦然（佩克，2013）。

其次，我们在日常生活中使用“普通”这一概念，重新思考工作的含义。工作是日常生活的重要组成部分，受到社会经济关系、价值观和实践的变化的影响，“总是混在一起，始终处在

不停发展的状态”（Lee，2006，413）。照常上班是我们在日常生活中经历和理解的“普通工作”，它与其他的行为、关系和活动相结合。此外，还需要关注这些经验和道理的基准和价值，视工作为“日常生活中人们争夺珍视的、渴望的、想得到的事物的场所”（Millar，2018，12）。因此，普通工作需要一种民族志的敏感性，才能够开辟新天地，在那里，人们能根据自己的文化价值观和愿望，划分自己的工作生活范围。正是在日常生活中（平凡的、日常的、世俗的），人们才能看到另一种可能性，以及在未来实现这种可能性的战略战术（de Certeau，1984）。

最后，我们使用普通这一概念，以便跨越那些理所当然的概念的、地理的界限，进而对比工作的生活经验。**普通工作**替代了线性分析和目的论分析，它反映了“各色经济转型”的地理分布，并受到“危机、矛盾”以及形形色色的实践、策略和想象的驱动（Peck，2013，1600）。因此，它是“薄弱”或“次要”的理论，因为它描述的是产生新的理论开端的新型活动； 12
优先考虑实验研究和参与度，而不是“精湛的知识”（Katz，1996;Sedgewick，2003）。它的目的不是“假设展开限制政治的逻辑和结构”，而是把“不同领域的事物整合起来，生成新的事物”（Spinosa et al，1997，4;Gibsion-Graham引用，2018，625）。例如，通过肯尼亚环卫工人的“忙碌”，了解威尔士山谷地区失业的“求职者”的行为活动（斯特朗撰写的章节）；或是通过巴西拾荒者的生活，了解加泰罗尼亚活动家辞去有酬工作的决定（鲍姆·埃斯科巴尔撰写的章节）。这里分析的难点是通过“有空间差异的异质经济”将工作理论化，无论是从达卡到加泰罗尼亚，从雅加达到伦敦，还是从约翰内斯堡到布莱奈格温特区（Peck，2013，1600）。

本书结构

2018年夏，英国伦敦玛丽女王大学，一场讨论开始了。本书正是这些讨论的产物。共有30位同事和朋友参加了这次讨论，其中大多数人是青年学者，大家提出的问题遍及全球各地的工作形式和工作经历。我们尽可能地使本书的结构，能够反映此次讨论的进程。本书的开篇提出了一个问题，它与后工业化时代的西欧地区和北美地区有酬雇佣模式的衰退有关；接着思考了在有酬雇佣模式不是常态的地区（非洲、南亚、东南亚、拉丁美洲），想象中的工作与实际的工作情况是怎样的；本书的结尾呈现了人们为了获得尊严、意义（除工资以外）而发愤图强、奋斗不息，以及这些奋斗为重新定义"工作"、构想未来提供的可能性。

断裂

在西欧和北美的后工业化地区，有酬雇佣模式不断衰退，这时出现了哪些工作形式？断裂的关键是什么？人们是如何体验这些工作形式的，他们的经历又在多大程度上带有"后福特主义"的特征（Muehlebach、Shoshan，2012），或出现了打工忧郁症（Barchiesi，2011）的症状？在只支付"烂工资"的经济体里，塔蒂亚娜·蒂梅邀请我们从副业的角度，重新思考工作。她向我们展示了内罗毕的小摊贩、伦敦刚出狱的人和柏林难民，为了成为符合制度要求的“好公民”，而从事各种低端低 13 薪职业，同时做各种兼职，以此增加收入，养家糊口。她认为，与其参考传统文献里的工作分类（正式/非正式，有酬/无酬，合法/非法），还不如看看城市经济边缘地带的工作生活——越来越多的人跨越这些鸿沟，投入精力处理形形色色的社会关系，只是不想“苟活于世”。

塞缪尔·斯特朗也运用了“副业”的概念，来阐述威尔士山谷地区人们“为找工作而付出的努力”。他推翻了保守党和自由民主党联合政府（2010—2015）用来划分工人“辛勤工作”与“浑水摸鱼”的措辞，以揭露工作福利制度的残酷乐观主义，而且这种制度承诺的就业形式早已不复存在。斯特朗在亲身体验过杰夫（Jeff）的工作生活后，论述了在“工资微薄之地”，人们为了谋生而参与的各类副业、赠予和志愿活动，并呼吁废除社会契约，因为它将有酬雇佣模式定位为一种社会公民权。克劳迪娅·斯特劳斯同样希望我们思考，在美国除了有一份“体面的工作”之外，是否还有能让我们与社会连接的方式（Ferguson、Li，2018）。在她撰写的章节中，她通过研究外聘人员的经历（包括被错误分类的1099名签约人），揭示了当代美国劳动力市场的断裂性。在她看来，工人往往优先考虑社会关系和归属感，然后才看合同条款，这鼓励我们超越物质条件，多样化地理解工作，去了解“非标准”工作的吸引力。

辞职

为了追求更有意义的人生，我们该如何抵制“烂工资”呢？
因为工资太低而辞职意味着什么？辞职的行为在多大程度上预
示了更充实的生活，还是仅仅通往另一种剥削形式？这一部分
讨论了“辞职”的双重意义，在工资微薄的经济体中，辞职既
是一种主动退出的行为，又是一种被动接受的状态。在本部分
第一章“故意辞职”中，阿西娅·伊斯兰姆讲述了在印度“新经
济”背景下，三位社会中下层女性的困境。她认为，三位女性决
定辞去低端服务业的工作，以显示她们在职场中的尊严，因为
在这些地方工作，她们会受到严重的性别和阶级限制，前途黯
14 淡。她们没有继续认同“就业还是失业”的二元选择论，而是
把有酬雇佣模式与形形色色的谋生活动（包括家务劳动、维持
社会地位的工作和教育等）统一起来。

在“做自己的老板”一章中，汉娜·道森提出了一个问题：为什么在南非很多年轻人更喜欢在非正规经济中从事个体经营？她通过描述提阿索（Thatho）和赫洛尼（Hloni）的生活经历，展现了南非种族化的经济是如何扰乱赞德斯普雷特（Zandspruit）等地的生活节奏，又是如何把人们从实现社会繁荣的必要联系中抽离出来。在这种情况下，辞职既是对从事低端工作的拒绝，又是追求美好未来的一份声明。文森特·鲍姆·埃斯科巴尔揭示了加泰罗尼亚地区人群中的一种倾向——男男女女都渴望逃离资本主义雇佣模式的“仓鼠笼”。他们没有选择非正规的个人经营模式，而是寻求在“生命工程”（projecte de vida）

的概念下建立合作社，借此打破工作与生活的界限，并实现个人的理想和抱负。埃斯科巴尔认为，那种让“生活有意义”的工作往往报酬少，让人感到疲倦，但对社会有益。在本部分的最后一章中，尼提亚·纳塔拉詹、凯瑟琳·布里克尔和洛里·帕森斯警告说，不要将无薪工作理想化。文章通过对柬埔寨砖窑工人真实情况的描述，揭示了工人是如何受到砖窑主的安排，成为债务奴隶，最后只得屈服于“身不由己”的生活。在这里，负债（而不是工资）才是从事这类边缘工作的决定性因素。三位学者的研究结果表明，工人也要置身于更广泛的结构性过程（包括圈地、资本积累等），以便他们更好地理解自己可以选择退出与否，这一点至关重要。

抗争

在正式的劳动抗争之外，工人如何成立组织以改善工作条件？在工资微薄的经济体中，政治行动有哪些机会？在实施各种市场改革的城市里，工人该如何把握城里的机会？本部分考察了不同城市经济体中，工人与国家之间与时俱进的关系。在本部分的第一章中，安妮米柯·普林斯从达卡人力车车行这一最佳观察角度，考察了与工作相关的政策的脆弱性。在经济、 15
生态双重危机之下，车夫可以拥有灵活的工作形式，还能“立刻拿到现金”。在她看来，如果只分析无薪工作与不稳定性之间的关系，人们就不会关注再次造成运输业工人经济地位脆弱的政治原因和政策失当。她以社区许可证制度为例，说明市政法规的严苛造成人力车车夫负债累累、流离失所。

梅希特希尔德·冯·瓦卡诺描述了雅加达交通运输行业存在的分歧，在她看来，“平台资本主义”的到来让印度尼西亚的传统摩的司机产生了一种与达卡人力车车夫类似的压力。在良好的监管环境下，网约车平台已经扰乱了非正规的“潘卡兰”系统（pangkalan system），以及相关的社会保障和再分配形式，司机的生计岌岌可危。然而，冯·瓦卡诺展示了摩的司机应对的方法，他们成功地将数字通信方式融入传统的地方组织，并与正式工会建立联系，从而获得了比数字平台上的司机更好的工作条件。

在本部分最后一章中，玛拉·诺盖拉以一个问题开篇——为什么巴西贝洛奥里藏特的街头小贩不再支持劳工党（Partido dos Trabalhadores）？她描绘了巴西劳工党和范围更大的工会运动的建立方式，工会运动在20世纪70年代的金属工厂中广泛开展，其建立的基础是身心健全的男性工薪阶层。因此，工会运动将所有那些不在正式有酬雇佣模式中的人排除在外，这些人在21世纪初的私有化倡议中只能自谋生路。诺盖拉认为，只有关注街头小贩的主观行为，包括他们依赖的生活节奏和拥有的“生活方式”（Millar, 2018），我们才可能形成一种更具包容性的政治，从而克服全球劳动力危机。

机遇

全球有酬雇佣模式不断衰落，为重新定义工作和设想未

来带来了哪些可能性？“有酬工作忧郁症”掩盖了哪些可能的
选择（Barchiesi, 2011），又该如何摆脱这种“病症”？在本书
的最后一部分中，我们就当今和未来无薪生活的有限可能性进
行了反思。多拉-奥利维亚·维科尔在第一章里展示了新型冠状
病毒肺炎疫情全球大流行背景下，慈善工作带来的可能性。由
于政府对慈善工作的疏忽，维科尔将慈善工作定义为以工资为
核心的国家与工资微薄的经济之间的谈判工作，把伦敦移民经
济中的工人与有限的法律保护、财政补助联系起来。从这方面 16
来说，慈善事业提供的诸多肉眼可见的有价值的工作形式（包
括个性化服务和个人护理），尽管并不稳定，但也重新构建了社
会的结构。

在最后一章里，E.富克斯曼提问，为什么政府还没有给市民分发全民基本收入？在她看来，不仅是政治家、经济精英，甚至中产阶级都非常重视有酬雇佣的理念。万万没有想到，往往是那些被排除在正式有酬经济以外的人，对工资最是依赖。在实地考察纳米比亚的长期失业群体的状况后，富克斯曼认为，即使人们没有更强烈的道德认同观，依然会与有酬雇佣模式保持道德的、心理的、社会的依恋。为了实现新的分配政策，她鼓励我们摆脱工资的束缚，参与各类政治工作，如重拾生计、恢复身份、回到集体等。

参考文献

Barchiesi, F. (2011) *Precarious Liberation: Workers, the State, and*

Contested Social Citizenship in Postapartheid South Africa, Scottsville: University of KwaZulu-Natal Press.

Bauman, Z. (2003) *Wasted Lives: Modernity and its Outcasts*, Cambridge: Polity.

Beck, U. (2000) *The Brave New World of Work,* Cambridge: Polity.

Berlant, L. (2011) *Cruel Optimism,* Durham, NC: Duke University Press.

Bhattacharyya, G. (2018) *Rethinking Racial Capitalism: Questions of Reproduction and Survival,* London: Rowman & Littlefi eld.

Block F. and Somers M.R. (1984) 'Beyond the economistic fallacy: the holistic social science of Karl Polanyi', in T. Skocpol (ed) *Vision and Method in Historical Sociology,* Cambridge: Cambridge University Press, pp 47–84.

Bourdieu, P. (1998) 'La précarité est aujourd'hui partout' ['Precariousness is everywhere nowadays'], in *Contre-feux,* Paris: Raisons d'agir, pp 96–102.

Breman, J. (2013) 'A bogus concept?' *New Left Review,* 84 (Nov–Dec): 130–138.

Breman, J. and van der Linden, M. (2014) 'Informalizing the economy: The return of the social question at a global level', *Development and Change,* 45(5): 920–940.

Chakrabarty, D. (2000) *Provincializing Europe: Postcolonial Thought and Historical Difference,* Princeton, NJ: Princeton University Press.

17 Comaroff, C. and Comaroff, J. (2012) *Theory from the South: Or, How Euro-America is Evolving Toward Africa,* London: Routledge.

de Certeau, M. (1984) *The Practice of Everyday Life,* trans. Steven Rendall,

Berkeley, CA: University of California Press.

Denning, M. (2010) 'Wageless life', *New Left Review,* 66: 79–97.

Escobar, A. (1995) *Encountering Development: The Making and Unmaking of the Third World,* Princeton, NJ: Princeton University Press.

Esteva, G. (2010) 'Development' in W. Sachs (ed) *The Development Dictionary,* London: Zed Books, 1–23.

Fanon, F. (1963) *The Wretched of the Earth,* New York, NY: Grove Press.

Federici, S. (1975) *Wages Against Housework,* Bristol: Power of Women Collective and Falling Wall Press.

Ferguson, J. (1999) *Expectations of Modernity: Myths and Meanings of Urban life on the Zambian Copperbelt,* Berkeley, CA: University of California Press.

Ferguson, J. (2015) *Give a Man a Fish: Reflections on the New Politics of Entitlement,* Durham, NC: Duke University Press.

Ferguson, J. and Li, T. (2018) 'Beyond the "proper job": Politicaleconomic analysis after the century of labouring man', Working Paper 51. PLAAS, UWC: Cape Town.

Gibson-Graham J.K. (1996) *The End of Capitalism (As We Knew It): A Feminist Critique of Political Economy,* Oxford: Blackwell.

Gibson-Graham, J.K. (2006) *A Postcapitalist Politics,* Minneapolis, MN: University of Minnesota Press.

Gibson-Graham, J.K. (2008) 'Diverse economies: Performative practices for "other worlds" ', *Progress in Human Geography,* 32(5): 613–632.

Gidwani, V. (2008) *Capital, Interrupted: Agrarian Development and the*

Politics of Work in India, Minneapolis, MN: University of Minnesota Press.

Glucksmann, M. (1995) 'Why "work"? Gender and the "total social organization of labour" ', *Gender, Work & Organization,* 2(2): 63–75.

Gorz, A. (1989) *Critique of Economic Reason,* London and New York: Verso.

Gorz, A. (1999) *Reclaiming Work: Beyond the Wage-Based Society,* London: Polity.

Hart, K. (1973) 'Informal income opportunities and urban employment in Ghana', *The Journal of Modern African Studies,* 11(1): 61–89.

ILO (2011) Symposium on Precarious Work, 4–7 October (http:// www.ilo. org/ actrav/ what/ events/ WCMS_ 153972/ lang–en/ index. htm, accessed 11 November 2019).

ILO (2020) *Transition to Formality and Structural Transformation: Challenges and Policy Options,* Geneva: ILO.

18 Katz, C. (1996) 'Towards minor theory', *Environment and Planning D: Society and Space,* 14(4): 487–499.

Komlosy, A. (2018) *Work: The Last 1,000 Years,* London: Verso.

Lee, R. (2006) 'The ordinary economy: Tangled up in values and geography', *Transactions of the Institute of British Geographers,* 31(4): 413–432.

Li, T. (2010) 'To make live or let die? Rural dispossession and the protection of surplus populations', *Antipode*, 41: 66–93.

Li, T. (2017) 'After development: Surplus populations and the politics of entitlement', *Development and Change,* 48(6): 1247–1261.

MacGaff ey, J. (1991). *The Real Economy of Zaire: The Contribution of Smuggling and Other Unofficial Activities to National Wealth,* London: James Currey.

Mauss, M. (1970). *The Gift: Forms and Functions of Exchange in Archaic Societies,* London: Cohen & West.

McDowell (2014) 'Gender, work, employment and society: Feminist refl ections on continuity and change', *Work, Employment and Society,* 28(5): 825–837.

Malinowski, B. (1922) *Argonauts of the Western Pacifi c : An Account of Native Enterprise and Adventure in the Archipelagoes of Melanesian New Guinea,* London: Routledge & Sons.

Marx, K. ([1867] 1976) *Capital: A Critique of Political Economy,* Vol 1, London: Penguin.

Mbembe, A. (2001) *On the Postcolony,* Berkeley, CA: University of California Press.

Meagher, K. (1995) 'Crisis, informalization and the urban informal sector in sub-Saharan Africa', *Development and Change,* 26(2): 259–284.

Melamed, J. (2015) 'Racial capitalism', *Critical Ethnic Studies* 1(1): 76–85.

Mies, M. (1986) *Patriarchy and Accumulation on a World Scale,* London: Zed.

Millar, K. (2014) 'The precarious present: Wageless labor and disrupted life in Rio de Janeiro, Brazil', *Cultural Anthropology,* 29(1): 32–53.

Millar, K. (2018) *Reclaiming the Discarded: Life and Labour on Rio's*

Garbage Dump, Durham, NC: Duke University Press.

Monteith, W. and Giesbert, L. (2017) ' "When the stomach is full we look for respect": Perceptions of "good work" in the urban informal sectors of three developing countries', *Work, Employment and Society,* 31(5): 816–833.

Muehlebach, A. and Shoshan, N. (2012) 'Post-Fordist affect: Introduction', *Anthropological Quarterly,* 85(2): 317–343.

19 Munck, R. (2013) 'The precariat: A view from the South', *Third World Quarterly,* 34(5): 747–762.

Peck, J. (2013) 'For Polanyian economic geographies', *Environment and Planning A,* 45(7): 1545–1568.

Pettinger, L. (2019) *What's Wrong With Work?,* Bristol: Bristol University Press.

Polanyi, K. (1944) *The Great Transformation,* Boston, MA: Beacon Press.

Potts, D. (2008) 'The urban informal sector in sub-Saharan Africa: From bad to good (and back again?)', *Development Southern Africa,* 25(2): 151–167.

Robinson, C. (1983) *Black Marxism: The Making of the Black Radical Tradition* (1st edn), London: Zed Books.

Robinson, J. (2006) *Ordinary Cities : Between Modernity and Development,* London: Routledge.

Roelvink, G., St. Martin, K. and Gibson-Graham, J.K. (2015) *Making Other Worlds Possible: Performing Diverse Economies,* Minneapolis, MN: University of Minnesota Press.

Scully, B. (2016) 'Precarity North and South: A southern critique of Guy Standing', *Global Labour Journal,* 7(2): 160–173.

Sedgwick, E. (2003) *Touching, Feeling: Aff ect, Pedagogy, Performativity,* Durham, NC: Duke University Press.

Shaw, I. and Waterstone, M. (2020) *Wageless Life: A Manifesto for a Future Beyond Capitalism,* Minneapolis, MN: University of Minnesota Press.

Simone, A.M. and Pieterse, E. (2017) *New Urban Worlds: Inhabiting Dissonant Times,* Cambridge: Polity.

Spinosa, C., Flores, F. and Dreyfus, H.L. (1997) *Disclosing New Worlds: Entrepreneurship, Democratic Action and the Cultivation of Solidarity,* Cambridge, MA: MIT Press.

Standing, G. (2011) *The Precariat: The New Dangerous Class*, London: Bloomsbury.

Weeks, K. (2011) *The Problem With Work: Feminism, Marxism, Antiwork Politics and Postwork Imaginaries,* Durham, NC: Duke University Press.

Williams, C. (2007) *Rethinking the Future of Work: Directions and Vision,* Basingstoke: Palgrave Macmillan.

Wood, A., Graham, M., Lehdonvirta, V. and Hjorth, I. (2018) 'Good gig, bad big: Autonomy and algorithmic control in the global gig economy, *Work, Employment and Society,* (Online First): 1–20.

第一部分　断裂

1 “烂工资”和副业：普通人在伦敦、柏林和内罗毕的工作经历

塔蒂亚娜·蒂梅

进入21世纪第三个十年以来，世界上的许多经济体支付的工资微薄，因此我们必须找到新的角度，理解这种经济状况下的工作的实际情况。再加上21世纪以来出现的各种危机，此事刻不容缓。2009年，也就是2008年全球金融危机爆发一年后，为满足日益增长的跨学科研究需求，基思·哈特和同事合作出版了论文选编集《人类经济》(*The Human Economy*)，为人们介绍了思考经济的新方式及经济运作的新模式。在他们看来，人类经济包括四个关键因素：与日常生活的相关性、应对多种情况的万全之法、对多元需求和利益（收支之外）的认同感以及解决全人类问题的承诺（Hart et al, 2010a, 5）。在讨论后金融危机时代人类经济的状况之前，作者敦促我们先把注意力放在当下，“虽然人类经济已经无处不在，但是人们参与经济生活，通常是为了自身的利益，而且他们的工作内容往

往受主流经济制度和意识形态的影响，而被掩盖、抑制、边缘化”（Hart et al, 2010a, 5）。十多年过去了，后危机时代的“人类经济”特征依旧难以捉摸；相反，随着世界各国努力应对全
24 球性金融危机和流行病，长期的不稳定性和财政紧缩成为新常态。

本章探讨了在长期不稳定的状况下人们如何**谋生**，谋生包含的各种“文化逻辑”（Gidvarni, 2008），以及经常遭到忽视的社会形态和经济形态（Hart et al, 2010a）。本章鼓励“用开放性思维看待多元工作形式”（Hart, 2009, 158），以响应近期开展的“重新思考工作”的讨论，拓宽有关正式和非正式工作内涵的思考。本章通过描绘世界各地普通人的工作经历，旨在展示民族志方面的思考，加深人们对如何组织、如何描述各类经济活动的理解。

整个20世纪，“正当职业”是人们口中的流行词，在工业劳动的构想中独占鳌头；它带有福特主义劳动安排的痕迹，即在特定的工作时间和工作地点，劳动具有劳动保障，并受到法律保护（Ferguson and Li, 2018）。因此，工资直接关系到生产工人的有形组织，确定了“社会—经济”关系的时间和空间界限，并且对于中央“组织单位”——国家（Amin, 2011, 2）来说，工资要求白纸黑字写进法律，不可抵赖（Scott, 1999）。“正当职业”的概念也塑造了生产工人的性别化表现，它只将挣钱养家的男性定位为家庭的顶梁柱，却忽视了女性所付出的辛勤劳动。她们生儿育女、照顾家庭，却分毫未得，要知道，这种“非市场交易”类的工作占全球经济活动的30%~50%（Gibson-

Graham, 2008, 615）。随着20世纪70年代资本主义发展的障碍被扫清，资本主义进入新阶段，由于离岸外包和自动化的出现，工业生产的场地跨越时空，分离开来，这一阶段通常被称作“后福特主义”阶段（Amin, 2011）。然而，主流工作观念得到保留，发工资是规范性操作，并且仍是提高生产力和获得认同感的主要方式。

然而，对于处在边缘的有酬工作来说，劳动、资源、时间三者之间的关系变得模糊不清、难以描述，不清楚该根据哪些条件定义工作的内涵。自20世纪70年代以来，对无酬工作的理解主要利用的是“非正规经济”的概念，这个概念由人类学家基思·哈特（1973）提出，他承认国家视野以外的各类谋生活动，这些活动此前一直受到发展经济学家的漠视（Myers, 2013）。最近，学术界和哈特本人都对“非正规经济”这一概念的僵化
和带有的歧视性表示不满，要求对构成所谓非正规经济的社 25
会经济形式进行多元化的理解（Roitman, 1990; Hart, 2009, 4-6）。

在过去的十年里，数字媒体平台上涌现出一批新型社会经济形态。一些学者和业内人士对此赞不绝口，纷纷为数字媒体平台“点对点资本主义”的高“市场效率”欢呼不已，将它看作解决2008年金融危机后经济下滑顽疾的良方（Sundararajan, 2016）。在北半球经济体持续去工业化的大背景下，数字媒体平台已经变成能灵活就业但没有保障的“零工”的代名词。“零工经济”和南半球国家常见的“非正规经济”拥有共同的特征，反映了工业化和后工业化经济的变化，零工经济同样在日

益不稳定（可以说是永久不稳定）的劳动力市场中运转，导致长期紧缩政策和福利事业不断遭到削弱成为常态（Waite，2009；Standing，2011；Meagher，2018）。这里引出一个问题：该从多大程度上将“学会工作”与课堂和正规教育相脱离（Willis，1981），而与特定城市环境创造的特定机会结构联系起来（Saitta et al，2013；Richardson，2015）。

随着后殖民时代和后工业时代的劳动力市场逐渐舍弃有酬雇佣模式，全世界的工作前景变得越发不稳定，对年轻人来说尤其如此（Barford and Coombe，2019）。但这里有一个悖论：人们眼中的谋生活动，依然是理想状态下的标准的正规有酬雇佣模式（或“正当职业”）。值得注意的是，虽然国际劳工组织已经告别了耳熟能详的“非正规”范畴，但是继续把形形色色的谋生活动归类为“非标准就业形式”，其中包括间断的、非全职的和不涉及雇主与雇员之间有明确合约关系的工作（2018）。显然，在没有工资或没有保障的情况下，（特别是）在财政紧缩、资源匮乏的逆境之中，“苟活”的生活方式也将不断猛增（Saitta et al，2013；Mckenzie，2015；Barford and Coombe，2019）。

那我们该如何重新描述“标准”雇佣模式以外的工作模式，也就是间断的、非全职的、雇主与雇员没有签合同的那种工作模式。虽然工作模式可能不受国家监管，但哪些工作模式反映了
26 存在了上千年的经济形态？我们与其把创造收入的各色方式归类为“非正规工作”或“零工”，还不如回到“系统D”这样老旧的表达，“系统D”常用在北非和西非，暗指“débrouillardise”

（找出路）（MacGaffey, 1991; Neuworth, 2012）。我们也可以使用包括吉布森-格雷厄姆（2008）在内的女权主义地理学家的研究，他们使用了“多元经济”的概念，以促使人们在现实生活中关注构成“实体经济”的众多经济形式（MacGaffey, 1991）。学者们呼吁要扩大“道德空间和政治空间”（Laclau and Mouffe, 1985, cited in Gibson-Graham, 2008, 615），希望我们把民族志的敏感性带入影响工作的特定“文化逻辑”的规范和价值观（Gidwani, 2008）。如果经济社会状况一直不稳定，这些逻辑可能造成“同时做多份工”的情况（Cooper and Pratten, 2015; Simone and Pieterse, 2017），其中包括可能被主流机构视为有失体面、危险或“违法”的工作形式（Hart, 1973; Saitta et al, 2013）。例如，米勒（Millar, 2008）在描述拾荒者（catadores）的民族志研究中提到，巴西人可能会认为，饱受压迫之人迫不得已，只得在“垃圾堆”里拾荒谋生，但是这种谋生手段颇具灵活性，还有“自主权”，既得到了那些生活陷入困境、状况不稳定之人的欢迎，也得到了那些无法承受僵化的“有酬雇佣模式”之人的青睐。因此，她的研究提供的事例说明，暂停对工作的规范分类，有可能扩大实际存在的工作的内涵，并提供看待一系列“其他经济体”的方式（Hart et al, 2010a, 9）。

因此，为了思考正规有酬雇佣模式的转型，我们需要重新考虑人与工作之间的关系，并回到基本的问题，那就是在多元经济体中，人们应该如何“谋划自己的生存方式，甚至走向富裕”（Lancione, 2016）。如今，我们比以往任何时候都需要超脱工作的二元定义，因为它无非就是把工作分为正式或非正式、合法或违法、被人雇佣或自谋生路的选择，扩宽思维能让我们更好地理解当代工作复杂的现实情况，尤其是城市边缘的工作经历（Lancione, 2016）。随着各地接连出现劳动力不稳定、“就业中贫困”的现象，越来越多的公民被剥夺了经济权，因此“副业”成为解决这些问题的办法。在这里我想说明，副业是灵活的“补充剂”，用来补充不稳定的工资或主要收入来
27 源的不足。它们颇具创造性，但形式模棱两可，往往不受机构和协会的监督且不被认可。

副业

一位肯尼亚女性在当地著名的城市“贫民窟”谋生，一位坐过牢的伦敦男性出狱后重返社会和职场，一位叙利亚难民作为“新欧洲人”在柏林闯荡，三者有什么共同点？本章探讨了三种平凡的“工作经历”之间的关联性，它们分别来自截然不同的城市边缘区域（McDowell, 2013）。我在文中指出，三个人的谋生之道都有多种收入来源，它们形式多样，而且往往是不被政府认可的。它产生了原本不可能的资本增益，同时造成了自发性损失；找不到“正当职业”时，就自己安排做其他工作。我的目的不是要介绍“简单化的趋同假说”（见本书引言），而是就跨领域和工作经历进行思考，正如琳达·麦克道尔（Linda McDowell, 2013）指出的“平凡却出色”的工作方式，使得北半球国家和南半球国家的工作经历紧密相连、难以区分。

在全球劳动力不确定性的背景下，越来越多人的工作经历带有兼职、副业和后备方案的特点。三位采访对象的经历揭示了城市边缘区域的谋生方式，它们往往是低端有酬工作结合各种形式的“副业”。我这里说的“搞副业”指的是一种常规社会机构以外的城市实践，包括一系列交易、投机主义，还有在工资微薄、经济困窘的边缘环境中不太可能实现的资本增益（Thieme, 2018）。因此，这种工作形式在有酬雇佣模式的衰退时期出现了。例如，内德·波斯基（Ned Polsky, 1967）鼓励我们，把美国底层社会台球厅出现的赌博行为视作低收入群体重要的谋生方式。在他看来，这些通过赌博而获利的人，能够“在台球厅里”找到工作，也是一种“兼职”，用“额外的一点收入”来弥补微薄的工资，也让他们“抓住每一丝机会来展示自己”。

正如三个人的经历显示的，除了不稳定的有酬工作或工作津贴以外，这种“副业”或“额外的一点收入”是一种重要的弥补机制。在劳动不稳定的情况下，劳动者缺乏正式机构的支持，感觉自身的社会地位、经济地位和（或）法律地位遭到侮辱，在这种情况下，“搞副业”成为应对方式。“搞副业”既反映 28
了一种剥夺和不公正的特定形式，又暗示了重新想象、再次塑造工作和生活的方式：这就是“搞副业”的不确定性。正是这种悖论认为“搞副业”是城市生活的条件之一，与现有的经济、政治、社会结构和（混乱）秩序相抗衡。

德伯克和巴洛吉（De Boeck and Baloji, 2016, 16）在金沙萨的研究，描述了城市居民利用“封闭、链接、缝合”的方式，让城市中原本“不可能存在的生存状况”变成了可能。“缝合”这一隐喻指一种封闭、缝补的过程，比如搞副业。缝合指不断（重新）撕开伤口的同时，试着想象另一种可行的未来。因此，“缝合”迫使我们更加密切地关注世界各地的城市里“想象的和实际的”工作方式（De Boeck and Baloji, 2016, 17），带我们去领悟让城市边缘人的日常生活和想象富有生机的知识、障碍和梦境。在他们生活的世界里，有特殊形式的“社会导航”（Vigh, 2010, 420），在那里“人们花费大量的时间来理解和预测社会环境的变化，阐述自己如何适应、如何参与即将到来的变化”。

本章挑战了“生产性劳动”的常规认识，目的是“重新阐述”形形色色的城市经济体中实际存在的工作行为（Gibson-Graham, 2008; Simone and Pieterse, 2017）。本章凸显了试验型和常规型的事业，它们在有酬雇佣机会缺失、不足和有损人格的情况下，以潜在的颠覆性方式“创造”工作。在此，我向大家介绍发生在内罗毕、伦敦和柏林的三段平凡的工作经历，目的是阐述三个观点。首先，我将说明各种经济活动的糅合与社会导航构成了工作经历，实际的工作往往融合了正式雇佣劳动及临时的副业，质疑了工作二元论，即把工作的内涵缩减为“是或不是”的分类（正式/非正式，有固定工资的/工资不稳定的）。其次，我将阐释城市有酬经济的边缘群体是如何通过文化语言和“工作逻辑”（Gidwani, 2008）遇见并解释自己不稳定的经济活动，并带着尊严在不稳定的领域里奋力抗争。最后，我将说明这些不同的活动和逻辑如何创造了特定的社会经济形式和社会经济功能（Hart, 2009），即资本增益、再分配和工作表现。

在下一节中，我将一一介绍这三位采访对象，以及他们在内罗毕、伦敦和柏林的普通工作经历，他们的名字分别是伊丽莎（Eliza）、达米安（Damien）和纳菲亚（Nafea）。我想通过这些点滴见闻，阐述我近期发表的以“搞副业”为主题的文章中提出的问题（Thieme，2018）：在“不可能的”城市经济中，“搞副业”在多大程度上巩固了现存的剥削行为和驱逐行为（De Boeck and Baloji，2016），以及（或者）它在多大程度上促进了工作形式的产生？ 29

内罗毕经济环境下的兼职员

伊丽莎出生、长大的地方是内罗毕最大、最古老的非正式定居点。2009年我遇见她时，她24岁。我曾用笔记录过（2016），作为一位年轻的单身母亲，伊丽莎在男性主导的内罗毕非正规拾荒经济中游走的经历。多年来，拾荒一直是她的主要收入来源。21世纪初，发展行动者设法雇佣城市“贫民窟”的年轻群体，他们发现，基于社区的非正规拾荒人员以团体形式工作，占据特定的领地。伊丽莎和很多同龄人伴随着内罗毕“非政府组织化”的兴起长大，她成为发展和社会商业部门英明的“领航员”，设法利用生活在落后城市社区的年轻群体及他们的创业技能。到2016年，她又在一家环卫公司担任“扫地工”，以此获得更多收入。她在这里有工资拿、有制服穿——内罗毕专业性和正式雇佣模式的标志。但是，那年我从与伊丽莎的交谈中了解到，她的工作身份与她的“正职”没有关系；相反，她认为自己是一个兼职者。在这里，人们认为生存和认同感来自立刻能收到钱的活动、无酬的社会活动工作、社交媒体上的活跃度的结合，她也常常在社交媒体上自豪地打上“贫民窟女孩”的标签。在伊丽莎日常的“社会导航”里，最关键的事就是必须在重要的时刻努力被社区的人“看见”。因此，伊丽莎的工作既有低端有酬工作，又有自己选择的来自邻里经济和形形色色的社会活动、社会回应中的兼职工作，这些工作提升了她的“街头信誉”，在经济不确定的情况下准备了“后备方案”或安全保障。

30 人们往往认为非正式、非专业的工作是“低技能工作”。然而在内罗毕，“搞副业”需要各种各样的技能和隐性知识。在内罗毕“贫民窟”出生和长大的年轻人创造了自己的城市地图，用不同的方言解释沟通，游走于不同的机构之间，当他们与企业投资者产生共鸣时，便自称“企业家”；当他们弯下腰捡废品时，便自称“搞副业”，以此在失业、机会主义和希望的共同经验上形成团结的阵地。机会出现在正确的时间和正确的地点，而且“民众是基础设施”（Simone, 2004）。在这样的环境中，年轻人过去总是四处奔波，现在却可以在一天中的某个特定时段待在家里。

伊丽莎重视副业是因为她认识到，在内罗毕，社会企业的临时工作不断变化，不能长久。尽管有稳定的头衔和加薪，但她讨厌这种工作形式，因为自己无法参与公司的运营决策。她解释说：

你瞧，我曾经在胡鲁马（Huruma）和玛萨瑞（Mathare）

> 当过环卫工人，就在我家附近，因此我认识大家，大家也认识我。然后他们说，伊丽莎，你到穆库鲁（Mukuru）去。但是你瞧，那里没人认识我，很难有安全感，也很难让别人听我说话，你懂吗？但我知道，只要我还是环卫工人，就必须去他们要我去的地方，有我要完成的目标。虽然我有意见，但是老板才能做决定。[1]

伊丽莎对待工作非常认真，也重视公司上级的看法。她也知道，在自己生活的街区，能有一份工资收入非常难得。但是，她变得越发愤世嫉俗，因为这份工作既没有晋升渠道，职责也是一成不变，她最多只能在组织里当个小步兵，换句话说，她只需要达成"目标"就行。与此同时，她开始怀疑自己的正职还能不能算是一份"工作"。在当代的内罗毕，"工作"意味着找到一种谋生方法，也意味着对政治活动和道德模式保持灵活。身为女性，她也知道，谈论自己的工作会引起歧义，但会很有用，甚至很安全。她曾在胡鲁马的公寓里谈到2017年某天晚上发生的事："你瞧，那晚我看到一群男孩子偷东西。我走到他们身边，对他们说：'小伙子们晚上好，你们正在忙吗？真巧，我也在忙。'" 31

她向我解释说，当时那群男孩子以为她说的"也在忙"指的是卖淫，就是女性天黑后还在街上"值夜班"，这十分常见。让别人以为自己也在"值夜班"是一种"虚张声势"的行为（Newell, 2012），这种演出来的同道情谊，让他人觉得自己同样在挣扎过活，就能让她有暂时的安全感。她在向我讲述这段经历时，我也从中感觉到，这种"虚张声势"的意义远大于欺骗：这是下班以后，她与这些抢包的男孩子建立联系、变得亲近的一种方式。正如她说的："你知道吧，这世道太难了！白天先忙完，晚上又要忙。"她的故事也突显了夜间经济的道德准则：夜间忙碌的人齐头并进，互相尊重对方的"诡计"。后来我才意识到，她的故事没有批判卖淫或抢劫等赚钱手段，在这种环境下，人们都对这类谋生手段表示默许。"就连我们那里的小巴士（matatus）也让性工作者免费乘车，司机知道她在工作，好心让她休息一会儿。"

白天，伊丽莎在各种生活间游走，穿着环卫工制服时，她就搭乘小巴士前往工作地点，但她心里清楚，这份工作的时间总是不确定的。她也明白，"搞副业"的"社会厚度"（Ferguson, 2006, 198）是一把双刃剑。一方面，她解释说："对于我们年轻人来说，机会就是你待的地方……你可以在这里打拼，树立自己的权威。"在这里，通过打拼"干出成绩"的关键是得到当地人的认可，也可以称为"街头信誉"。另一方面，她引用了一种"惩罚"，当人们认为有的人"做得太好"时，就会"制裁"这些人。她解释道，人们期望这些成功人士把赚的钱重新分配给那些生意"不好"的人。因此伊丽莎很仔细地管理使用自己的收入，为孩子们交学费，同时做一些小生意，提高生活质量，但好景不长，一旦资金紧张，就要准备消费降级。正如她所说："人们最好不知道我住在哪里。"2017年，伊丽莎住在一栋八层廉价公寓的顶楼，公寓没有配备电梯，这里是内罗毕人口最密集的低收入社区。她开玩笑说，这里是"顶层套房"，有许多好处，比如没人知道她是谁，也没有谁家的湿衣服会滴水到她家。然而，公寓中第一个没水的总是她家的那层楼。

如今，伊丽莎依然在从事各种“副业”。她在2019年失去了有酬工作，因为她没有达到当年的绩效。但是她通过前几年与 32
各种非政府组织和社会机构的联系，有机会成为短期合同工。她已经从“顶层套房”搬走，目前住在胡鲁马某栋廉价公寓的一层，还说自己住的地方很“热闹”。同时，她在社交媒体上传了自拍，展现“工作中”的平凡时刻，从办公室到街道，又从街道到办公室，但她依然称自己是“贫民窟女孩”。

伦敦的副业

达米安[2]曾经坐过牢。2016年我在伦敦监狱现场考察时遇到过他，当时他是即将刑满释放的人员之一（Richardson and Thieme，2020）。英国60%以上的囚犯年龄不超过40岁（Sturge，2019，9）。和许多坐过牢的伦敦年轻男人一样，达米安在建筑行业找了一份工作。一位坐过牢的人曾经向我解释说：“建筑公司对你过去的经历毫不关心。只要你够勤快，就会有机会。”起初，听到达米安说出狱后不久就找到了工作，我由衷地感到高兴。但到了2018年，我第一次在监狱外遇到他，才知道这份工作是由某临时机构承包的，这个机构拿走了他40%的工资。最初，达米安被安排住在临时旅舍，这种住房计划通常会持续6周，目的是让出狱人员“重新振作”。然而，尽管他一直马不停蹄地寻找稳定的住处，却没有资格住上政府救济房，因为在财政紧缩的英国，他不算是“健康的成年男性”（Dowling and Harvie, 2014; Mckenzie, 2015）。但矛盾的是，他的缓刑官告诉他，他必须辞职才有资格住上政府救济房，而达米安不想辞职。他对我说，他计划在建筑工作中做副业，多赚点钱。他所有的想法——包括如何弥补微薄的工资，来应对在伦敦生活的财务需求，以及支付家庭开销——都背离了传统规范，甚至违反了法律，重返再次犯罪的道路。他刑满释放时，需要抚养的家属包括1岁的儿子和他的代孕妈妈，与前妻生育的12岁的儿子，以及他的现任女友。

塔蒂亚娜：你还认识其他也坐过牢，出狱后和你一样努力寻找正经工作，最后“改过自新”的人吗？

33 达米安：当然有，但他们偶尔走歪路。

塔蒂亚娜：那你的意思是，你出狱后发现自己没法从糟糕的工作里赚到够用的钱，只好再次犯罪，来获得一点额外的现金或其他东西，然后你才能走回“正途”？

达米安：就是这样，而且你得确保自己不犯大事，别被抓到。

塔蒂亚娜：有没有什么项目可以帮助像你一样有商业头脑的人，支持你们创业的？

达米安：有啊，但是那些项目只针对19岁到25岁的青年。如果你像我一样老（30岁），就没人理你，只能靠自己。

他陷入了灰色地带。他没有资格获得任何住房或创业方面的支持，因此他决定“单打独斗”。

6个月后，我再次遇到达米安，他依然在建筑行业工作。这时他已经升职了，但依然说自己赚的“烂工资”太少，只是勉强超过最低工资标准（每小时7.5英镑）。接着他介绍了自己的“副业”：“你看，我每周在建筑行业工作65个小时，这是合法的，对吧？但是我拼命工作，赚到的钱只够维持生存。我不想仅仅存活在世上，我也想真正地活着。因此我又做了其他副业……我的情况就是这样。”他解释说，他已经把朋友的政府救济房拿去出租了，他的朋友还在坐牢，如果他不继续缴纳租金，很可能会失去这栋房子。达米安直接付款给房东，而且每个月多给朋友寄100英镑。与此同时，他从一位来自东欧的自营性工作者佐菲亚（Zofia）[3]身上收取每天的租金，她在公寓外面做生意。达米安解释道，因为她只有一个人，也不在公寓里做生意，所以那栋楼不算妓院，他也不觉得自己是拉皮条的。他收的租金是他付给房东租金的4倍。与此同时，佐菲亚每天用一小时的工作收入支付当天的租金，其余的另作他用。她每个月都会回国，用赚到的钱养活家人。达米安解释说：“这些（东欧）女人知道在这里可以赚很多钱，因此才来伦敦，每次来这里工作几周，然后回国。她们没有皮条客，只能去找安全的地方，租个房间或公寓，四处打听值得信任的人……”他还说，酒店过于显眼而且有风险，私人出租的公寓能为各方提供更安全的环境，而且潜在利润丰厚。他强调，如果一切按计划进行，大家都能赚到钱。房东在规定的租金基础上拿到了“额外一点”钱， 34
中间人（达米安）从中抽出了多余的租金，他就能寄100英镑给朋友，还能有一笔可观的收入，而佐菲亚工作一个小时后就能赚钱。

我一边听达米安讲故事，一边阻止自己用先入为主的想法思考他描述的交易类型。我想理解这则故事背后的道德逻辑和经济逻辑，理解他所说的副业的合理性，他觉得这么做能让每个人都赚到属于自己的那份钱，从而在财政紧缩和不安全的大环境下依然能够主宰自己的人生。但缺少佐菲亚的证明，很难作出这一推断。当然，这个故事还可以用另一种方式更直白地描述：这是在一个没有监管的经济世界中发生的关于剥削的故事，主角是一个可疑的房东、一个坐过牢的英国男人和一位工作不稳定的移民性工作者。但有一点值得注意，那就是与伊丽莎一样，达米安没有评判像佐菲亚一样的性工作者以及她们的职业；相反，他对这些性工作者的处境表示担忧，因为她们"缺乏保护"，任由贩卖人口团伙摆布，或容易在街上遭受暴力袭击。因此，他的故事恰恰揭示了"社会厚度"的形式（Ferguson, 2006），而且由于"就业中贫困"的共同经历，他们之间产生了共情，这种经历让像达米安这样的人只能"苟活于世"。他的故事表明，在此"价值链"的每个环节里，每一位参与者都在挣钱，不需要霸占他人的利益。这种做法完全违法，也异于常规做法，但是其背后的逻辑是利益互惠和"共享自给自足的成果"（Kinder, 2016, 11）。

达米安的"搞副业"是一种自给自足的工作形式，能够"弥补"低端工作获得的微薄收入，还为他提供了防止"就业中贫困"的保障，这与波斯基（1967）对兼职的描述很像。与此同时，坚持做"正职"显然对他还有价值，因为"正职"能保证他走上刑事司法体系要求的“正轨”，从而降低他再次入狱的概率。尽管越来越难找到一份“体面”的工作，但英国刑事司法体系依然将工资与“继续走正轨”的承诺联系在一起。这样一来，像达米安这样坐过牢的人只好通过其他（非法）手段来“弥补”微薄的工资。

20多岁时，达米安的大部分时间都在监狱中度过。有一次我们聊天时，他说道：“我不介意监狱，我知道该怎么服刑，但这事太他妈浪费时间了。”他对监狱的“运作”了如指掌，而且确信这是“浪费时间”，他决心这次决不入狱，虽然这只是他自己的想法。在刚出狱的那段脆弱时期里，游走于刑事司法体系意味着他要当“双面人”。他坚持走制度要求的“改过自新”之 35
路，（对许多刑满释放的人来说）就是从事低端低薪的工作，限制他们的“存在”，用达米安的话来说，就是只能“苟活”。同时，副业成为自给自足和自我肯定的重要形式，扎根于他称为“街头生活”（Road life）的熟悉的领域——这是他12岁离开学校后，生活的世界。“街头生活”是一个主位术语，在英国城市中心贫民区的黑人青年中流行开来，指的是“街头文化”的特殊形式。它包括社会和文化内涵，以及在主流经济机会缺乏之地出现的“地下经济”（Venkatesh，2008）。“街头生活”是那些住在政府救济房里的年轻人的生活写照，在那里，他们既是犯罪的实施者，又是受害者，往往是对主流教育、大众住房和正规就业的结构性排斥和不稳定性的回应（Bakkali，2019；White，2020）。对于达米安来说，游走于“街头生活”与“正轨”之间，意味着他必须在不同的时间，面对不同的观众，不断上演精心编排的表演。一周7天，每天早7点到晚7点，他必须表现出非常勤劳的样子。在大街上，他假装身无分文，以免受到不必要的关注，尤其是不能被警察注意到，因为人人都知道，警察格外关注缓刑期间的黑人青年。周六晚上，他打扮得帅气迷人，前往俱乐部，希望正确的人（潜在客户）知道在哪里可以找到他。但他同时也是一个三十出头的男人，只想享受都市夜生活，享受短暂且夸张的炫耀性消费（Newell, 2012）。在他坐牢的那些年里，所有的晚间行动都被禁锢在牢房之中，但是现在，在传统意义的“工作时间”结束后，他可以自由自在地享受都市的夜晚。

在柏林为证件打拼

2011年，28岁的纳菲亚以叙利亚政治难民的身份抵达柏林。我们第一次见面是在2018年6月，他介绍了管理柏林难民的“整合体系”及其涉及的工作内容。因叙利亚冲突逃亡欧洲的难民在跨越国界时，都需要登记时间和地点（Darling, 2017），登记也发生在从“长期流离失所”的难民所在的难民营搬走的时候，以及在城市中游走谋生、等待处置、畅想未来和进行各种“城市谈判”的时候。他回忆起那段时光，说他在抵达柏林之后的头几个月，就住在郊区的难民营。尽管那里只能满足身
36 体方面的需求，却给他提供了基本的安全和膳食营养，他还在那里认识了“形形色色的人”。他解释说：“我和大家的关系都很好，我想了解他们。”但是难民营里没有工作机会，而

纳菲亚不想“坐以待毙”。他觉得难民营每周发的“零用钱”（Taschengelt）是德国政府设下的圈套，只要拿了钱就得待在营里，和萨特的戏剧《禁闭》中的情节如出一辙。这份每周的津贴是由国家赞助的，要求领取津贴的难民每三天回一次难民营，但这点钱不够在柏林独立生活，因此，难民处于依赖的状态，生活停滞不前。

纳菲亚解释了他是如何游走于难民营和他口中的“就业黑市”之间，进而寻求实现经济独立的。他先做清洁工，后来又做厨师。有了这些工作经验，纳菲亚开始积累他的“维他命B”。在口语中，“维他命B”指的是个人可以从相互合作、相互联系及相互支持中受益的各种关系（Beziehungen）。工作带来的薪水和社会联系让他能够逐渐脱离难民营，不再依赖政府的“零用钱”。他在不同的工作和临时住所间穿梭，很快被卷入德国的“工作福利系统”，该系统要求难民参与当地市政府和公司组织的许多劳动安排，这些劳动安排采取了“职业培训”（类似学徒制）的形式，参与者一经通过即可获得居留权。

长久以来，专业培训是德国赫赫有名的职业培训模式的核心部分，但是自2015年开始，在人口增长和财政紧缩政策的双重作用下，它创造的仅仅是工作的表象。与此同时，难民被迫参与没有工资和（或）非全职的低技术含量工作，与达米安在伦敦的经历类似。人们讽刺地称某些临时工作为“迷你型工作”，因为它们的时薪只有1欧元，每周工作往往不超过5小时。迷你型工作之所以存在，是因为政府给予了补贴，以弥补迷你型工作微薄的收入。正如一位社会工作者所说，对于许多期待或希望最终获得有酬工作的难民来说，这种情况是一种“结构性的打击”。对于纳菲亚而言，职业培训计划的重要性不是因为它能提供正当职业，而是它承诺会给予法律权利和社会福利。实际上，支撑德国近期的融合政策的契约要求难民进入劳动力市场，证明其经济独立，从而换取社会福利，最后可能会拥有合法的权利，也就是纳菲亚所说的“证件”。因此，“新柏林人”必须
37 以某种方式证明自己可以成为有抱负的工薪阶层主体，表现自己在经济上具有“生产力”，在国家面前具有“合法性”。

每隔几周，纳菲亚就要在黑市工作与迷你型工作间转换，但对于他来说，最有意义的“工作”是将他的音乐和为处境危险的年轻难民所做的社会工作结合在一起。他是一个乐队的成员，乐队的四位成员都来自叙利亚，他们曾经一同在叙利亚的音乐学院学习，而现在，纳菲亚帮助他们在柏林安顿下来。任何一位生活在柏林这样一个充满创意和不羁风尚的城市的人，都熟知街头卖艺、巡回演出和寻找排练地点很困难，对于大多数人来说，这些行为还有“额外的好处”——资助自己的音乐事业。纳菲亚将这点与社会工作相结合，指导来自叙利亚和其他国家的移民青年，他们穿梭在学校、犯罪街头（轻微）和特殊的“难民营公寓”之间，和超负荷的社会工作者一起生活。正如纳菲亚所说：

> 他们不怕警察，因为祖国的家族文化比柏林的警察还要严格。但在这里，他们没有家族文化，不像过去，周围的邻居都认识你的家族，每个人都知道你父亲是谁，因此你只

> 好安分守己。在这里，他们没有这种文化。因为我刚到德国时也遇到过这些问题，一个接一个的问题，所以我很清楚。有时我会遵照家族文化做事，但大多数时候，我会让他们处于赢家地位。

纳菲亚口中的“赢家地位”指的是他教这些年轻难民如何“玩转”德国的官僚体制。例如，“就业中心”提供某种形式的住房、工作和家庭补贴，但是如果你不会说德语，不了解法律规定，以及（或者）不知道如何确定自己符合哪种补贴形式，那么在这种“系统”中游走就会充满困惑。一旦你进入了这个系统，文书、排队、表格……“这些事很烦琐，但总比睡大街好”。

因此对于纳菲亚来说，“搞副业”就是一只脚踏进就业中心（以及它提倡的剥削性的迷你型工作），另一只脚踏进非正规就业市场，同时找机会从事更有意义的工作，调动他的音乐激情和社会行动主义。对于他来说，音乐是一种手段，能让人们相互联系，帮助他们找到成为“新柏林人”的道路，拒绝“难民”这一老旧标签，融入这个临时居住的创意城市的音乐圈。因此，他在柏林的生活需要兼顾福利补贴、职业培训机会和有 38
意义的（尽管并不总是有报酬的）创造性工作形式。

结论

在“不可能的”城市环境中劳动谋生（De Boeck and Baloji, 2016），给关于工作的主流规范和惯例带来挑战，出现在主流与边缘的劳动形式、合法性与合理性的夹缝之中。在这里，当收入高度不稳定时，工作的性质包括各种形式的资本增益、自发性损失、继续奋斗以及寻找“额外一点收入”的功夫，不同的谋生形式在城市生活里得以和平共处。本文讲述的三个故事揭示了“不确定性的生产潜力”（Cooper and Pratten, 2015, 1），以及三种不同的民族志背景下的经济经验。

长久以来，对于要创业的穷人来说，要想弥补低端工作的微薄薪资，兼职一直是重要的策略（Polsky, 1967）。然而兼职竟然变得比工资（或补贴）更安全、更有意义，那么我们该如何理解这种情况？三个案例中的“搞副业”都把兼职当作赚取体面工资以外的，自给自足的谋生手段。与此同时，每位采访对象都意识到了继续从事“正职”带来的价值，因为在缓刑官、社会企业或难民庇护系统面前，这类有酬工作是容易被理解且合法的，它赋予了采访对象们特定的资源和权利。“搞副业”没有取代工资，而是从战略上与工资并行，在某种程度上，两者变成生存的条件。在赚“烂工资”的世界里，“搞副业”已经成为一种关键性策略，用来对付贫穷和无助感，实现一种不稳定的持久性。然而，正如特蕾西·麦克米伦·科托姆（Tressie McMillan Cottom, 2020）最近在技术产业的案例中警告的那样，副业非但没有挑战，反而加深了种族、阶级和性别等方面的不平等性和脆弱性。

伊丽莎、达米安和纳菲亚的经历直指特定的主体性和社会关系，把副业定位为回应发展的不均衡状况以及社会经济领域的不公平现象的方式，具有颠覆性意义。综合来看三种生活，探讨了“搞副业”在经济中的实际情况，以及它作为一种社会生活模式，从后殖民主义时期延续到财政紧缩的城市化时期（Simone, 2004；Tonkiss, 2013; Vasudevan, 2014）。三位 39
采访对象身兼多职的姿态和做法体现了永不停息的状态，他们在前进的路上又表现出一定的谨慎。他们的每项副业都难以描述，就连朋友、亲近的同龄人都不大明白（更别说长辈、缓刑官、就业中心和地方政府了）。虽然可以制定计划、畅想未来，但是修订计划已经是最好的情况，很多时候计划是落空的，因此在实践中，“完成的”事情从来不是事先计划好的，而是根据手头拥有的机会实现的。

最后我想指出的是，伊丽莎、达米安和纳菲亚的经历可以响应最近有关工作（未来）的讨论。第一，虽然全世界出现了正规雇佣就业模式的衰退、“烂工资”情况的增加，但包括政府在内的主流机构依然把有酬劳动定位为公民身份、包容度和认可度的重要表征。三个人的经历表明，特定福利的制约性和“目标”，想将非正式员工、难民和坐过牢的人变成有纪律、“有经济效益”的领工资的人。然而，这类政策偏爱的有酬雇佣工作数量正急剧下降，取而代之的是众多不稳定的低端工作，只有一点“烂工资”可以拿。在这种情况下，保持有酬雇佣模式的价值能让对“正经的工作”（Ferguson and Li, 2018）的幻想继续存在，传递一种“残酷的乐观主义”（Berlant, 2011）。

第二，有一种假设认为，那些拿“烂工资”的人可能是心甘情愿维持“就业中贫困”的状态，对此，三则故事提出了疑问。伊丽莎、达米安和纳菲亚的经历证明，平凡的工作生活变得更加依赖跨越这类分歧，甚至创造性地结合不同形式的工作，暂时忘记它们在法律上、道德上和经济上的意义，因此不能简单地用法律和经济的方式把工作二元划分，比如划分成正式/非正式、有酬/无偿、合法/违法等。在工资下降、财政紧缩的背景下，与其把副业看作有酬劳动的替代，不如把它当作一种重要的混合体。

第三，本章通过将“非本职”工作形式及其与“社会厚度”的结合重新中心化，使其与有关工作的文献中主要提到的工会工薪族的工作不同，有助于重新定义工作的性质。三位采访对象的工作经历不是因为自身的专业技能和正规资质而向前
40 发展，而是社会关系，或者说是“维他命B”。正是通过关注社会关系，以及它们需要的各类支持、利益互换和短暂的剥削时刻，我们才可能提出对平凡的工作生活的不同理解。这种方法和弗格森（2015，94）的观点相似，在他看来，对于世界上越来越多人来说，“生存”这件事，“不是生产商品或提供服务，而更像是确保分配成果”。然而，就像达米安所说，以及伊丽莎和纳菲亚的经历所显示的，这些社会关系也开启了新的可能性（尽管机会稍纵即逝）——追求一种超越“苟活”的生活。

致谢

首先我要感谢英国经济与社会研究理事会（Economic and Social Research Council，ESRC）和英国国际教育协会（British International Education Association，BIEA）对本章涉及的

三个研究项目的资助，它们还资助了我在肯尼亚内罗毕的研究；感谢剑桥大学人文类奖学金，资助了我的“出狱后的就业”项目；感谢英国国家学术院（The British Academy），资助了我的“临时难民还是欧洲新市民”项目。还要感谢本书的编者邀请我参与这本意义十足的文集的编写，在过去几年里，我参加了许多难忘的研讨会，重新思考讨论了后工资经济时代的工作。非常感谢编辑对本章初稿的意见和鼓励，感谢你们帮我完善整体论点。我最想要感谢的是伊丽莎、达米安和纳菲亚，感谢你们的时间和故事，让我了解到，在没有系统性的支持时，谋生是多么困难，又出现了哪些创造性的经济安排。我希望我的写作能让他们优秀的经济知识和技能特长得到更多的关注和尊重。

注释

1　2017年4月在胡鲁马的非正式谈话。

2　化名，用来保护本人的真实身份。

3　同样是化名，用来保护本人的真实身份，我尽量避免指明是哪个东欧国家。

参考文献

Amin, A. (ed) (2011) *Post-Fordism: A Reader* (1st edn), Oxford: Wiley-Blackwell.

Bakkali, Y. (2019) 'Dying to live: Youth violence and the munpain', *The Sociological Review,* 67(6): 1317–1332.

41 Barford, A. and Coombe, R. (2019) 'Getting By: Young People's Working Lives', University of Cambridge. Available at: https:// www.geog.cam.ac.uk/research/ projects/decentwork/gettingby .pdf.

Berlant, L. (2011) *Cruel Optimism,* Durham, NC: Duke University Press.

Brun, C. (2015) 'Active waiting and changing hopes: Toward a time perspective on protracted displacement', *Social Analysis,* 59: 19–37.

Cooper, E. and Pratten, D. (eds) (2015) *Ethnographies of Uncertainty in Africa, Anthropology, Change, and Development,* Basingstoke: Palgrave Macmillan.

Cottom, T. C. (2020) 'The hustle economy', *Dissent Magazine,* special issue on Technology and Crisis of Work. Available at: https:// www.dissentmagazine.org/ article/ the-hustle-economy.

Darling, J. (2017) 'Forced migration and the city: Irregularity, informality, and the politics of presence', *Progress in Human Geography,* 41(2): 178–198.

De Boeck, F. and Baloji, S. (2016) *Suturing the City: Living Together in Congo's Urban Worlds,* London: Autograph ABP.

Dowling, E. and Harvie, D. (2014) 'Harnessing the social: State, crisis and (big) society', *Sociology,* 48(5): 869–886.

Ferguson, J. (2006) *Global Shadows: Africa in the Neoliberal World Order, A Nice Book, Minimal Shelf Wear,* Durham, NC: Duke University Press.

Ferguson, J. (2015) *Give a Man a Fish,* Durham, NC: Duke University

Press.

Ferguson, J. and Li, T.M. (2018) 'Beyond the "proper job": Politicaleconomic analysis after the century of labouring man', Working Paper 51. PLAAS, UWC: Cape Town, 26.

Fredericks, R. (2014) ' "The Old Man is Dead": Hip hop and the arts of citizenship of Senegalese youth', *Antipode,* 46(1): 130–148.

Gibson-Graham, J.K. (2008) 'Diverse economies: Performative practices for "other worlds" ', *Progress in Human Geography,* 32(5): 613–632.

Gidwani, V. (2008) *Capital, Interrupted: Agrarian Development and the Politics of Work in India,* Minneapolis, MN: University of Minnesota Press.

Hart, K. (1973) 'Informal income opportunities and urban employment in Ghana', *Journal of Modern African Studies,* 11(1): 61–89.

Hart, K. (2009) 'On the informal economy: The political history of an ethnographic concept', Centre Emile Bernheim CEB Working Paper No. 09/ 042, 22.

Hart, K. (2010) 'Informal economy', in Hart, K., Laville, J.-L. and Cattani, A. (eds) *The Human Economy,* Cambridge: Polity, 142–153.

Hart, K., Laville, J.-L. and Cattani, A. (2010a) 'Building the human economy together', in *The Human Economy,* Cambridge: Polity, 1–17.

Hart, K., Laville, J.-L. and Cattani, A.D. (2010b) *The Human Economy,* 42
Cambridge: Polity.

Holston, J. (2009) 'Insurgent citizenship in an era of global urban peripheries', *City and Society,* 21(2): 245–267.

ILO (2018) 'Informality and non-standard forms of employment'. Available at: https://www.ilo.org/wcmsp5/groups/public/—dgreports/—inst/documents/publication/wcms_646040 .pdf.

Kinder, K. (2016) *DIY Detroit: Making Do in a City without Services,* Minneapolis, MN: University of Minnesota Press.

Lancione, M. (ed) (2016) *Rethinking Life at the Margins* (1st edn), London: Routledge.

MacGaff ey, J. (1991) *The Real Economy of Zaire: The Contribution of Smuggling and Other Unofficial Activities to National Wealth*, Philadelphia, PA: University of Pennsylvania Press.

McDowell, L. (2013) *Working Lives: Gender, Migration and Employment in Britain, 1945–2007,* Chichester: Wiley-Blackwell.

Mckenzie, L. (2015) *Getting By: Estates, Class and Culture in Austerity Britain* (1st edn), Bristol: Policy Press.

Meagher, K. (2018) 'Cannibalizing the informal economy: Frugal innovation and economic inclusion in Africa', *European Journal of Development Research*, 30: 17–33.

Millar, K.M. (2018) *Reclaiming the Discarded,* Durham, NC: Duke University Press.

Myers, G. (2011) *African Cities: Alternative Visions of Urban Theory and Practice* (1st edn), London; New York, NY: Zed Books.

Neuwirth, R. (2012) *Stealth of Nations* (reprint edn), New York, NY: Anchor Books.

Newell, S. (2012) *The Modernity Bluff : Crime, Consumption, and*

Citizenship in Côe d'Ivoire, Chicago, IL: University of Chicago Press.

Polsky, N. (1967) *Hustlers, Beats, and Others* (1st edn), New Brunswick, NJ: Aldine Transaction.

Richardson, L. (2015) 'Performing the sharing economy', *Geoforum*, 67: 121–129.

Richardson, L. and Thieme, T.A. (2020) 'Planning working futures: precarious work through carceral space', *Social and Cultural Geography,* 21(1): 25–44.

Roitman, J.L. (1990) 'The politics of informal markets in sub-Saharan Africa'. *Journal of Modern African Studies,* 28(4): 671–696.

Saitta, P., Shapland, J. and Verhage, A. (eds) (2013) *Getting By or Getting Rich?: The Formal, Informal and Criminal Economy in a Globalised World*, The Hague: Eleven International Publishing.

Scott, J. (1999) *Seeing Like a State: How Certain Schemes to Improve the* 43
Human Condition Have Failed, New Haven, CT: Yale University Press.

Simone, A. and Pieterse, E. (2017) *New Urban Worlds: Inhabiting Dissonant Times,* Cambridge: Polity.

Simone, A.M. (2004) 'People as infrastructure: Intersecting fragments in Johannesburg', *Public Culture,* 16(3): 407–429.

Standing, G. (2011) *The Precariat,* London: Bloomsbury Academic.

Sturge, G. (2019) UK Prison Population Statistics (Briefi ng Paper No. CBP-04334), House of Commons Library.

Sundararajan, A. (2016) *The Sharing Economy: The End of Employment and the Rise of Crowd-Based Capitalism,* Cambridge, MA: MIT Press.

Thieme, T. (2016) '"The ghetto will always be my living room": hustling and belonging in the Nairobi slums', in Michele Lancione (ed) *Rethinking Life at the Margins: The Assemblage of Contexts, Subjects, and Politics,* London: Routledge, 106–121.

Thieme, T.A. (2018) 'The hustle economy: Informality, uncertainty and the geographies of getting by', *Progress in Human Geography*, 42(4): 529–548.

Tonkiss, F. (2013) 'Austerity urbanism and the makeshift city', *City*, 17(3): 312–324.

Vasudevan, A. (2014) 'The makeshift city: Towards a global geography of squatting', *Progress in Human Geography,* 39(3): 338–359.

Venkatesh, S. (2008) *Off the Books: The Underground Economy of the Urban Poor,* Cambridge, MA: Harvard University Press.

Vigh, H. (2010) 'Motion squared: A second look at the concept of social navigation', *Anthropological Theory,* 9(4): 419–438.

Waite, L. (2009) 'A place and space for a critical geography of precarity?' *Geography Compass,* 3(1): 412–433.

White, J. (2020) *Terraformed: Young Black Lives in the Inner City*, London: Repeater Books.

Willis, P. (1981) *Learning to Labor: How Working-Class Kids Get Working-Class Jobs,* New York, NY: Columbia University Press.

2 漫漫求职路：在财政紧缩下的英国无薪求生

塞缪尔·斯特朗

2012年，时任财政大臣[1]乔治·奥斯本（George Osborne）在保守党大会上发表讲话，试图反思内阁引入的“财政紧缩时代”的道德基础。确切地说，他想通过引入工作的道德观念，证明对社会保障、福利开支、公共部门和地方政府费用的一系列削减措施合乎情理：

> 我们要问，倒班工人的公平何在？他们每天天没亮就出发工作，而隔壁靠救济金过活的邻居还在酣睡，窗帘紧闭！当我们说同舟共济时，我们是在为那位工人说话，是在为所有想努力工作、努力生活的人说话。这就是现代保守党的使命。

奥斯本和他的内阁认为，在“携手共进”的英国，工作的人才有资格成为国家的公民。对“工人”形象的描绘不一而足，包括“街角小店的店主，为了养家糊口而营业到午夜”，“准备反抗工会的人民教师，为了参加课外俱乐部而在办公室待到很晚”，“劳累的通勤族，早上孩子们起床前就要离家上班，晚上
46 等他们睡着很久后才到家”。如此经历的每一次重复，都是工人的自我牺牲，与那些“靠救济金酣睡”的弱者大有区别。这种对立关系是财政紧缩的文化、政治、经济的核心（Jensen and Tyler, 2015），它把人分成两种：“干活的人和偷懒的人”“奋斗的人和逃避的人”（Valentine and Harris, 2014）。这种说法不仅把“失业”[2]与失败混为一谈，还在财政紧缩时期，把工作作为获得社会公民权的主要途径（Barchiesi, 2011; Edminston, 2017）。

通过突出对工作的特定理解，奥斯本同时引用了一种说法——把不工作视作游手好闲的行为。在财政大臣的讲话中，那些申领救济金的人——失业人员、病人、残障人士以及（或者）有赡养责任的人——被认为是止步不前、漫无目的的，只会天天待在家里。他们立刻因为道德上的缺失，而引起人们的注意，但又关紧门窗，藏在家里不出声。相反，在奥斯本的设想里，那些有工作的人不再止步不前，实际上他默许了漫长的通勤，以及在商店或学校等公共场所工作到很晚。有工作的人因为自己的流动性，体现了财政紧缩时代所推崇的自我牺牲的精神。这种工作的话语定位，让英国财政紧缩政策的制定者们以为自己是正义的一方，是人民的政党，“我们现代保守派代表了所有有抱负的人，所有有工作的人，所有有储蓄的人，所有有希望的人，所有认为自己有义务贡献而不只是索取的人……无论

你是谁，无论你来自哪里，如果你正在为更好的生活打拼，我们定会与你同行”（Osborne, 2012）。

奥斯本公平观的理念基础是工作的美德，生活中若没有，那就惨了。接下来奥斯本想象工作与失业的交界之处，再加上引用摩尼教的善恶二元对立思想，以证明针对那些没有工作机会的人的削减条款是合理的。在这种幻觉中，福利金被塑造成一种慷慨的（或毫无道理的）“礼物”，由有工作的人送给没工作的人（Pemberton et al, 2016）。此外，人们认为是福利金导致道德败坏，而且它作为慈善机构有着积极的意义，却再次让“无业”的社会底层群体陷入无能和依赖的境地（Kaufman and Nelson, 2012）。

当然，辛勤工作就应该有所回报，这种观念久已有之。在英国，对穷人是否应该拿福利金的构想已存在许久（Himmelfarb, 1995）。贫困被视为个人的失败（缺乏道德风范、职业道德等），人们就把工作当作造成贫困的原因（由于找不到工作、没 47
有工作导致）和摆脱贫困的方案（通过给那些似乎没有工作的人工作建议）。事实上，自从1834年英国制定所谓的《新济贫法》以来，国家既需要承担提供救助的责任，又需要像工程师一样，用特定的工作观念重新塑造行为，这些观念再次显示了有工作与没有工作之间的政治区别（Driver, 2004）。奥斯本通过将工作狭义地理解成正规有酬雇佣劳动，延续了这一历史传统。他把工作与正规有酬雇佣模式混为一谈，以一种大男子主义的观点看待家务劳动以外的就业，抹去了女性照顾家庭、繁衍后代的重要价值（McDowell, 1991; Rose, 1993）。此外，奥斯本的“混为一谈”还掩盖了形形色色的经济社会活动（基于互惠、馈赠、分享等原则的诸多活动），不让它们在财政紧缩时期大量出现（Holmes, 2018; Shaw and Waterstone, 2019）。

其他形式的劳动包括“无偿家务劳动”“无偿志愿活动”“无酬社区工作”“有酬的未申报工作”（Williams and Nadin, 2012, 2; quoted in Monteith and Giesber, 2017, 817）。这些工作形式在正规有酬雇佣模式以外，是一种“实践模式”（Roy and Alsayaad, 2004），它们既是物质劳动，又是那些不同的人群和地方之间的情感关系、情绪表现和社会关系形成的基础（Gërxhani, 2004; Bremen, 2010; Thieme, 2018）。因此，许多政客（如奥斯本）都拒绝承认这些劳动是工作，这种做法为在英国紧缩政策下，把工人二元划分成“干活的人”“偷懒的人”的现象再次出现奠定了基础。

在本章中，我想通过扩宽对工作的理解，超越有酬劳动的范畴，由此来解构这些分类。在紧缩政策下，哪些无偿工作形式会增多？谁来从事这些工作？当没有明确的“工作场所”时，我们该如何研究这些工作形式？我将通过展示杰夫的生活经历，回答以上这些问题。杰夫是一位长期失业的男子，住在全英国工资最微薄的地方之一：南威尔士山谷。透过他的话，我们可以分析那些构成他的生活世界的浓重底色——通常充满紧张感和绝望感的工作。正如我在文中论述的，杰夫远没有“靠救济金酣睡”，他作出了努力——在越发具有强制性的福利机构中工作，但反对其中的官僚主义作风，以及在推行紧缩政策的时期，努力在当地搭建一个松散的社会关系网。

他的故事反映了一则核心讽刺，那就是紧缩政策下出现的工作形式（我称其为“漫漫求职路”），其实导致了人们更难以实现正式的有酬雇佣就业。我认为，在紧缩政策下，越来越多 48
的无收入人员身上出现了各种形式的胁迫和制约，在这种情况下宣传的“残酷的乐观主义”让无收入人员一直处在“无常”的状态之中，作无谓的等待，但他们永远无法触及有酬雇佣的就业机会（Berlant, 2011）。下面，我先对奥斯本内阁主持的福利制度和社会保障制度进行简述，接着以工资微薄的南威尔士山谷为例，进行案例研究。然后，我将针对杰夫的经历，对财政紧缩政策下工作形式发生的众多变化进行反思。

紧缩时期的工作和福利问题

2010年，保守党和自由民主党联合政府（Conservative-Liberal Democrat coalition government）的胜选，标志着英国开始进入新“紧缩时代”，随后保守党在2015年、2017年的选举获胜，延续了这一时代。在这一时期，工作、福利与公民权之间的关系得以重新勾画，发生巨变。确切来说，正如凯恩（Cain, 2016, 489）所言，“财政紧缩和复苏的言论……加上紧缩前新自由主义对劳动力及其对应的‘无业’人口的要求，强调了创业精神、个人风险管理以及其他新自由主义价值观”。

通过淡化权利语言的色彩，转而强调领取救济金群体的责任，政客们把工作重新定义为公民权的道德义务。他们引用“努力工作”（艰苦、乏味、没有快乐）的说辞，引发人们从道德上对那些公平、再分配和福利制度等理念作出强烈回应（Jensen, 2012）。正如福克特（Forkert, 2014, 47）所说，这种说辞“显然是利用了大多数人的辛勤工作和每天作出的牺牲，创造了一种关于边缘群体（也就是那些没有工资的人）的画像和符号的表述方式，令这一群体惹人愤怒、遭人怨恨”。在这样的解读之下，失业的人会认为失业是由自己造成的，由此同意接二连三的改革政策，他们的公民权利被进一步剥夺。这些政策包括实施“卧室税”（英国政府对低收入家庭的空置卧室征税——译者注）及切换为通用福利金（Universal Credit），设定家庭福利金总额上限，削减病人和残障人士的支付款项以及冻结儿童福利金支出（Hamnett, 2014）。因为这些变化，那些靠拿国家福利金生活的群体遭受了巨大的经济损失（Strong, 2020a）。与此同时，政府还出台了一系列政策，通过
49 提高计算所得税的门槛（即所谓的个人免税额）来降低所得税税率，以及将每年收入超过15万英镑的所得税最高税率从50%降至45%，以此来奖励拿工资的人。

这些变化说明，这个社会无论在话语上还是经济上，都越来越重视有酬雇佣模式，同时再分配效应增强，导致工资（高）的群体能拿到越来越多的钱，而失业人员更拿不到钱。[3]例如，英国公共政策研究所（Institute for Public Policy Research）最近的报告（2019）显示，自从福利制度启动以来，社会保障支出已经达到最低水平，在通用福利金制度下，每周规定能拿73英镑，相当于收入中位数的12.5%，而相比之下，1948年推出的失业救济金的这一占比是20%。目前已有230万人申领了通

用福利金。用哈斯金斯（Haskins, 2006）的话说，这种对“工作高于福利”的强调是“过去三十年来福利改革变化的核心”（Daguerre and Etherington, 2016, 203）。但至关重要的是，财政紧缩政策标志着，从20世纪80年代以来一直作为工作福利主义的“爬行式条件”已经发生彻底的改变（Dwyer, 2004）。麦克利维（MacLeavy, 2011）认为，在开启“福利紧缩”时代之前的20世纪90年代中期，新工党推出了工作福利，它的两个主要组成部分是关注“以工代赈”及追求“工有其酬”。换言之，托尼·布莱尔（Tony Blair）领导的新工党试图同时采用软萝卜（工作税收减免、引入最低工资）和硬棍棒（福利条件）的方法，来改革福利制度（Peck, 2001）。在财政紧缩政策下，条件性的强制方面得到加强，表明了国家的“左手”（关怀）和“右手”（强制）之间处于不断变化的失调状态（Bourdieu, 1998）。事实上，在过去的十年中，两者的差异性在降低，因为都变得更加市场化，而且更具有惩罚性（Wacquant, 2009）。

这种趋势在“福利契约论”中表现得最是明显，“福利契约论”在财政紧缩时期得到越来越普遍的应用（White, 2000），“大部分福利领域都充斥着契约的形式”（Daguerre and Etherington, 2014, 73）。2012年的《福利改革法案》规定，想要失业金的人必须签署“申请人承诺书”，即“申请者有责任为得到通用福利金而进行登记”（条款14.1）。承诺书规定，国家应该“为找到有酬工作……所有合理的行动”（条款17.1），同时给求职者规定了一系列活动、要求和措施，让后者继续有资格领取福利金，其中包括要求求职者每周花35小时找工作（申请人

50 必须提供证据）、接受规定的实习工作、参加强制性的培训、改善个人形象，以及接受工作体验项目的建议等。引用时任就业与养老金大臣伊恩·邓肯·史密斯（Iain Duncan Smith）的话（2014）：

> "申请人承诺书"有意地反映了就业合同，我们要让合同清楚明确。就像员工对雇佣者有义务，申请人对纳税人也有责任：为了回报后者的支持，前者应该尽其所能找到工作。

通过重新定义失业福利，让其变成一种有酬就业形式（Pfannebecker and Smith, 2020），这些合同规定的义务已经把失业变成另一种工作（Southwood, 2011）。这种"申请人承诺书"利用了消极的财政刺激，或者用《福利改革法案》的语言来说，就是引入"处分"，即取消那些被认为违反合同的人的福利项目。虽然不给福利金的做法屡见不鲜，但在联合政府时期处罚行为变得更加严厉，也更加普遍。2012年《福利改革法案》把最短处罚期由1周上调至4周，同时最长处罚期由26周上调至3年（Daguerre and Etherington, 2016）。伴随着潜在的处罚强度提高，处罚的频率也在增加：2000年至2006年，在"求职者津贴"（Jobseeker's Allowance, JSA）申请人当中，平均每月有2.2%的人受到处罚，2013年，该比例达到8%的最高值（Webster, 2014）。此外，在逐步转换到通用福利金的过程中，它的处罚频率要比前工党政府时期的任何一项福利都高，2015年8月至2018年2月，每月平均处罚的人数占申请人数的

6.7%（Webster, 2018）。

福利改革作为政府统治的工具，它想要改变的不仅是经济。无论是处罚，还是推崇契约主义和收缩福利开支，目的都是改变人们的行为，最终产生新的工作群体。考虑到这些治理模式带来的影响——治理模式产生的工作形式，以及它们在不同群体、不同地区的参差不齐的分布——人们开始质疑紧缩政策是如何存在于日常生活之中的（Hitchen, 2016; Hall, 2019; Strong, 2020b）。在改革政策减少了失业群体的经济收入及可 51
以享受的公共服务种类的同时，紧缩政策也以其他方式渗入无薪群体的生活（Strong, 2020c）。对于处在改革第一线的人来说，显然“紧缩政策在日常生活中至关重要，影响巨大，却也让人痛苦”（Horton, 360）。

工作是一块舞台，上演着紧缩时代下的政策改革和日常生活。在福利制度的约束条件增多且越发不稳定的背景下，失业群体该如何供养自己、供养他人？他们在谋生的过程中，利用了哪些部门、机构的条款？这些条款怎样鼓励我们扩宽对“工作”的理解？我想利用杰夫丰富的工作经历来回答这些问题。杰夫是一名长期失业的居民，家住南威尔士山谷。

南威尔士山谷有酬就业的兴衰

要想了解杰夫的故事，我们必须同时从地理和历史两方面追溯他的困境之源。他家住南威尔士山谷，这里是西欧最贫困的地区之一（威尔士综合贫困指数，2014；欧盟统计数据库，2018）。南威尔士山谷经历了18—19世纪的“大转型”：那里原本是以农业劳动为主、互惠共生的共有经济，但是后来工业革命和政治运动将之破坏（Polanyi, 1944）。小说家亚历山大·科德尔（Alexander Cordell, 1959）对该过程的描述是“对公平国家的强奸”。在南威尔士山谷的文化体制和社会活动中仍然可以看到前工业时代的痕迹，而雇佣劳动作为工业时代的社会组织模式，被制度化。

然而随着工业资本主义的衰落，这种社会经济模式也跟着消退。早在20世纪60年代，这里就出现了欧洲最大的炼钢厂（现已关闭，2002年被拆除），此后该地区受到去工业化的巨大影响。举个例子，1951年，杰夫居住的镇上[4]有8 900名在职钢铁厂工人、1 886名在职矿工，仅有176人登记为失业人员（Gray-Jones, 1992）。1961年至1971年，镇上失去了2 751个工作岗位；1961年，实际就业人数为15 754人，到1971年，该数字减少到13 003人（Alden, 1977）。1976年4月，镇上的男性[5]失业率达到10%，而当时英国的平均失业率为6.9%。在本文写作期间（2015—2016年），镇上的男性失业率为10.3%，英国平均失业率为5.1%，前者是后者的两倍多（Official Census and Labour Market Statistics, NOMIS, 2017）。

52 这些统计数据仅仅是冰山一角，它们只考虑了通过国家机构积极寻找工作的人。经济合作与发展组织（Organization for Economic Co-operation and Development, OECD，简称经合组织）和城市政策研究机构“城市中心”（the Centre for Cities）最近的研究（2019, 32）发现，“若把［英国］因经济原因而懒散的人纳入考虑范围……暂时失业但未来可以工作的人数比例将增加两倍以上，［为］13.2%”。此外，一个人每周只需要工作一小时，就能让政府觉得他“在工作”。因此，这些数据没能反映目前出现的就业率不足、“零时”等灵活性合约以及所谓的零工经济等现象，而这些现象在当代英国变得越来越普遍（Heyes et al, 2017）。最重要的是，全国平均值掩盖了英国经济的空间不均衡性，身处不同地区和社会群体的人们，其工作经验和工作机会不同。已知南威尔士山谷的失业率是英国平均值的两倍，而且这里是全英国病残津贴申领比例最高的地区之一。经合组织和“城市中心”确定的英国实际失业率是公布数据的两倍多，那么南威尔士山谷的实际失业率将会更高。

这些因素说明了国家就业统计方式的缺陷，也说明需要更多的细化方法来考虑不同地区的就业的历史状况和地理分布。例如，尽管纵观历史，人们一直认为英国的失业率低，但是有必要承认，南威尔士山谷地区的工资微薄，这一点十分重要。在那里，无论从历史方面看，还是从地理方面看，有酬工作的机会都很少。马克思主义理论认为，这样的地方被认为是劳动力过剩的，是被不同的资金流动及其空间特征困住的劳动力库（在这里指的是被工业发展的消退所限制）（Harvey, 1981; Smith, 1984）。

但在现实中，学者们对这些被经济所抛弃的地区进行理论研究时，往往忽略了伴随着其他工作形式明显减少而出现的有酬劳动退出的情况，随之而来的是工作与有酬劳动的混合

（Denning, 2016），就像上文乔治·奥斯本的介绍。例如，人们想要把英国贫困地区的新自由主义财政紧缩的“附带损害”理论化的时候，往往认为工资微薄的地区是由社会性和政治性的空白造成的（Strong, 2014）。这种假设不仅把失业的现实情况看得太简单，而且认为失业人员缺乏机构的帮助，而这些机构
53 是由紧缩政策支持的。事实上，正如蒂梅（2018）指出的，“被抛弃”“非正规性”“不稳定性”等叙述往往忽略了一点，即社会、经济和文化活动在这些夹缝领域中能够发挥作用，甚至蓬勃发展。这样的叙述可能会造成地域歧视（Wacquant et al, 2014），觉得工资微薄地区的人（甚至是没有工资的生活）低人一等，生活也不如意（Strong, 2019）。他们讲了一个关于经济落后地区的老掉牙的故事，并不认可在这些地方出现的应对、生存和组织的策略和活动，以及为消除经济差距而出现的其他（广义上的）工作形式。因此，要想从这种更广泛的意义上思考工作，就需要从草根的视角，对南威尔士山谷日常生活中那些看似普通的行为、责任和做法进行评估。

财政紧缩背景下，在英国无薪求生

2014年，我在当地的食物赈济处第一次见到杰夫。那时，我搬到南威尔士山谷地区，以完成博士学位的实地考察工作，即针对山谷地区的多个地点，展开为期15个月的“贫困地理学”民族志研究（Strong, 2020d）。当时我是食物赈济处的志愿者，我发现那里是开展研究的重要区域，也是我与本地人交

际熟络的好去处。我开始和杰夫一同参加本地图书馆每周一次的求职项目。杰夫没有计算机，也没法上网，只能依赖图书馆的服务来了解自己的强制性求职要求的最新进展。

59岁的杰夫有着喜怒不形于色的幽默感，喜欢搞恶作剧，还热爱阅读。我们俩在食物赈济处做志愿者时，他经常和我分享从最爱的物理学家斯蒂芬·霍金的书中得来的深刻见解。七年半之前，他搬入南威尔士山谷地区，在电子行业找了份高级别的工作。然而6个月后，他被裁员了。随后，失业的杰夫处在紧缩政策的风口浪尖，经历了处罚、挨饿和无家可归等阶段。

电子行业在杰夫居住的镇上已经销声匿迹，甚至在整个威尔士都找不到它的踪迹。比如说，2001年西威尔士和南威尔士山谷地区生产行业的就业人数为12.3万，2015年下降到10.13万，同期威尔士生产行业的就业人数从20.95万下降到17.25万（Stats Wales, 2016）。用杰夫的话说，“本地的所有电子公司
都搬到波兰去了。说得好听点，我们这里一贫如洗。从前，电子 54
行业的未来不可估量，后来它一夜之间消失了”。他强调“这里没有我想要的”，因为受去工业化的影响，他居住的小镇变成了“世界失业中心”。于是他感觉因为地理位置，自己被隔离在电子劳动力市场之外，“最近的上班地点在布里斯托尔或斯温登（Swindon）。你已经失业了，还要往返布里斯托尔或斯温登上班，又没有交通工具，这根本做不到”。这样一趟来回路程要花掉他整个一周的失业救济金，而且无法保证能找到工作。

依靠失业救济金生活的经济现实扼杀了杰夫找工作的能力。我们一起做志愿者的时候，他从求职者津贴（JSA）过渡到

通用福利金，后者旨在将6种福利系统合并成一种，而且频繁面临着申请人拖延、法律挑战以及管理错误等困扰（Institute of Government, 2016）。通用福利金的金额已经是经合组织经济体中最低的，但杰夫依然不能准时领取，同时失业救济系统存在着局限性（Trades Union Congress, TUC, 2015）。事实上，“玻璃门”企业点评网站（Glassdoor, 2016）的研究发现，英国的失业救济金系统是迄今为止14个欧洲国家中金额最低的。英国的固定费率在16岁至24岁之间为66欧元，25岁及以上为84欧元，远低于倒数第二的爱尔兰（每周188欧元）。杰夫对这个系统的含义解释如下：

> 如果你的生活费很少，就只能做某些事情。而这些事情意味着你要花一半的时间去找工作，花另一半的时间来养活自己。也就是说，你基本是在用耗时最久、最艰难的方式生存。这么做要花掉自己大量的时间和金钱，特别是煤气费和电费。最终你失去了供暖系统，或者别的什么。

回到奥斯本的说法，杰夫远不是“躺在救济金上酣睡”的人，反而是那些带来压力的、有时令人绝望的工作干扰了他的生活。在依赖救济金度日中遇到的挑战，制约了杰夫寻找工作的能力（更别说找到工作了）。换句话说，没有工资，就必须做更多的工作来维持生计。需要预付费用、没有出行工具、在“取暖还是吃饭”的问题上陷入两难境地，在这样一个生活世界中，生
55 存的日常（做饭、洗衣、购物等）变得更加困难。在紧缩政策下

的英国，这些活动都是“漫漫求职路”的一部分。

求职之道

杰夫为了继续领取失业救济金，必须遵守前面提到的“申请人承诺书”。杰夫有义务向国家证明自己在找工作，这些义务条款是由就业中心的顾问们制定的。具体来讲，他必须证明自己每周花在找工作上的时间为35小时。我与杰夫做志愿者那段时间，他必须使用英国政府招聘网站“Universal Jobmatch”（UJM，后来该网站被政府关闭）来求职，记录正在申请的工作，填写或追踪潜在的空缺岗位。杰夫要在这个网站上填写许多对话框，来解释自己在每一个在线流程中做的事。

除了让杰夫付出额外的精力来证明自己在求职之外，这些做法还表明，国家的纪律扩展到了失业人员的生活和行为（Dean, 1995; Wacquant, 2009; Strong, 2019）。想成功驾驭这些系统很难。对于杰夫这一代人来说，许多人没有使用信息通信技术服务（ICT）的经验，他们需要用电脑时，往往会去当地图书馆寻求设备和帮助，而在紧缩政策的背景下，这种服务面临着大幅削减（Robinson and Sheldon, 2019）。求职者们还要有一定的计算机知识，才能上网注册工作电子邮箱账号，以及在英国政府招聘网站上输入足够的信息，证明自己的确在积极地寻找工作。因为杰夫既买不起计算机，年龄又大，所以他花在记录和证明自己的确在求职上的时间就更多。

除此之外，杰夫还必须每两周去一趟就业中心，与中心的就业顾问见面。但是最近的就业中心离他家就有3.5英里远。他没有车，只能步行一个多小时翻过丘陵，或是花15分钟走到公共汽车站，单程车票要7.1英镑，往返则要10.5英镑（Stagecoach, 2019）。对于杰夫这样年龄的人来说，7英里的往返之路是一大考验。就像他说的："到了我这个年纪……算了，我太老了。"

抵达就业中心后，他又要面对这个复杂难懂的官僚机构。预约由就业中心安排，通常是与不同的顾问见面，再加上上文
56 提到的对福利申请者的处罚，往往会导致申请者焦虑和深感压力。杰夫的被处罚经历揭示了这个冷酷无情的系统：

> 就因为没参加面试，他们要处罚我，可我没有收到通知信。那家公司把信寄到了旧的住址，可那间房子早被焚为灰烬，而且我早把新地址发给他们了！这些事明明不是我的错，最后我却要接受两个月的处罚，到现在我还在努力要回这些钱，可我一分钱也没看到。我就这么两手空空地生活。

这一系列意外导致他无家可归。此外，他不能在接受处罚期间找工作。由于那场火灾，他失去了住处，他又要花时间去当地的慈善机构和找房服务机构寻找应急住房。即使找到了新住处，他也没有足够的钱来预付燃气费，这再次阻碍了他重新求职的步伐：

> 那三个星期，我不能洗澡，还要忙着解决煤气的问题。好吧，如果我臭烘烘的去面试，我都不会雇佣自己。是的没

> 错，我都不会雇佣自己！因为我曾经做过面试官，所以在开始之前，我就能看出问题出在哪里。

在这种情况下，就业中心强制要求记录求职情况，对杰夫的幸福感和生存模式很不友好。具体来说，就业中心要求他记录求职时间和利用的资源，这造成了额外的工作负担（出行、做电子记录、参加会议等），所有这些都阻碍了他为社会再生产和谋生而进行的抗争：

> 我从没见过比就业中心更垃圾的地方！他们才不关心你找没找到工作，因为他们只管给你签名，给你点钱，没别的了！不管怎么样，他们都不会帮你，除了把你送到其他人那里去工作，那些工作他们自己都不做。就业中心就是这么帮你找工作的？！直接把你丢给“工作链接”（Working 57
> Links）、“为就业而行动”（A4E）、“想工作”（Want 2 Work）、“社区第一”（Communities First）什么的……不是它们的责任。这肯定是就业中心的责任吧？但是现在，它好像在说“啊，我做了该做的，我让你签名，你就可以拿到现金。就这样，再见，滚蛋”。这就是我失业以来，他们一直对待我的态度。

南威尔士山谷地区一直缺少有酬雇佣的机会，把杰夫“转手”给不同的求职机构看起来似乎是一种刻意的策略，目的是让他“永远处于求职状态”（Peck，2001，12）。因此，他被迫停滞在恒久的无常状态和“恒久的边缘状态”之中（Thieme, 2013）。求职机构让他认为，失业只是暂时的，要保持期待，时刻做好准备，尽管他在一天天变老。这种等待状态严重地影响了他的幸福感：“残酷的乐观主义”给了杰夫一线希望，然而要想在这样一个工资微薄的地区找到工作，概率微乎其微（Berlant, 2011）。这种奢望实属故意为之，是惩戒的重要环节，让杰夫做好准备，迎接一份永远不会出现的工作：

> 就业中心应该把我送到合适的人那里，而不是把我送到徒劳无益的地方，燃起我的希望，让我觉得“太好了，我有机会啦，我有机会啦！”但是什么也没有发生，真是浪费时间！那些没有公交卡[6]的人得花钱去别的地方，等你走进那扇门，发现事情并没有好转。这有啥意义呢？我看完全没有意义。我听过很多人抱怨过这件事，他们也没有工作。

因此，工作福利制让人们的希望时有时无，杰夫需要从事一种工作——处理自己的情感。哈尔特（Hardt, 1999）认为，这种处理情感的劳动可能看起来不重要，但是对社会再生产的运作十分重要。杰夫不仅需要处理自己破灭的希望，还要在就业中心和形形色色的工作人员面前，表现出自己积极乐观的态度。

通过就业中心这样的机构，紧缩政策下的英国推行了一种伦理政治，试图管理公民的情感生活和“灵魂”（Foucault, 1985; Rose, 1999）。具体来说，通过鼓励没有工资收入的个人

管理好自己的失业状态、绝望感、无望感和失败感，紧缩政策 58
下的英国致力于向公民灌输“向上走的意愿”（Li, 2007）。要想满足这些需求，杰夫必须有强大的情绪恢复能力。求职无果是在测试这种能力的极限。当我问到他关于未来的问题时，他回答：“什么未来？”

杰夫的困境大体是由工业资本主义巨浪的回落造成的，同时他的日常生活也并非是一成不变的。他与不同的机构打交道，还要去就业中心、职业介绍所和本地的图书馆，他的经历揭示了南威尔士山谷地区失业群体广阔的生活。要想满足这一系列强制性要求并不简单：无论是在维持这种残酷的乐观主义所需要的情感能量方面，还是在遵守这些承诺所花费的时间和精力方面，都需要付出努力。

无薪工作

尽管在紧缩政策下的英国，杰夫的遭遇是侮辱，也是束缚，但他依然设法养活自己，维持生计。其间，他也成为“搞副业”的一员，也就是上一章蒂梅提出的理论，“在正规的教育、就业和服务之外，不停地寻找务实的替代性机会安排”，“其间持续进行风险管理”（Thieme, 2018, 537）。虽然蒂梅对“搞副业”的描述是根据肯尼亚内罗毕的城市青年的经历总结的，但它越来越引起了北半球去工业化地区的年长失业群体的共鸣。在劳动力市场和生活均不稳定的背景下，各种形式的“副业”作为一种生存地理学发挥作用（Butler, 2004），这种行为让被排除在正规就业市场以外的人得以谋生。这种生存地理学的再次出现，并不是自然而然或不可避免的，而是工作的产物：

> 穷人实践着自己的生存地理学，通过形式丰富的城市空间，打造自己的生存路径……穷人，无论有房没房，都必须用尽一切方法（合法或非法的，临时或相对永久的）支付账单，充分休息，满足基本的生活需求（Mitchell and Heynen，2009，613）。

59 杰夫在“解决”自己的生存地理问题时，在正规雇佣经济领域之外选择了两种行为：互换礼物和互通有无。例如，我曾问过他，在两个月的处罚期内，他是如何生活的。

> 我基本都在食物赈济处待着。家里没有煤气，也没有电。一切都很困难，但生活总得继续。想想，你本想从朋友那里骗来一杯咖啡喝，但是他们也买不起，因为他们基本都失业了，你只好带着咖啡粉去找他们。你提供咖啡粉，他们帮你泡咖啡，你能做的只有这么多了。三餐也是一样，我已经这样做过很多次了。

杰夫的叙述揭示了在一个由“感到压迫”的人组成的社区中，社会关系的价值（Stenning，2018）。他利用的是基于地方政治的社会支持，也就是各种互惠行为以及本地食物赈济处送的食物。这些关系不是自然而然产生的，也不是不可避免的，而是各色工作形式的产物，或者用埃利亚查尔（Elyachar, 2010, 457）的话说，它们是没有国家参与的“交际性劳动”，创造、维护并扩展了资源可以在其中交换的渠道。

这些渠道也让杰夫有机会打零工，无论是自制物品、装潢或是园艺工作，都让他可以用食物、饮料或临时的社会支持形式来增加（或部分代替）他的求职者收入。与非正规经济中的许多工作一样，这些劳动混淆了生产与再生产、工作与生活（Saitta et al, 2013; Thieme, 2018）。这些工作将互相关怀的行为和绕过现金经济的物质交换相融合。因此，杰夫的做法并非个人行为，而是联系群体的行为。他解释说：“大家都竭尽全力帮助那些落魄的人，就像曾经的我。那场火灾发生后，我获得了很多帮助，让我走出低谷，包括身体上和精神上的帮助……从这点而言，这片区域很可爱。”杰夫跌入低谷时，参加了另一项活动，它令国家与民间社会、生产与再生产不再泾渭分明。就业中心的顾问要求杰夫接受一次志愿工作的安排，作为他正在接受的“培训”和“为工作做的准备”的一部分，也是领取救济金的条件之一。杰夫对本地的食物赈济处足够熟悉，因此他选择在那里当志愿者。

强制给失业人员安排工作的做法遭到了不少批评，人们
觉得这么做往好了说是拿走了失业群体选择的权利，往坏了 60
说是一种奴役的形式，一个特许的福利“济贫院”（Garland, 2015）。同样重要的是，像杰夫这样的人被推到这些组织里参与运作，来服务同样苟延残喘的群体，杰夫本人也曾经得到过这类机构的服务（Strong, 2020b, 8）。这种转变意味着那些身

处窘境的劳动力，被迫去维系那张漏洞百出的福利安全网，而这张网的始作俑者是国家的紧缩政策（Dowling and Harvie, 2014）。

尽管存在这些结构性限制，杰夫还是逐渐喜欢上了自己在食物赈济处的工作。相比于我那低得可怜的出勤率，他的出勤率之高堪称典范。正如他所说："如果我来不了，不是死了就是快死了。不像有些人，他们旷工，又开溜去读大学！"志愿者服务不仅给了他发展社会关系的机会，还为他提供了尊严感和成就感，这些感觉无法从找工作的过程中体会：

> 食物赈济处让我觉得，我尊重自己，别人也尊重我。我觉得我好像取得了一些成就，报答了从前那里对我的恩情。曾经的我陷入低谷，需要食物，他们便给了我食物。现在，我想做些力所能及的事，来帮助建设社区的任何方面。

杰夫参与的"搞副业"、物品互赠和志愿服务等活动，显示了非线性的空间性，打破了正规有酬就业的雇主—雇员的模式。他的工作为自己的目的服务，同时满足了社区以及紧缩政策下国家的期望。事实上，我们可以把杰夫的工作看作正在为他自己和当地小镇的其他人建立安全的社交网络，这一网络诞生于紧缩政策导致的不稳定性。从这个意义上说，在紧缩政策下的英国，杰夫所处的境地矛盾十足：因为他没能找到有酬工作，所以他在找工作这方面很失败，但却体现了个性化的、反政府的新自由主义思想导致的适应力和本地责任感（Newman,

2013）。因此，杰夫的案例具有明显的矛盾性，还抛出了有关
如何衡量社会上各种类型工作的价值和品质的问题，亟待研究
（Monteith and Giesbert, 2017）。正如尊重感和“回馈感”
表明的那样，不应该简单地认为工作带来的收获只有收入一
种，否则就是疏忽。但同时，这种形式的工作显然不能被理想化 61
（Varley, 2013）。这种形式的工作是被缺乏选择所驱动的，失
业群体也逐渐接受了这种想法——他们要在没有工资的情况
下做好入职的准备。

因此，对于杰夫这样的人来说，生存地理学是一种辩证关系（Mitchell and Heynen, 2009）。国家实施了越来越多的强制性措施，杰夫因此被削弱、封闭，但他仍然在找新的应对策略，这些策略只是权宜之计，用来应对本地的日常生活。它们无意中质疑了紧缩政策下有酬劳动的特别待遇以及“无业”的想象。然而，这种行为同时实现了紧缩政策的意识形态规范，将新的工作形式和工作责任推给那些身处政策影响第一线的人（Strong, 2020b）。这样一来，杰夫维持生存地理的行为绝不能被浪漫化，这种策略“有时直面建构日常生活的权利关系……［但］其他时候，只是为了让生活过得去”（Mitchell and Heynen, 2009, 613-614）。

结论

> 一切都在消亡，整个地区都在消亡。没有钱流入山谷的经济。所有店铺都要倒闭了……如果就业人数变少，店铺就

> 赚不到钱，循环又开始了。我们的情况更糟糕了，我们不能一直这样下去。矿场关闭后，情况变得非常糟。而现在，我们想重新振作起来，可发生了什么事？（杰夫抬起右脚，往地上一踏）哼！继续遭殃！再次遭殃！就是这样。

杰夫所说的“消亡的小镇”与雇佣劳动的消亡关系密切。他对南威尔士山谷地区经济衰退现象的描述，揭示了那些被新自由主义资本主义空间发展孤立的地区，日复一日地遭受去工业化的影响。南威尔士山谷地区的钢铁业、采矿业和制造业的有酬雇佣工作都已消失，且无可替代，让这里长期处于一种困境——有工资的、工业化的过去与前途未卜的未来之间的困境。对于那些和他一样无法逃脱的人来说，生活就是饥肠辘辘、身无分文、物资紧缺，加之契约性的、附加条件的福利制度带来的压力，人们就更加绝望。

但是我们不应该把杰夫所说的有酬就业的消亡与更广泛
62 意义上的工作的消亡混为一谈。回到本章开篇乔治·奥斯本的观点，我们知道，“一直以来，无薪生活几乎被当作一种生活无着落的境况，是受到排斥的”（Denning，2016，274）。只有不再把有酬雇佣模式视作假定的标准，才有可能看到工作依然让南威尔士山谷地区持续焕发活力。虽然那里可能一穷二白，但是仍然因为食物供需和自给自足的农业行为而生机勃勃。杰夫远远算不上是“躺在救济金上过活”，他的生活中充满了各种各样的工作，让他和其他人在紧缩政策下的这片地区，免受经济衰退和紧缩政策的强制性要求的影响。

虽然南威尔士山谷地区没有有酬工作，但工作依然存在。这种工作的实现形式与有酬工作的雇主—雇员模式大有不同。本章研究了两个这样的例子：漫长的求职路，以及为了生存而从事的搞副业、物品互赠和志愿服务等。正如杰夫的经历所反映的，这种工作不仅模糊了生产与再生产的界限，其产生影响的范围还超出了个人的生存，与他生活的社区、南威尔士山谷地区相互交织。因此，这些机构的做法和协商都表明，紧缩政策不是终点，也不是结果，而是创造新的工作形式，但它们高度不稳定，分布也不均匀。

本章的核心讽刺在于，在把公民身份具化为有酬工作模式的过程中，紧缩政策下的国家导致这些有酬工作更加难以实现。无论是用处罚的手段削弱一个人维持生计的能力，还是强制安排工作和签署福利合同以控制谋生活动，杰夫的故事反映了紧缩政策是如何侵犯他的生存权。事实上，在杰夫依赖的社会保障体系中，公平、责任和道德义务等说法支撑着削减福利的行为，却完全不符合工资微薄地区无薪生活的现实情况。此外，具化的有酬雇佣模式充斥着大男子主义、歧视，反复突出公共区域与私人空间之间的严格区别，这种模式已经过时，应该被淘汰。

通过这些观察，引出了本章要考虑的最后一个问题：在像南威尔士山谷地区一样工资微薄的地方，如果有酬雇佣模式（雇主与雇员之间的一种经济妥协）正在消亡，那么对于杰夫这样的人来说，工作的未来会是什么样的呢？我们可以看一看“后工作时代”的前兆（Rifkin，1995），或者说回到与互惠、

分享和自给自足相联系的前工业化时期的工作实践（Shaw and
63 Waterstone, 2019）。如本章所述，上述三种因素时不时地影响杰夫的生活。那么我们应该在多大程度上将这些活动视为“工作”的形式？

在这里，我建议跟随高兹（Gorz, 1999）的思想，让我们把对工作的理解，从那些我们“有”的东西（有一份工作、有工作要忙等）转变成那些我们“做”的事情，而且往往是每天都要做的普通且平庸的事情。在这一传统中，肖和沃特斯通（Shaw and Waterstone, 2019, 111）提出的“替代性工作”理论，让我们能够将杰夫的努力看作“支持人类共存的自主的创造活动”。然而，意识到“替代性工作”能够产生社区凝聚力和恢复力固然重要，但整体前景仍然黯淡。没有工资的生活是不稳定的。显然，杰夫的经历是一则警示：我们在理论和想象中假定有“替代性工作”，其实就是把有酬雇佣劳动置于特权地位。这是因为工资不仅是一种财务结算方式，而且依然是决定社会公民权的关键因素。把杰夫的活动归类为“替代性工作”，并不能解决他物质上的贫困，无法安慰他经历的痛苦。相反，仍然需要来自社会层面和政治层面对形成“替代性工作”形式的鼓励，以便得到国家的承认，进而得到无附加条件的干预措施支持，包括但不限于全民基本收入（Universal Basic Income, UBI）（Standing, 2017）。只有切断有酬雇佣模式、收入保障与社会公民权之间的链条，像南威尔士山谷这样的地区才能摆脱工业资本主义的宿命，实现更加公平合理、更有尊严的社会经济未来。

注释

1　英国财政大臣负责英国所有经济和金融事务，相当于其他国家的财政部部长。

2　在英国紧缩政策时代，“失业”是在政策和公众论述中经常被引用和重申的官方用语，用来描述那些没有在正规有酬经济中就业的群体。

3　既具有启示意义，又具有讽刺意味的是，这种对工资就业的重新定义出现的时期——在英国全职有酬就业总体下降，同时兼职的自我雇佣模式快速发展的时期。更多有关有酬雇佣模式的“消亡”，详见高兹（1999）和里夫金（Rifkin，1995）的论述。

4　为了保密不透露真实姓名，这里不透露杰夫生活的镇和郡的真实名称。为了适应上下文的语境，这里说的是南威尔士山谷地区最贫困的郡里最大的镇。

5　收集和报告这些关于男性就业的历史统计数据本身就极具说服力，说明其他更女性化的工作类型没有被计算在内，被抹去了。

6　威尔士人到60岁时，可以申请免费的公交卡。威尔士政府早 64
前宣布，由于成本高昂，到2021年时，申领免费公交卡的年龄将上调至65岁（BBC News，2019）。

参考文献

Alden, J. (1977) ‘Economic problems facing urban areas in South Wales’, *Regional Studies,* 11(5): 285–296.

Barchiesi, F. (2011) *Precarious Liberation: Workers, the State, and Contested Social Citizenship in Postapartheid South Africa,* Albany, NY: SUNY Press.

BBC News (2019) 'Wales' free bus pass age to rise from 60 to state pension age', 25 July 2019, available at https:// www.bbc.co.uk/ news/ uk-wales-politics-49098325.

Berlant, L. (2011) *Cruel Optimism,* Durham, NC: Duke University Press.

Bourdieu, P. (1998) *Acts of Resistance: Against the New Myths of Our Time,* Cambridge: Polity.

Breman, J. (2010) *Outcast Labour in Asia: Circulation and Informalization of the Workforce at the Bottom of the Economy,* New Delhi: Oxford University Press.

Butler, J. (2004) *Precarious Life: The Powers of Mourning and Violence*, London: Verso.

Cain, R. (2016) 'Responsibilising recovery: Lone and low-paid parents, Universal Credit and the gendered contradictions of UK welfare reform', *British Politics,* 11(4): 488–507.

Cordell, A. (1959) *The Rape of the Fair Country,* London: Gollancz.

Daguerre, A. and Etherington, D. (2014) 'Workfare in 21st century Britain', available at http:// workfare.org.uk/ images/ uploads/ docs/ Workfare_in_21st_century_Britain_Version_2.pdf.

Daguerre, A. and Etherington, D. (2016) 'Welfare and active labour market policies in the UK: The coalition government approach', in H. Bochel and M. Powell (eds) *The Coalition Government and Social Policy:*

Restructuring the Welfare State, Bristol: Policy Press, pp 203–221.

Dean, M. (1995) 'Governing the unemployed self in active society', *Economy and Society,* 24(4): 559–583.

Denning, M. (2016) 'Wageless life', in A. Eckhert (ed) *Global Histories of Work,* Berlin, Germany: De Gruyter Oldenbourg, pp 273–290.

Dowling, E. and Harvie, D. (2014) 'Harnessing the social: State, crisis and (big) society', *Sociology,* 48(5): 869–886.

Driver, F. (2004) *Power and Pauperism: The Workhouse System, 1834–1884,* Cambridge: Cambridge University Press.

Duncan Smith, I. (2014) 'Speech on welfare reform', Centre for Social 65
Justice, London, available at http:// blogs.spectator.co.uk/ coff eehouse/ 2014/ 01/ iain-duncan-smiths-speech-on-welfarereform-full-text.

Dwyer, P. (2004) 'Creeping conditionality in the UK: From welfare rights to conditional entitlements?' *Canadian Journal of Sociology*, 29(2): 265–287.

Edminston, D. (2017) 'Welfare, austerity and social citizenship in the UK', *Social Policy and Society,* 16(2): 261–270.

Elyachar, J. (2010) 'Phatic labor, infrastructure, and the question of empowerment in Cairo', *American Ethnologist,* 37(3): 452–464.

Eurostat (2018) 'Gross domestic product at current market prices by NUTS 2 regions', available at http:// appsso.eurostat.ec.europa.eu/.

Forkert, K. (2014) 'The new moralism: Austerity, silencing and debt morality', *Soundings,* 56: 41–53.

Foucault, M. (1985) *The History of Sexuality: Volume Two*, London: Penguin.

Garland, C. (2015) 'Inflicting the structural violence of the market: Workfare and underemployment to discipline the reserve army of labour', *Fast Capitalism,* 12(1): 99–109.

Gëxhani, K. (2004) 'The informal sector in developed and less developed countries: A literature survey', *Public Choice*, 120(3–4): 267–300.

Glassdoor (2016) 'Which countries in Europe offer the fairest paid leave and unemployment benefits?' available at https:// www.glassdoor. com/ research/ app/ uploads/ sites/ 2/ 2016/ 02/ GD_FairestPaidLeave_Final.pdf.

Gorz, A. (1999) *Reclaiming Work: Beyond the Wage-Based Society*, Cambridge: Polity.

Gray-Jones, A. (1992) *A History of Ebbw Vale,* Gwent: Gwent Libraries.

Hall, S.M. (2019) *Everyday Life in Austerity: Family, Friends and Intimate Relations,* London: Palgrave Macmillan.

Hamnett, C. (2014) 'Shrinking the welfare state: The structure, geography and impact of British government benefits cuts', *Transactions of the Institute of British Geographers,* 39(4): 490–503.

Hardt, M. (1999) 'Affective labor', *boundary 2,* 26(2): 89–100.

Harvey, D. (1981) *The Limits to Capital,* London: Verso.

Haskins, R. (2006) *Work over Welfare,* Washington, DC: Brookings Institution Press.

Heyes, J., Tomlinson, M. and Whitworth, A. (2017) 'Underemployment and well-being in the UK before and after the Great Recession', *Work, Employment and Society,* 31(1): 71–89.

66 Himmelfarb, G. (1995) *The De-moralization of Society: From Victorian*

Virtues to Modern Values, London: IEA Health and Welfare Unit.

Hitchen, E. (2016) 'Living and feeling the austere', *new formations*, 87: 102–118.

Holmes, H. (2018) 'New spaces, ordinary practices: Circulating and sharing within diverse economies of provisioning', *Geoforum*, 88: 138–147.

Horton, J. (2016) 'Anticipating service withdrawal: Young people in spaces of neoliberalisation, austerity and economic crisis', *Transactions of the Institute of British Geographers,* 41: 349–362.

Institute for Government (2016) 'Universal credit: From disaster to recovery?' available at https:// www.instituteforgovernment.org.uk/ sites/ default/ fi les/ publications/ 5064%20IFG%20-%20Universal%20 Credit%20Publication%20WEB%20AW.pdf.

Institute for Public Policy Research (2019) 'Social (in)security: reforming the UK's social safety net', 14 November, available at: https:// www. ippr. org/ files/ 2019-11/ social-insecurity-november19.pdf.

Jensen, T. (2012) 'Tough love in tough times', *Studies in the Maternal*, 4(2): 1–26.

Jensen, T. and Tyler, I. (2015) ' "Benefits broods": The cultural and political crafting of anti-welfare commonsense', *Critical Social Policy*, 35(4): 1–22.

Kaufman, E. and Nelson, L. (2012) 'Malthus, gender and the demarcation of "dangerous" bodies in 1996 US welfare reform', *Gender, Place and Culture: A Journal of Feminist Geography,* 19(4): 429–448.

Li, T.M. (2007) *The Will to Improve: Governmentality, Development and the Practice of Politics,* Durham, NC: Duke University Press.

MacLeavy, J. (2011) 'A "new politics" of austerity, workfare and gender? The UK coalition government's welfare reform proposals', *Cambridge Journal of Regions, Economy and Society,* 4: 355–367.

McDowell, L. (1991) 'Life without father and Ford: The new gender order of post-Fordism', *Transactions of the Institute of British Geographers*, 16(4): 400–419.

Mitchell, D. and Heynen, N. (2009) 'The geography of survival and the right to the city: Speculations on surveillance, legal innovation and the criminalization of intervention', *Urban Geography,* 30(6): 611–632.

Montieth, W. and Giesbert, L. (2017) ' "When the stomach is full we look for respect": perceptions of "good work" in the urban informal sectors of three developing countries', *Work, Employment and Society*, 31(5): 816–833.

Newman, J. (2013) 'Landscapes of antagonism: Local governance, neoliberalism and austerity', *Urban Studies,* 2013: 1–16.

67 NOMIS (2017) 'Labour market profile –Blaenau Gwent', available at http:// www.nomisweb.co.uk/ reports/ lmp/ la/ 1946157401.

OECD and Centre for Cities (2019) 'Trends in economic inactivity across the OECD: The importance of the local dimension and a spotlight on the United Kingdom', available at https:// www.oecdilibrary. org/ docserver/ cd51acab-en.pdf?expires=1573120244&id=id&accname=guest&checksum=1A5118ABEF49555D967FB5FE901D6E85.

Osborne, G. (2012) George Osborne's speech to the Conservative conference: full text, available at https:// www.newstatesman. com/ blogs/

politics/ 2012/ 10/ george-osbor nes-speechconservative-conference-full-text.

Peck, J. (2001) *Workfare States,* New York, NY: Guildford Publications.

Pemberton, S., Fahmy, E., Sutton, E. and Bell, K. (2016) 'Navigating the stigmatised identities of poverty in austere times: Resisting and responding to narratives of personal failure', *Critical Social Policy*, 36: 21–37.

Pfannebecker, M. and Smith, J.A. (2020) *Work Want Work: Labour and Desire at the End of Capitalism,* London: Zed Books.

Polanyi, K. (1944) *The Great Transformation,* New York, NY: Farrar and Rinehart.

Rifkin, J. (1995) *The End of Work: The Decline of the Global Labor Force and the Dawn of the Post-Market Era,* New York, NY: G.P. Putnam's.

Robinson, K. and Sheldon, R. (2019) 'Witnessing loss in the everyday: Community buildings in austerity Britain', *The Sociological Review,* 67(1): 111–125.

Rose, G. (1993) *Feminism and Geography: The Limits of Geographical Knowledge,* London: Wiley.

Rose, N. (1999) *Powers of Freedom: Reframing Political Thought*, Cambridge: Cambridge University Press.

Roy, A. and Alsayaad, N. (2004) *Urban Informality: Transnational Perspectives from the Middle East, Latin America, and South Asia*, New York, NY: Lexington Books.

Saitta, P., Shapland, J. and Verhage, A. (2013) *Getting By or Getting Rich?*

The Formal, Informal and Criminal Economy in a Globalized World, The Hague: Eleven International Publishing.

Shaw, I. and Waterstone, M. (2019) *Wageless Life: A Manifesto for a Future Beyond Capitalism,* Minneapolis, MN: University of Minnesota Press.

Smith, N. (1984) *Uneven Development: Nature, Capital and the Production of Space,* London: Verso.

Southwood, I. (2011) *Non-stop Inertia,* Winchester: Zero Books.

68 Stagecoach (2019) Ticket prices, available at: https:// stagecoachbus. com/ ticket-results.

Standing, G. (2017) *Basic Income: How We Can Make It Happen*, London: Pelican.

StatsWales (2016) 'Employment in public and private sectors by Welsh local authority and status', available at https:// statswales.gov.wales/ Catalogue/ Business-Economyand-Labour-Market/ People-and-Work/ Employment/ PersonsEmployed/ publicprivatesectoremployment-by-welshlocalauthority-status.

Stenning, A. (2018) 'Feeling the squeeze: Towards a psychosocial geography of austerity in low-to-middle income families', *Geoforum* .

Strong, S. (2014) 'Underclass ontologies', *Political Geography*, 42: 117–120.

Strong, S. (2019) 'The vital politics of foodbanking: Hunger, austerity, biopower', *Political Geography,* 75.

Strong, S. (2020a) 'Austere social reproduction and the gendered geographies of debt', in J. Gardiner, M. Gray and K. MÖer (eds) *Debt and Austerity,* Cheltenham: Edward Elgar, pp 151–173.

Strong, S. (2020b) 'Food banks, actually existing austerity and the localisation of responsibility', *Geoforum,* 110: 211–219.

Strong, S. (2020c) 'Towards a geographical account of shame: Food banks, austerity and the spaces of austere affective governmentality', *Transactions of the Institute of British Geographers* (early view), 1–14.

Strong, S. (2020d) 'People's geography', in A. Kobayashi (ed) *The International Encyclopedia of Human Geography* (2nd edn, vol. 10), Amsterdam: Elsevier, pp 55–59.

Thieme, T. (2013) 'The "hustle" among youth entrepreneurs in Mathare's informal waste economy', *Journal of Eastern African Studies*, 7(3): 389–412.

Thieme, T.A. (2018) 'The hustle economy: Informality, uncertainty and the geographies of getting by', *Progress in Human Geography*, 42(4): 529–548.

TUC (2015) 'Welfare states: How generous are British benefi ts compared to other rich nations?' Touchstone Pamphlets, available at https:// www.tuc. org.uk/ sites/ default/ files/ Welfare_States_Touchstone_Extra_2015_AW_ Rev.pdf.

Valentine, G. and Harris, C. (2014) 'Strivers vs skivers: Class prejudice and the demonisation of dependency in everyday life', *Geoforum*, 53: 84–92.

Varley, A. (2013) 'Postcolonialising informality?' *Environment and Planning D: Society and Space,* 31(1): 4–22.

Wacquant, L. (2009) *Punishing the Poor: The Neoliberal Government of* 69
Social Insecurity, Durham, NC: Duke University Press.

Wacquant, L., Slater, T. and Pereria, V.B. (2014) 'Territorial stigmatization in action', *Environment and Planning A,* 46(6): 1270–1280.

Webster, D. (2014) Evidence submitted to House of Commons Work and Pensions Committee, available at http:// www.publications. parliament.uk/ pa/ cm201314/ cmselect/ cmworpen/ 479/ 479vw36. html.

Webster, D. (2018) 'Benefi t sanction statistics: Universal credit, JSA, ESA and income support', available at https:// www. mostewartresearch.co.uk/ wp-content/ uploads/ 2018/ 05/ 18-02-Sanctions-Stats-Briefi ng.pdf.

Welfare Reform Act (2012) . The Welfare Reform Act of 2012. Full text available at http:// www.legislation.gov.uk/ ukpga/ 2012/ 5/ enacted.

White, S. (2000) 'Review article: Social rights and the social contract–political theory and the new welfare politics', *British Journal of Political Science,* 30(3): 507–532.

Williams, C.C. and Nadin, S. (2012) 'Work beyond employment: Representations of informal economic activities', *Work, Employment and Society,* 26(2): 1–10.

WIMD (2014) Welsh Indices of Multiple Deprivation, available at https:// statswales.gov.wales/ Catalogue/ Community-Safetyand-Social-Inclusion/ Welsh-Index-ofMultiple-Deprivation/ WIMD-2014.

3 在“断裂”的职场寻找归属感：美国的外聘人员

克劳迪娅·斯特劳斯

安德鲁·琼斯（Andrew Jones）已经在美国东北部某大城市一家私人健身房工作了十多年。作为现场经理，他负责招聘新的教练和维护设备。他只为这家健身房工作，售卖高水平培训师的私人定制课程。教练虽然是健身房的核心人员，但不算是正式雇员，也没拿固定工资；相反，他们被归类为自由职业的合同工。安德鲁租了健身房的一块场地，并从客户支付的费用中获得一定比例的收入。作为经理的他也从其他教练那里收取一定的费用。因为他是合同工，所以他的工资没有预扣税款、社会保障金（美国联邦退休、残疾和遗属收入计划）或老年医疗保险（联邦老年健康保险计划）。他负责每个季度预估税款的文书工作，并负担雇主和本人的社会保障金和医疗保险税。健身房老板不提供任何医疗保险、带薪休假、带薪病假或退休福利金。由于安德鲁是自由职业者，所以他无法得

到最低工资法和加班费法的保障，如果他丢了工作，不会有失
72 业保险，如果他受了工伤，也不会有劳工赔偿。他不能加入工会，[1]这个问题有待进一步讨论，因为到目前为止，美国还没有私人教练组成的工会（Club Industry, 2017）。尽管健身房免除了对为其工作的教练们的法律责任，但安德鲁仍然努力工作。当我问他，会不会考虑接受另一份提供医疗保险和其他员工福利的工作时，他回答说："我非常相信我的品牌，相信我为客户和教练创造的良好环境。"自相矛盾的是，他示忠的工作室似乎对他不忠。

错误地把雇员归为合同工的做法，是公司摆脱直接雇佣模式的成本和其他责任的一种方式（Weil, 2014）。我将在本章中探讨，在当代美国，像安德鲁这样的员工在面对断裂式就业时，该如何创造工作意义、建立社会联系。本章指出，对于许多工人来说，就业合同的性质要么是无关痛痒的，要么是被放在次要的位置。他们宁愿对自己的公司感觉良好，觉得公司重视他们、爱护他们，与同事紧密合作，形成社会纽带。让我惊讶的是，他们能在非正规雇佣模式中建立纽带。这些研究结果鼓励我们超脱物质范畴和合同关系，多样化地理解工作，以便呼吁创造正规有酬雇佣模式之外的工作安排。

外聘人员的崛起

戴维·韦尔（David Weil, 2014）在《"断裂"的职场》（*The Fissured Workplace*）一书中认为，企业的结构在20世

纪有两个关键的转型。20世纪初，当企业排除中间商，把许多职能变为企业内部的功能时，成本就降低了。这些大公司的员工，特别是那些工会会员，往往比小企业的员工有更高的工资、更好的福利（Weil, 2014, 39）。然而从20世纪80年代开始，在投资者和全球竞争的压力下，企业被迫降低成本，增加收入，以应对突如其来的需求波动。新型信息通信技术让企业更容易协调分散各处的业务。政府、私营企业和非营利组织等都开始减少标准工作岗位的数量，也就是那些正式员工，他们能够持续处于就业状态，受到劳动法保护，雇主们更偏好有限期间或间接“公平”的就业协议，虽然这些偏离了标准的雇佣关系
（Weil, 2014, 8）。这种趋势被称为“外化”，签了这种非标准 73
雇佣合同的员工则是“外聘人员”，意味着他们被排除在组织之外（Davis-Blake and Uzzi, 1993）。

例如，沃尔玛负责装货卸货的员工曾经是沃尔玛的正式雇员。但是现在，他们可能是第三方物流公司的雇员，而且公司面临着巨大的竞争和削减成本的压力。如果物流公司没有支付加班费，或者强迫员工在不安全的环境中工作，沃尔玛将拒绝承担相应的责任（Weil, 2014, 2, 3, 8, 9）。

外聘有很多种形式，其中一种常见的安排是，雇主选择用第三方派遣员工（temporary agency workers）或人力资源公司的合同工。正如某人力资源公司所说，虽然两者都是临时职位，但在美国的通俗说法中，“临时工”通常比“合同工”的薪资要低（Foxhire team, 2016）。比如那些来自第三方物流公司的为沃尔玛装卸货物的工人，聘用他们的转包商为其他机构提供

各种服务（如客户服务、仓储运作、景观美化、保洁服务、餐饮服务、信息技术、薪资管理等）。临时工、合同工和转包公司雇员，处于雇佣他们的人力资源公司或转包公司与他们效力的客户公司之间的接合点或“三角形”的雇佣安排中（Kalleberg, 2000）。作为人力资源公司或第三方转包公司的雇员，他们能得到某些保护性措施的保障，却很少能享受标准雇佣关系中雇员的所有福利。例如，雇主不太可能提供健康保险（Bureau of Labor Statistics, 2018）。

这种三角形雇佣形式与另一种外聘模式不同，即直接雇佣临时工的模式。美国加利福尼亚州某计算机公司直接雇佣的临时工不享有公司的额外补贴，却被象征性地囊括在公司之内：他们佩戴的徽章颜色与正式员工的一样，可以参加员工的联谊活动。相比之下，在这家公司工作的第三方派遣员工佩戴不同颜色的徽章，并被排除在公司的联谊活动之外（Smith, 1998, 420; see also Chambel and Castanheira, 2006）。在美国学术界，兼职教师是大学直接雇佣的临时员工，学校有自己的惯常做法来接纳和排斥他们，以显示他们模糊的身份。

最后，像安德鲁·琼斯一样，外聘员工可以作为“独立合同工”被企业雇佣，企业可随时安排工作，这是与正式雇员的不同之处。没有出租车许可证而只是租车运营的司机，通常被划分为独立合同工（Dubal, 2017），很多建筑工人、短途和长途卡车
74 司机、家庭护理员、美发师和信贷员也是如此（MortgageOrb Contributors, 2006; Covert, 2015; Leberstein and Ruckelshaus, 2016; Appel and Zabin, 2019）。如果雇主把雇

员变成独立合同工，就可以节省约30%的人工成本（National Conference of State Legislatures, 2020）。一些独立合同工（如安德鲁）以该种身份在同一个工作岗位上工作多年。虽然他们能控制自己的工作时间，但没有自己的独立业务，也没有自己的工资标准；他们要承担与正式雇员一样的职责，要遵循企业制定的标准，却得不到与正式雇员同样的合法利益和法律保护。

在美国，正式雇员会收到“W2表”，来申报收入；独立合同工则会收到“1099表”，来申报收入。我采访的独立合同工经常用这些表格的名称来表示各自的就业安排（“我是1099表，因此我是合同工”，“我以前是1099表，但是［某公司］逼我们用W2表”）。当我给安德鲁·琼斯发电子邮件，要求采访他时，他回答说：“我很乐意和你谈一谈1099（个体合同工）的事情。”为了区分外聘的独立合同工与那些真正的自由职业者，我把前者称为“被错误分类”的1099合同工。“被错误分类”是一个法律术语，指那些因工作条件本应享受正式雇员待遇的人，却被划分为合同工（Weil, 2014）。[2]但是接受我的采访的员工没有使用这个术语。

所有类型的外聘工作都是“非标准”雇佣的实例，被理解成“至少在一个领域与有酬雇佣模式不同的就业形式，这些领域包括与一个雇主建立全年全职的雇佣关系、在雇主的公司工作、有长期的归属感”（Carr, 2015, 386）。从国际劳工组织的角度看，外聘人员是不正常的现象，因为这些人在正规经济部门工作，也就是说，在已注册的并受到国家监管的实体部门中工作（ILO，2018，10），但是他们缺乏标准雇佣模式中的诸多员工保护和福利。这样一来，外聘人员的存在使得研究人员使用的传统工作分类标准不再适用。

在美国，很难确定这些工作安排是否公平。2017年5月，10%的美国劳动力将“替代性工作”作为自己的主要工作，包括
75 合同工、随时待命的员工（如代课老师）、机构的临时工或与公司签合同的员工（Bureau of Labor Statistics，2018）。[3]但是，政府划分的“合同工”既包括那些真正的自由职业者，也包括被错误分类的合同工。因为情况各有不同，所以合并两者的数据没有意义。韦尔（2019）认为，员工往往没有意识到，自己真正的雇主不是他们效力的机构；抑或在参与调查时，认为自己是正式雇员，但实际上他们是合同工，这使得更难以看清外聘雇佣的真实情况。

外聘雇佣的模式可能会增多。一项针对全球领先公司的调查发现，到2022年，有约一半的被调查公司将会把更多的内部职能工作外包给承包商（World Economic Forum，2018，Table 6，16）。由公司在数字平台上提供报酬和工作环境的“零工”（如网约车司机），被错误划分为“1099合同工”，这种现象日益普遍。韦尔强调了断裂式工作环境对工人的危害，这“造成了工资和福利的下行压力，模糊了对工作环境负责的对象，违反基本劳动标准的可能性提高”（Weil，2014，8）。尽管如此，安德鲁·琼斯还是很重视在健身房的“1099合同工”的工作。这里引出了一个问题：其他外聘员工对各自的工作安排有什么感受，他们的经历是否挑战了有关工作的种种理论假设？

外聘工作者的感情承诺

以韦尔（2014）为代表的研究，采用了一种“基于权利”的方法来评估就业模式。但是，正如蒙蒂思和吉斯贝特（Monteith and Giesbert, 2017）所解释的，用一套狭义的、通用的标准来评判工作，往往没能考虑员工的价值观，以及他们对好工作的完整观念。这并不是说合理的薪资、附带福利和安全的工作环境对工人不重要，它们非常重要。但是这些很少是工作最重要的方面（MOW International Research Team, 1987）。

工作包含的非经济的价值，就是它能够带来归属感和人际关系。在雇佣临时工制和职能外聘化广泛存在的背景下，员工对职场形成依恋还有意义吗？企业的管理者们担忧，外聘工作者可能因为心理上的分离感，而无法做好自己的工作。组织心理学家研究了这类员工的“组织承诺”，即对组织的忠诚度、归属感和情感依恋（Galais and Moser, 2009, 592）。大部分 76
组织希望研究的对象是临时雇员。许多理论预测，由于组织对临时工的投资甚少，所以临时工回馈给组织的承诺也少，但是这些研究结果并不能说明一切。有研究证实，临时工的组织承诺度较低，但还有些研究发现，长期工的组织承诺度比临时工还要低，组织承诺度或取决于临时工的种类（直接雇佣的临时工往往比第三方机构的临时工更具有组织承诺性），或在不同类别的工人中没有明显的差异（De Luyper et al, 2008, 28-29, 31-32）。

长期工不一定会对组织有更高的感情承诺度，对此一种可能的解释是，在工作灵活化和外包化的过程中，所谓的长期工意识到自己的工作不会比临时工的工作更有保障（De Luyper et al, 2008, 39）。事实上，卡丽·莱恩（Carrie Lane, 2011）在得克萨斯州达拉斯采访的高科技工作人员，对忠诚于公司的员工嗤之以鼻，认为他们都是"'笨蛋'和'受害者'，好像觉得工作很有保障，更别提权利了"（2011, 46）。她的采访对象（大多数为男性）主张，不管雇佣合同的形式如何，都把自己看作"自雇合同工"。

一些批判理论家似乎建议，要对工作产生情绪分离感，他们认为，在后工业时代，工作不仅要求工人有劳动能力，还要有热情。他们认为感情承诺是一种更强烈的剥削形式（Weeks, 2011, 69-70）。讽刺的是，主张自力更生的高级技工从组织中脱离，证实了对新自由主义意识形态持批评态度的理论家的怀疑。

其他理论家认为，对于员工来说，归属感依然很重要，但只是一种后福特主义的影响，徒劳无益，只是已经消失的或仅存在于员工想象之中的对过往的渴望（Muehlebach and Shoshan, 2012）。理查德·森尼特（Richard Sennett, 1998）认为，"现代资本主义产生的意外结果之一是，它强化了地方的价值，唤起了对集体归属感的渴望"，但在当代职场，不再可能出现集体归属感了（1998, 138）。孔达等人（Konda et al, 2002）对那些离开公司，选择做高薪临时工的高级技工进行了描述。同莱恩的采访对象一样，这些高级技工表示："如果公司对我不忠，我为什么要忠于公司？"他们觉得，经理把他们的付出当作理所当然，而且他们不喜欢为了出人头地而参与办公室的人际政治。但是他们一旦签了合同，从一个组织转移到另一个组织，就会感受到“永久雇员释放的对立情绪”，以及在临时工作场合感觉“孤立、排斥和疏离”（2002，237）。 77

我对外聘工作者和正式员工展开研究，得出了不同的结论。我们的很多采访对象都重视对工作的依恋感，有的人的确能形成这种感情。不能依据外聘工作者与正式员工的区别，去判断他们是否期待并获得了依恋感。相反，我们需要理顺员工想要的各种依恋感，搞清楚外聘工作者各自的特殊情况。例如，尽管他们大量存在于美国经济之中，但是目前依然缺乏有关“被错误归类的1099合同工”职场依恋的研究，他们的情况与临时工不同，临时工一直是组织希望研究的重点观察对象。[4]

职场依恋的调查研究

本章就加利福尼亚州南部失业人员和未充分就业群体进行采访调查，在64名受访者中，至少有44人曾做过或者接受采访时依然是外聘的临时工、合同工、分包公司的雇员以及被错误归类的“1099合同工”。参与参访的人来自不同的行业，有的从事体力劳动工作，有的从事行政工作，有的在技术行业任职，有的是管理人员，还有的是专业人士。[5]我采访了其中的53个人。在2011年秋季至2012年夏季的第一波采访中，我与每位参与者会面两次，并且与许多人保持着联系。两年后，我再次采访了其中41位参与者。母语为西班牙语的克洛迪娅·卡斯塔涅达（Claudia Castañeda）对11位来自拉丁美洲的失业和未充分就业的移民进行采访。在我采访的人当中，有6位是拉丁美洲、东南亚和欧洲的第一代移民。2020年，为了本章的写作，我又采访了安德鲁·琼斯。在所有受访者中，有36名女性和28名男性具有加利福尼亚州南部典型的种族/民族混合特征：25位自认为是非西班牙裔白人，22位自认为是拉丁美洲人或拉丁美洲混血，12位自认为是非洲裔美国人，5位自认为是亚洲裔美国人。受访者的平均年龄为54岁，意味着许多人经历过经济从标准就业到外部聘用的转变。本章中出现的所有人名皆为化名。

78 访谈探讨了工作对于受访者的意义。我们先让他们谈谈迄今为止的生活，从而了解他们完整的工作经历。其他与本章有关的话题：他们想找的工作类型、收入不稳定时的应对策略、对就业前景的感受，以及他们对未来抱有的希望和恐惧。这次的访谈是半结构化的，允许受访者提出采访提纲之外的问题。因为我的研究重点不是外聘工作，所以我可以观察受访者是否在没有提示的情况下，强调自己的工作安排（无论外聘与否）。在分析访谈的过程中，我特别注意了受访者表现出的显著的积极情绪和消极情绪。这些情绪反映了受访者的工作经历与其期待的偏离程度，实际的工作要么比他们设想的好得多，要么就差得多。

在“断裂”的职场中寻找归属感

在我的采访对象中，没有人使用“外聘工作”这一术语，也没有人说自己是“外聘工作者”，但是他们描述了各自的外聘工作经验，以及喜欢或不喜欢这类工作的原因。

在回到安德鲁·琼斯的故事之前，我们先把目光转向另一位受访者，他的故事反映了受访者们所期望的各类职场联系。

特伦斯·韦斯特（Terrance West）与其他受访者很不一样，他对自己曾经工作过的一家公司有着强烈的依恋感。2006年，特伦斯在“H公司”（某知名零食制造商）的物流部做临时职员。然而他不直接为H公司工作，而是给“G物流公司”打工。G公司是一家分包公司，为像H公司这样的企业管理物流部门。换言之，特伦斯是三角形雇佣安排中的一名临时工，离成为H公司的雇员还有两步之遥。最终，他成为G物流的正式雇员，不再是临时工，但依然与H公司保持了一份正式雇佣合同的距离。

尽管G物流公司是特伦斯的雇主，但他从未谈及G公司。直到一年后，当我们回顾他的工作经历记录时，我才发现G物流公司是他的雇主。特伦斯反而对H公司赞不绝口：

> ［H公司］非常好，给我们发了各种各样的奖金，会为我 79
> 们举办烧烤活动，公司的野餐活动也很好。我想说，我每个月为自己和孩子们付15美元的（医疗）保险……因为我接受过跨部门培训，所以有时我会去不同的部门工作。有时我会去楼上帮会计，因为我有会计工作背景；有时我会在公司门口做安保人员，因为我有安保工作背景。我就是那个会在凌晨2点被叫来上班的人。“你要怎么重置这个？”“你是怎么做的？”公司要我培训新来的员工，让我做公司所有新来的

> 临时员工的形象大使。因此，每当一批新员工来到H公司，他们第一个认识的就是我。我会带他们参观，介绍公司的情况，因为［H公司］相信我清楚公司的一切事务。

特伦斯说，他会向新员工介绍企业创始人的慈善工作，通过购买食品产品，“你可以帮到很多地方的人，比如南美洲的椰子，夏威夷岛的夏威夷果……”。最后，他总结了自己在H公司上班的感受：“我太喜欢那儿了！我的意思是，我会开开心心地早起去那里上班。”他工作三年后，H公司将他负责的业务搬到了其他州，因此他感到相当沮丧。

H公司搬走后，特伦斯在另一家知名食品公司“R公司”新建仓库的物流部门担任职员。他再次成为三角形雇佣模式中的一员，这次他为另一家分包公司K物流公司工作。当他讲述这个故事时，他既提到了自己效力的食品公司，也提到了雇佣自己的物流公司，“运营工作由一家第三方物流公司负责。K物流公司实际上负责R公司在西海岸的分销和仓储工作”。特伦斯说自己“喜欢”那份工作，但他批评了K物流的管理：“我来的地方基本是一片混乱，他们不知道自己在做什么。”当工人抱怨时，公司就会说：“如果你不喜欢这儿，你就别来。我们可以安排把你
80 调走。”此外，因为特伦斯是同性恋黑人，受到了同事不少种族歧视和性取向的骚扰，他的主管也是下流的。他没有平静地接受这些语言暴力，认为自己被解雇，是因为新主管怕他。他被告知解雇自己的原因是他违反了员工政策，如在规定的午餐休息时间，他却仍在工作。

特伦斯·韦斯特的经历说明了多种形式的职场联系：以组织为荣，收获认同感并得到重视，因得到额外补贴而感到被关爱，为共同的目标奋斗，形成社会关系。

以组织为荣

特伦斯以在H公司工作为荣。H公司声名远播，许多美国人都熟知它生产的零食点心。有证据表明，声望高的公司能够提高员工对公司的认同度（George and Chattopadhyay, 2005）；也许为这类公司工作，员工能获得“交际身份”（Smith, 1998）。这多少解释了为什么特伦斯要强调自己与H公司的关系，却未曾提及自己的实际雇主——默默无闻的G物流公司。我在另一位受访者身上也发现了同样的行为模式，他是某不知名分包公司的雇员，在某知名公司从事客服工作。

然而，特伦斯后来就职的R公司也是家喻户晓的品牌。尽管如此，他并没有跟我说他以在R公司工作为荣，在介绍自己的工作经历时，他不仅提到了著名的R公司，还提到了他的实际雇主——默默无闻的K物流公司。因此，公司的公众形象不足以解释员工的自豪感。特伦斯以H公司强调社会责任的企业文化为荣，但是H公司的产品（高热量零食）可以说是毫无社会责任感。虽然特伦斯负责产品的物流，但对产品的价值只字不提。他强调了创始人开展的慈善事业，以及有责任感的采购行为。受访者很少会吹嘘公司的企业文化、产品或服务，但凡他们提起，都是因为公司的非凡表现。尤其是企业管理，无论好坏，对

员工都很重要。特伦斯描述在K物流公司的工作经历时，可以
强烈地感到他的蔑视。他觉得K物流公司很“混乱”，“他们不
81 知道自己在做什么”。一般来说，好的企业管理不一定会唤起员
工的自豪感，但差的管理一定会让员工讨厌。

然而，雇员并不总是去借助赫赫有名的组织获得社会地位。安德鲁·琼斯是一名私人教练，他曾经是一家知名连锁健身房的正式员工，享有正式员工的保障。辞职后他来到一家不知名健身房任职，直到现在，工资不稳定，没有福利，随时可能被开除，同时他还要缴纳季度自雇税，包括雇主那份社会保障金和医疗保险。过了几年，他才适应了“1099（私人）合同模式”，但他没有重拾从前那份工作的意愿。正如我在本章开始指出的，当我问他原因时，他回答说：“我非常相信我们公司的品牌，也相信我为客户和教练创造的环境。非常相信！”安德鲁不仅以他工作的健身房为荣，还为自己帮忙营造优秀的工作环境而感到骄傲。健身房的事业与他个人的职业目标一致，因此能让他在工作中充分发挥聪明才智。

收获认同感并得到重视

特伦斯·韦斯特对H公司感情深的另一个原因是，H公司在形式上承认他是公司的一员并给予重视，尽管从合同上来说，他不是正式雇员。有部分认同行为是专门为他设计的。因此，H公司选特伦斯作为公司新来临时工的“形象大使”，让他来培训他们，带他们参观，谈论公司的发展历程和价值观。H公司

让他负责这种非正式的工作，从而把他视为公司里不可或缺的一员。

同样，安德鲁·琼斯也得到了健身房老板的认可。虽然他不是雇员，但老板为了嘉奖他工作踏实、技艺娴熟，让他做现场经理。此外，健身房老板还与安德鲁商量，希望他有朝一日负责健身房的工作。尽管安德鲁是“1099合同工”，但能从他身上看到对健身房的归属感。

除了对特伦斯表示认可外，H公司还特意为第一天上班的临时工安排了欢迎仪式，带他们参观，向他们介绍公司的历史和价值观。甚至分包公司的工人也可以参加公司的野餐会和烧烤活动。在我们采访的其他外聘工作者中，没有人提到过这 82
种包容性的仪式。因为我们没有问这些问题，所以可能其实有这种包容性的仪式，但是受访者觉得不值得提及；然而我们从其他研究中发现，外聘工作者通常被排除在这种活动之外。正如上文举的计算机公司的例子，那里的第三方派遣工佩戴与正式员工不同颜色的徽章，而且被禁止参加员工的社交活动（Smith, 1998）。同样，乔治和查托帕迪亚雅（George and Chattopadhyay, 2005）提到，某合同工被邀请参加公司的野餐活动，又惊又喜，因为以他的经验来说，这种做法不太寻常（2005, 91-92）。

有趣的是，我采访的某前人力资源经理却十分反感特伦斯·韦斯特赞赏的这种公司野餐活动。她认为，下班以后还要参加公司的活动，是在打搅陪伴家人的时光。她觉得，因为自己两次没有参加公司举办的社交活动，所以被解雇。自此，她不得不成为临时工来谋生。她的例子正解释了德屈佩等人（De Cuyper et al, 2008）的发现，即正式员工和临时工对组织承诺的阐释不同（2008，35）。相比于签有标准雇佣合同的正式员工，外聘工作者更注重归属感的象征形式。

用额外补贴来关怀员工

尽管特伦斯·韦斯特在描述自己在H公司工作时满怀热情，但是他并没有提到工资。当我问及此事时才得知，作为临时工，他的起薪为每小时9.75美元。临时工的工资是出了名的低，这也是大多数受访者不喜欢这类工作的原因之一。

成为G物流公司的雇员后，他的时薪增加到11.07美元，即使在生活负担相对较小的加利福尼亚州南部，这点钱依然不够维持生活。他的时薪增加到14.95美元后，足够支撑一位单身成年人的生活，但特伦斯需要照料他的伴侣，还要承担两个孩子的抚养费。[6]然而他没有在意低工资，而是强调公司会给按时上班、安全工作不出意外以及提高生产效率的人发放奖金，还强调自己获得的医疗福利待遇。他把这些福利归功于H公司，但G物流公司可能也承担了这些福利支出。

G物流公司为员工准备的福利与众不同，包括令特伦斯惊
83 叹的特别便宜的综合健康保险（家庭套餐每月15美元）。安德鲁·琼斯购买的是每月300美元的健康保险单人套餐，与他作为正式员工时，健身房提供的保险费相比，他觉得这个套餐很普通。特伦斯说他也有资格享受美国“401K”退休计划和分红。

这一点反映了不同类型外聘工作的差异：41%的有固定合同的外聘工作者得到了雇主提供的医疗保险，而只有13%的临时工得到了雇主提供的医疗保险（Bureau of Labor Statistics, 2018）。人们认为，像安德鲁·琼斯这类被错误分类的独立合同工是自雇者，因此他既得不到额外补贴，也得不到其他种类的员工保护。

在美国，尽管标准雇佣模式中的工人们一般都能获得关键性的保护，如来自公司而非国家的医疗保险，但是仍缺少很多已经在欧洲实施的劳动保护形式（Carr, 2015）。当我在2011年开始研究时，没有法律要求雇主为雇员提供医疗保险，尽管这是一种规范性操作。自2016年起，一半以上员工为全职雇员的公司，必须为全职雇员提供健康保险，但是法律规定，公司只需要提供"负担得起的、基本覆盖的、最低价值的保险"[7]（Internal Revenue Service, 2019）。这些健康保险计划部分由雇主补贴，员工仍需缴纳保险费。美国雇员缺乏带薪休假和带薪病假的保障权利（US Dept. of Labor, n.d.）。[8]因此，物美价廉的综合健康保险计划（大部分由雇主补贴）和其他额外补贴是可以选择的补偿方式。因此这些方案对员工具有象征性的价值，即除了物质好处之外，雇主也在关心他们。

额外补贴的象征性价值在某位合同工的评论中得到了清晰的反映。21世纪末，有位名叫贾加特·菩提（Jagat Bodhi）的工程师，由于他所工作的电信公司把大部分劳动力转换成外聘工作者，他被迫成为短期合同工。对于自己"只被当作一个合同工"的经历，他这样评价：

> 企业不再像过去那样关怀员工。对于他们来说，现在的你只是一个数字，很容易被取代。……或者他们只在某个时期雇佣你，没有福利，什么都没有！你来工作，做好你的事吧！交通费不归我们报销。……你只是个合同工。

84 对贾加特·菩提来说，一张工资支票是合同的规定：他付出劳动获得报酬。额外补贴和报销费用超出了合同规定的最低限度，因此有情感价值。这些是公司表示关怀的标志，如果没有，他就会觉得自己“只是个合同工”，可有可无。

特伦斯·韦斯特认为H公司（实际上是G物流公司）“很棒”，因为公司提供了非常好的健康保险和额外补贴，与此同时，贾加特·菩提则对没有任何额外补贴感到非常不满。同样，安德鲁·琼斯提到，他刚开始在健身房工作时，意识到要承担自己的健康保险，便感到“痛苦”。他们的强烈反应表明了他们发现了自己的工作与标准工作的不同（不管是好是坏）。相比之下，我在早期的项目中采访过另一位通信工程师，他也选择当合同工。他清楚自己不会有额外补贴，但他不介意，因为他工资很高，他的妻子是某公司的正式员工，可以给两个人提供健康保险，并且他也喜欢做合同工，稍后我将解释个中原因。

为共同的目标奋斗

许多受访者（无论是正式雇员还是外聘工作者）都希望成为团队的一员，为实现共同的目标紧密合作。这可以通过构建团队的组织结构来实现（Smith，1998），但创造团队精神并不一定需要一个团队组织。

克里斯塔尔·墨菲（Krystal Murphy）曾是一家金融机构的正式职员，她表示员工希望成为合作团队的一员，“我一直希望有一份正常的工作，大家真的喜欢共事，共同完成目标，无论目标是什么”。她认为这就是一份“正常的工作”，因为她认识这样工作的人，而且在她看来，工作理应是这样的，尽管她和两个姐妹（三个人都快要退休）从未体验过这种工作。

如果正式员工并不总是为了共同的目标而工作，那么外聘工作者做得到吗？在某些行业里，经济诱因会导致员工互相竞争，而不是互相合作。一位受访者描述了同为“1099合同工”的美发师为争夺客户而发生的“激烈争吵”。她很怀念上一份在某高档美发厅的工作，那里的美发师都是正式雇员，“你能作为团队的一员，为某一位客户服务”。

此前有研究指出，某些合同工在工作团队里形同路人，因 85
为他们在那里只做短期工作。正如一位技术文档撰写人所说：“作为合同工，我暂时和这些不同团体的目标捆绑在一起。我有自己的目标，但没有那么多的归属感和团体感，懂吧？”她对比了自己当合同工的经历与早期作为正式雇员的经历，觉得当正式雇员能“有机会让人觉得自己是团体的一部分”（Kunda et al，2002，250）。

然而史密斯（1998）研究了某计算机公司，这家公司让很多临时工加入其工作团队，在那里，他们觉得自己是为了共同的目标而工作，比如弥补生产指标。在那家公司，临时工格外受到重视，因为他们从大量工作经历中学会的技能，使得他们能够在需要时加入，而不只是局限在一项任务之中。我们从特伦斯·韦斯特身上观察到了这一点，在从事物流工作之外，他还能做安保和会计工作，而且是那位凌晨2点随叫随到的人，他因此而自豪。我问他，工作对他有何意义或重要性。他回答说：“这个嘛，它给了我一种自豪感，我能够做对自己、对团体都有利的事情。”

同样，当我问行政助理（临时工）塞莱斯特·鲁（Celeste Rue），工作对她有何意义或重要性时，她认为对于自己而言，工作本身就很有趣，她喜欢创建复杂的电子表格，喜欢给文档排版，并且她补充说，受到上司和同事的尊重，并为公司项目作出贡献，让她感觉很不错。她还说：“我觉得在那家公司，虽然每个人是独立的个体，但是大家要团结起来，朝同一个方向共同努力。”

受访者不喜欢管理人员说着那些好听的话，让员工们一起工作并成为一个团队，同时又破坏他们的自主权，让他们互相竞争，甚至解雇他们。非营利组织的行政人员莉萨·罗斯（Lisa Rose），曾有过两份正式雇员的工作，那里的高管喜欢把员工称作“公司大家庭”的一分子，即使解雇她们的时候还在这样说。她对老板说：“我不相信你会解雇家庭成员。”她在找另一份工作的过程中做了短期工，在其中一个职位上，她感觉自己是团队的一部分，但大多数工作的周期都太短了。她本想以这种方式继续职业生涯，但这么做对她毫无吸引力，因为她想重新成
86 为正式雇员，“就好像我是优秀团队的一分子，能和我喜欢的

同事一起工作，感觉太棒了！”然而她后来发现，成为正式雇员并不一定能找到真正的团队精神。

建立社会关系

克里斯塔尔·墨菲，这位希望“有一份正常的工作，大家真的喜欢共事，共同完成目标，无论目标是什么”的职员，她谈到了因工作联系而产生的另一种渴望，即与同事进行的友好社交互动。部分受访者把职场作为自己主要的社交场所。

受访者中的一些外聘工作者谈到了自己在短期岗位上交到的朋友。一位年轻人对自己目前的临时工作表示赞赏，因为他在那里交到了新朋友。同样，塞莱斯特·鲁评论说：“我在每一份工作中都交到了新朋友，至少一个。”然而对于其他人来说（如莉萨·罗斯），换工作意味着重新建立人际关系，令人厌烦。“有的人一边开始一份新工作，一边说什么‘我要做十份或者十五份不同的工作，然后接着换，这样我就能全面发展，做我要做的事’，我可没有那种心态！”莉萨补充说：“我获得了强烈的归属感。”尽管她批评了“公司是个大家庭”的说法，但讽刺的是，她真的“把工作当成了家庭”。当我问她这句话的意思时，她解释道：“就是花时间与同事们相处，了解他们，关心他们。”

对于有兴趣发展这种关系的员工来说，外聘工作的种类很重要。像特伦斯·韦斯特这样的分包公司雇员，以及像安德鲁·琼斯这样被错误分类的“1099合同工”，都可能会在同一个公司工作很长时间。相比之下，无论是公司直接雇佣的短期临时工，还是人力资源公司的雇员，都只能无奈地接受层次较低的人际互动，如果他们想更换工作，就要冒着失去“大家庭”（公司）的风险，除非他们成为长期工。

职场中的社会互动并非都是友好的。特伦斯在K物流公司工作时，因为种族歧视和恐同思想而饱受辱骂。在先前的项目中，我采访过另一位黑人，和贾加特·菩提一样，他也是通信工程师，由于遭到歧视，他选择辞职。他说：“你确实会觉得，自己必须付出白人同事两倍的努力，才能得到应得的认可。”与贾
87 加特·菩提不同，他喜欢只被当作“合同工”。他尽可能地减少对职场的依恋，更喜欢合同工的生活，“你走进公司，做自己的事，拿了工资就走”。

结论

外聘化使得组织可以避免承担员工的合同责任，令人惊讶的是，在外聘化发展过程中，现代员工可以在不稳定的岗位上形成对工作的依恋。有研究详细分析了外聘工作者优先考虑的各种社会联系，解释了为何会出现这种情况。例如，某些形式的职场联系似乎不受雇佣模式的影响。“以自己的组织为荣”就是一个例子，不管员工的合同模式是怎样的，他们可能会因为与某个组织建立了联系——这个组织或是赫赫有名，或是其价值观被员工们欣赏——而感到自豪。

对于某些类别的外聘工作者来说，其他类型的社会联系更易获得。分包公司的长期工可能会象征性地被企业接纳，并得

到重视。此外，这些员工可能会获得不错的额外补贴，这体现了组织对他们的关心；他们感觉自己是在为共同的目标奋斗；与同事发展友好的人际关系；对职场产生依赖感；等等。被错误分类的“1099合同工”不享受任何职工福利，在某些职业中（如租理发椅开工的美发师），他们的工资取决于客户的数量，因此他们之间很难互相合作。然而他们可以感受到被接纳、被重视，而且由于他们的工作是长期的，所以能够交到朋友。最后，很少有临时工和合同工会获得额外补贴，就算有也很微薄；他们可能更难形成密切的人际关系，也更难感觉到自己完全是团队的一员。在我们采访的所有外聘工作者中，临时工和合同工最有可能指责自己的工作安排。然而有时他们会得到公司的重视，拥有归属感，以及与他人为共同目标奋斗的满足感（Smith，1998）。

对于参与本研究的多位受访者来说，他们的非标准雇佣合同要么是无关紧要的，要么是次要的。安德鲁·琼斯是“1099合同工”，他不喜欢自己承担税务和健康保险，但是这些与能够用自己的方式完成工作比起来，并不重要。对特伦斯·韦斯特来说，他的身份是临时工还是正式员工这一点很重要，但他是 88
不是为分包公司工作不重要。莉萨·罗斯并不认为自己能在合同工岗位上感受到团队精神，但就算她是正式雇员，也不一定能感受到这种精神。克里斯塔尔·墨菲“一直想要一份正常的工作，同事真的喜欢一起做事”，在那里，“大家能像团队一样完成任何事情”，但她没有在正式雇员经历中找到这种感觉。我在本章中强调，外聘工作竟然能带来比预期还要多的职场社交和联系，对此我非常惊讶，但我同时可以得出结论，即标准合同工的工作带来的社交联系无法满足员工所需。

可以肯定的是，员工关心的不仅仅是这些形式的联系。他们通常不喜欢临时工的微薄工资以及不确定的工作周期，但的确有人喜欢“1099合同工”的灵活工作安排。我之所以关注这些人际关系对于工作者的重要性，是因为存在一个耐人寻味的问题：为什么这种联系会在断裂式职场看似不利的环境当中形成？

因为外聘缺乏标准雇佣模式提供的保护，所以受到许多研究人员和社会人士的关注。然而在当代美国，劳动保护存在局限性，因此标准雇佣模式与非标准雇佣模式之间的差别可能被夸大了。在这种环境下，工作的社会特征和心理特征可能与它的合同模式一样重要。虽然一些员工更喜欢自由的工作安排，但另一些员工希望感受到自豪、关怀、归属感、团队精神和同志情谊。有的人渴望想象的或体验过的旧时工作关系，但有的人在新的工作形式中找到了他们想要的社会联系。

致谢

感谢马修·巴伯（Matthew Barber）、威廉·蒙蒂思的评论，感谢安德鲁·琼斯（化名）和特伦斯·韦斯特（化名）的反馈，感谢本书的编者在2018年组织的“后工资经济：跨越南北国家鸿沟，重新定义‘工作’”会议上的启发。

注释

1 一些合同工已经组织了法律允许的替代性员工工会（Esbenshade et al, 2019）。

2 部分资料来源用“内部合同工”指代这些雇员，但只是称呼罢了（Upcounsel, 2020）。因为把“内部合同工”当作“外聘员工”来讨论会造成混淆，所以我在这里不使用这个词。关于错误分类的法律标准，见莱伯斯坦（Leberstein）、拉克尔肖斯（Ruckelshaus, 2016）、默里（Murray, 2020）的论述。在欧洲，“假性自我雇佣”一词更为常见（欧洲改善生活和工作条件基金会，2017）。

3 文章发布的技术札记解释说，“主要工作”是指“他们工作 89
时间最长的工作”。（https://www.bls.gov/news.release/conemp.tn.htm）

4 美国早先有针对被错误分类的合同工的研究（包括出租车司机和卡车司机），其中记录了对错误分类的抗议，或者员工“欣然接受IC（Independent Contractor，即合同工）的工作安排，因为它更灵活，也更有自主性”（Esbenshade et al, 2019, 83; Dubal, 2017）。归属感或联系感还没有被探讨过。

5 失业人员常常聚集在招聘会、职业辅导讲座、网络会议、小型砥砺小组和小型互助小组等处，本研究的大多数受访者都是我从这些地方找到的。

6 见https:// livingwage.mit.edu/ metros/ 40140，以了解2020年里弗赛德县（Riverside）、圣贝纳迪诺县（San Bernardino）和安大略（Ontario）城市的维生工资。2010年，两个县中养育两个孩子的

单亲家长的维生工资为每小时24.85美元（https:// cpehn.org/chart/living-wage-single-mothers-san-bernardino-county-2010）。

7 “负担得起”是指“雇员需要缴纳不超过家庭收入9.5%的金额（已调整）”，“最小值”是指“至少覆盖医疗保险计划下预期福利金总额的60%，并未完全覆盖住院和看医生的费用”（https://www.irs.gov/affordablecare-act/employers/questions-and-answers-on-employer-shared-responsibilityprovisions-under-the-affordable-care-act#Afordability）。

8 如果企业或公立机构有50名以上的员工，必须允许员工休无薪病假。新冠肺炎疫情大流行期间，还有企业照常营业，由于许多企业没有带薪病假，导致不少感染病毒但未确诊的员工继续工作。

参考文献

American Association of University Professors (2017) ‘Trends in the Academic Labor Force, 1975–2015’, https:// www.aaup.org/ sites/ default/ fi les/ Academic_Labor_Force_Trends_1975-2015.pdf.

Appel, S. and Zabin, C. (2019) ‘Truck Driver Misclassification: Climate, Labor, and Environmental Justice Impacts’, August, Center for Labor Research and Education, University of California, Berkeley, http:// laborcenter.berkeley.edu/ truck-driver-misclassifi cation/.

Bureau of Labor Statistics (2018) Contingent and Alternative Employment Arrangements Summary, 7 June, https:// www.bls.gov/ news.release/ conemp.nr0.htm.

Carr, F. (2015) 'Destandardization: Qualitative and Quantitative', in Edgell, S., Gottfried, H. and Granter, E. (eds) *The SAGE Handbook of the Sociology of Work and Employment,* London: Sage, pp 385–405.

Chambel, M.J. and Castanheira, F. (2006) 'Different temporary work status, diff erent behaviors in organization', *Journal of Business and Psychology, 20*(3): 351–367.

Club Industry (2017) 'Gold's Gym Trainers in Los Angeles Vote Down 90
Union', 28 April, https:// www.clubindustry.com/ news/ gold-s-gym-trainers-los-angeles-vote-down-union.

Covert, B. (2015) 'Why Your Beauty Salon Likely Doesn't Have Any Employees, *ThinkProgress,* 3 June, https:// archive.thinkprogress. org/ why-your-beauty-salon-likely-doesnt-have-any-employeesdcb01d801bc4/.

Davis-Blake, A. and Uzzi, B. (1993) 'Determinants of employment externalization: A study of temporary workers and independent contractors', *Administrative Science Quarterly, 3*8(2): 195–223.

De Cuyper, N., De Jong, J., De Witte, H., Isaksson, K., Rigotti, T. and Schalk, R. (2008) 'Literature review of theory and research on the psychological impact of temporary employment: Towards a conceptual model', *International Journal of Management Reviews ,* 10(1): 25–51.

Dubal, V.B. (2017) 'Wage slave or entrepreneur? Contesting the dualism of legal worker identities', 105 *California Law Review, 1*01: 65–124.

Esbenshade, J., Shifrin, E. and Rider, K. (2019) 'Leveraging liminality: How San Diego taxi drivers used their precarious status to win reform', *Labor History, 6*0(2): 79–95.

Eurofound (2017) *Fraudulent Contracting of Work: Bogus Self-employment (Czech Republic, Spain and UK),* Dublin: Eurofound.

Foxhire team (2016) 'What's the difference between a contractor and a temp?' available at https:// www.foxhire.com/ blog/ what-s-the-difference-between-a-contractor-and-a-temp/.

Galais, N., and Moser, K. (2009) 'Organizational commitment and the well-being of temporary agency workers: A longitudinal study, *Human Relations, 62*(4): 589–620.

George, E. and Chattopadhyay, P. (2005) 'One foot in each camp: The dual identification of contract workers', *Administrative Science Quarterly, 50*(1): 68–99.

Internal Revenue Service (2019) 'Minimum value and aff ordability', available at https:// www.irs.gov/ aff ordable-care-act/ employers/ minimum-value-and-aff ordability.

International Labour Organization (2018) *Women and Men in the Informal Economy: A Statistical Picture (3rd edition), G*eneva: International Labour Office.

Kalleberg, A.L. (2000) 'Nonstandard employment relations: parttime, temporary and contract work', *Annual Review of Sociology,* 26: 341–365.

91 Kunda, G., Barley, S.R. and Evans, J. (2002) 'Why do contractors contract? The experience of highly skilled technical professionals in a contingent labor market', *Industrial and Labor Relations Review,* 55(2): 234–261.

Lane, C.M. (2011) *A Company of One: Insecurity, Independence, and the New World of White-Collar Unemployment,* Ithaca, NY: Cornell

University Press.

Leberstein, S. and Ruckelshaus, C. (2016) 'Independent Contractor vs. Employee: Why Independent Contractor Misclassification Matters and What We Can Do to Stop It, National Employment Law Project Policy Brief ', May, https:// s27147.pcdn.co/ wp-content/ uploads/ Policy-Brief-Independent-Contractor-vs-Employee.pdf.

Monteith, W. and Giesbert, L. (2017) ' "When the stomach is full we look for respect": Perceptions of "good work" in the urban informal sectors of three developing countries', *Work, Employment and Society,* 31(5): 816–833.

MortgageOrb Contributors (2006) 'Loan Officer Compensation Rules Pose Difficulties', available at https:// mortgageorb.com/ loan-officer-compensation-rules-pose-difficulties.

MOW International Research Team (1987) *The Meaning of Working,* London: Academic Press.

Muehlebach, A. and Shoshan, N. (2012) 'Post-Fordist affect: Introduction', *Anthropological Quarterly, 8*5(2): 317–343.

National Conference of State Legislatures (2020) 'Employee Misclassifi cation', available at https:// www.ncsl.org/ research/ laborand-employment/ employee-misclassification-resources.aspx.

Sennett, R. (1998) *The Corrosion of Character,* New York, NY: W.W. Norton & Company.

Smith, V. (1998) 'The fractured world of the temporary worker: Power, participation, and fragmentation in the contemporary workplace', *Social*

Problems, 45(4): 411–430.

UpCounsel (2020) ‘Internal Contractor: Everything You Need to Know’, available at https:// www.upcounsel.com/ internal-contractor.

US Dept. of Labor (n.d.) Vacation leave. https:// www.dol.gov/ general/ topic/ workhours/ vacation_leave.

Weeks, K. (2011) *The Problem with Work: Feminism, Marxism, Antiwork Politics, and Postwork Imaginaries,* Durham, NC: Duke University Press.

92 Weil, D. (2014) *The Fissured Workplace: Why Work Became So Bad for So Many and What Can Be Done to Improve It,* Cambridge, MA: Harvard University Press.

Weil, D. (2019) Why the Fissured Workplace Is Bigger Than the Contingent Worker Survey Suggests, *The American Prospect,* 14 May, https:// prospect.org/ economy/ future-real-jobs-prospect-roundtable/.

World Economic Forum (2018) *The Future of Jobs Report 2018,* Cologne/ Geneva: World Economic Forum.

第二部分　辞职

4 故意辞职：印度城市中的女性、劳动力与生活

阿西娅·伊斯兰姆

2016年12月，我第一次见到钱德妮（Chandni）[1]，她是德里南部某家咖啡馆的收银员，刚刚下班。她告诉我，起初她对这份工作感到兴奋不已，但后来，经理对待她和其他员工那种居高临下的态度让她失去了热忱。在咖啡馆工作短短几周后，钱德妮就递交了辞呈，理由是她想请假庆祝和男友的周年纪念日，而经理拒绝批假。她的朋友普拉奇（Prachi）和她在同一家咖啡馆工作，普拉奇对钱德妮的决定表示支持，说道："我们不是那种会让步的人，我们只是在要求我们应得的东西、我们认为正确的事情。正常人怎么能连上七天班？"[2]钱德妮冲动辞职后的几个月内，只有一家汽车公司愿意雇她做短期工，负责临时项目，工作内容是给客户打电话，邀请客户参加促销活动。最后，钱德妮的某个熟人请她参加市场调研小组，而且是有偿的。她同意了，希望自己最终能成为该营销公司的全职招聘人

员。但是这一希望很快破灭了，她决定辞职，专注于学业。当时钱德妮正在通过远程学习攻读本科学位，很想通过考试。她在家里学习，偶尔去大学校园参加每周一次的课程。在这段时间里，她的母亲暂时搬到外地做住家保姆，因此她还要负责家务
96 琐事。6个月后，也就是2018年7月我来德里时，她已经完成了本科课程，并在某办公楼从事数据录入的工作。

本章通过为期9个月的民族志实地调查，研究中下层年轻女性[3]在印度城市新经济[4]的背景下，按照自己的意愿就业和辞职的生活。正如钱德妮所描述的那样，年轻女性更倾向在咖啡馆、呼叫中心、商场和办公室等一系列新经济领域中做短期工，很少从事专业领域的工作。换言之，她们虽然在新经济领域就业，但往往做不长久。就业看似容易，但事实并非如此，实际上，她们往往要花上几个月的时间才能找到下一份工作。我开始感到好奇，对于这些低收入家庭的年轻女性而言，她们的收入对家里很重要（虽然不算不可或缺），那么为什么她们还要故意辞职？我在这里用了“故意”一词，表示她们是按照自己的意愿辞职，甚至是断然辞职。最常见的辞职原因包括不允许请假，遭到经理或同事的冒犯或性骚扰，不喜欢工作环境，等等。重要的是，在失业期间，年轻女性被迫做更多的家务劳动，主要是打扫卫生和做饭。有机会的时候，她们还在家附近的技能中心报名参加短期培训课程，让自己忙起来，进一步提高就业能力，才有可能找到下一份工作。

在新自由主义背景下，不稳定程度加重，一种新的民族志学研究横空出世——研究年轻男性就业不足和失业情况

（Mains, 2007; Jeffrey, 2010; Di Nunzio, 2019）。然而相比之下，女性失业情况的相关研究依然缺乏，不利于我们从性别角度理解不稳定状态和工作就业。由于人们普遍认为女性离开工作是因为她们要对家庭和家人负责，这种过于简单的理解加剧了这一研究空白领域的被忽视程度，从而将女性的失业归结为家庭原因。虽然我也认识到，女性在“家庭”与“工作”之间切换时需要承受的压力，但本章提到的年轻女性的经历表明，这些既不属于离散范畴，也不属于线性范畴。事实上，这些经历显示，她们为了维持生计，在不同的地点（包括但不限于家庭和职场），运用不同的策略奔波。那么这些年轻女性故意辞去正式有酬工作的行为，如何帮助我们理解工作？在本章中，我将通过展示年轻女性的辞职行为，揭示相互交织的权力关系结 97
构，尤其是那些控制性别和阶级的关系，在这些关系结构中，女性在工作面前具有主观性。这些行为为理解年轻女性对工作新的理解和新的参与方式提供了重要见解，并强调了新兴工作形式和工作过程中的性别经验和阶级经验。

在下一节中，我将介绍印度城市的“新经济”，并讨论近年来出现的令人始料不及的劳动力“去女性化”问题。接下来我将概述围绕女性和工作提出的方法论观点，以及我在研究新经济背景下年轻女性的经历时采用的方法论策略。随后，我将聚焦女性在职场中有关“尊严”的谈判，以及被迫负责家务劳动的情况。通过她们的叙述，我将论述她们同时运用多种生活策略，以求在不稳定的生活和劳动中保障自己的未来。

印度城市新经济中的动荡和去女性化现象

在后自由主义时代的印度，工作性质不断变化，一直是学术界争论的焦点（Gooptu, 2009; Chakrabarti, 2016; Nayyar, 2017）。在经济结构调整后的25年里，服务行业已经成为印度国内生产总值（GDP）的最大贡献部门，其表现超过了农业和制造业。[5]服务业的繁荣，在很大程度上归功于信息技术及其相关服务的发展，人们认为这是由于印度出现了“新兴中产阶级”。新兴中产阶级在新兴的社会、经济和文化实践中具有“新”的性质，尤其是他们拒绝由国家来主导发展，支持发展受到市场的驱动（Fernandes, 2006; Lukose, 2009）。与新的阶级形态密切相关的是性别关系的变化，年轻女性是新兴经济的资本，是印度作为现代国家形象的核心（Oza, 2006; Dhawan, 2010; Lau, 2010）。然而许多学者发现，后自由主义时代的印度在话语建构与物质现实之间存在差距。大多数所谓的新兴中产阶级在不稳定的经济中挣扎求生，工资微薄，没有工作保障，只有中产阶级和上层阶级才是安全的，能够在新经济中获得高层高薪的工作（Fernandes, 2000; Ganguly-Scrase and Scrase, 2009）。此外，女性劳动力的参与率并没有因为服务业的繁荣景
98 象而得到提高，这点与预期相反。事实上，研究人员一直在关注职场中女性的参与率较低甚至下降的情况，目前在市区，这个数字只有15.9%［Periodic Labour Force Survey（PLFS）Annual Report, 2019］。一些学者认为，在印度，女性劳动参与率与家庭收入之间存在“U”形关系，即家庭收入越高，女性越可能退

出劳动力市场，在家庭收入到最高值时，女性则会回归劳动力市场（Mammen and Paxson, 2000; Bhalla and Kaur, 2011; Das et al, 2015）。然而这一假设缺乏证据，尚无定论（Mazumdar and Neetha, 2011; Abraham, 2013）。此外值得注意的是，在城市地区，受过中学以上教育的女性失业率最高，为19.8%，而同样情况下男性失业率仅为9.2%（PLFS Annual Report, 2019）。

我认为，有关女性劳动力参与率低且不断下降的分析——主要依赖（印度）全国抽样调查组织（NSS）的调查数据——存在三个主要缺陷：第一，尽管调查能提供整体数据，但没能体现印度城市经济多样化环境中可用劳动力的复杂性和就业机会的质量（Sudarshan and Bhattacharya, 2008）；第二，它们没能洞悉女性自身参与就业的决策；第三，调查分类无法反映女性参与工作的非线性趋势。全国抽样调查组织记录的就业类别分别是正规（或有酬）雇佣、临时雇佣和自我雇佣。虽然本章关注的年轻女性在就业时属于“正规（或有酬）雇佣”劳动范畴，但由于她们从一种经济活动换成另一种，在有酬工作与家务劳动之间流动，以及经常同时从事多种形式的“工作”，因此掩盖了这种分类方式，模糊了定期与不定期工作之间的界限。

斯库利（Scully, 2016, 298）在对南非不稳定性的研究中描绘了类似的画面：

> ……不稳定就业劳工过着复杂的经济生活，他们靠多种不同的收入来源（包括但不限于自己的工资）维持生计。靠多种收入来源维持生计的行为主要发生在不稳定就业劳工的

家庭中。于是这些劳工的物质利益集中在如何保障家庭的生计，而不是在职场上。

99 认为女性靠拥有“多种收入来源”缓解不稳定程度的观点，在女权主义学术研究中找到了共鸣，后者认为，女性与雇佣劳动的关系一直是不稳定的（Precarias a la deriva, 2004; Federici, 2006; Betti, 2016）。具体来说，女性一直以来都是靠参与多种劳动来维持家庭生计。因此年轻女性为保障生计而实施的战略与其说是向家庭内转移（Scully, 2016），不如说是通过参与教育、技能培训和新经济驱使下的就业来进一步实现劳动的多样化。尤其是女性的就业不稳定性关联于“灵活的就业市场以及影响生活的相对固化的社会结构，如异性婚姻、生育照料、护理工作……”（Fantone, 2007, 8）。这些条件影响了女性作出交叉或重叠的就业决定，而不是简单地将女性吸纳入家庭生活。通过分析本章中在多个地点劳动奔波的年轻女性，需要改善有关工作的论述和理解，以说明工作的日常经历。我们只有将有酬雇佣模式视作编织纷繁复杂的劳动与生活网络的众多战略之一，才能够对女性冲动却坚定的离职决定进行更全面、更深刻的理解。

研究印度新德里的女性和工作

与许多关于印度“新兴中产阶级”女性的现有研究不同的是，本章重点关注中下阶层女性。在强调新经济中就业的不稳定性，以及工人在新经济中缺乏稳定性和安全性的研究基础上（Gooptu, 2013; Maiti, 2013; Rogan et al, 2018），研究那些生活不易的中产阶级及其经历很重要。在追求新经济所承诺的机会，尤其是新的消费选择和接受高等教育的机会时（Osella and Osela, 1999; Jeffrey, 2010; Dickey, 2012），中下阶层的“工作”实践洞悉了阶级和性别等方面不断变化的动因，相对来说这方面没有得到充分的探索。由于中下阶层试图过上比温饱更好的生活，女性的就业对于家庭来说可能更为重要。与帕帕内克（Papanek）的历史观察相反，“很多国家的男人想显示自己中产阶级的地位时，就会吹嘘‘我老婆没必要去工作’”
（1979, 779），在当代印度，若“女性抛头露面，有追求事业的相 100
对自由”，则标志着她们正在成为中产阶级（Ganguly-Scrase, 2003, 554）。这种转变在论及“职业女性”时十分明显，尤其是服务型经济中的中下阶层女性新秀。例如，帕特尔（Patel, 2010, 4）在研究呼叫中心女性工作人员时指出，“担任全球客户服务人员，女性现在晚上也必须出门”，因此“格格不入”的女性，要应对指责、蔑视甚至暴力。同样，维亚库马尔（Vijaykumar, 2013, 778）发现，在印度班加罗尔附近的某个小镇上的业务流程外包中心（Business Process Outsourcing, BPO），年轻的女性员工觉得自己需要与“传统家庭主妇和放荡的城市客服中心女孩”区别开来。这些讨论揭示了服务型经济中出现的工作是如何为中下层女性带来了职业的尊重，同时又对她们的社区名誉产生威胁。通过分析女性参与各种形式的工作的情境，我的研究框架优先考虑了通过对德里南部年轻中下阶层女性的长期民族志研究建立的基本见解。

首先，我采用工作民族志的经典方法，让自己嵌入特定的职场（Smith, 2001; Brannan et al, 2007; Platt et al, 2013）。我走进德里南部一家全国连锁的咖啡馆，店名叫“茶与蛋糕咖啡屋”（Cuppa n Cake）。这里有空调，卖咖啡和蛋糕，明显是现代化、城市化和全球化印度的代表。由于经常光顾这家咖啡馆，我与普拉奇和希拉（Sheela）熟络了起来，她们白天在那里上班，从早上8点到下午6点。我在本章开头介绍的钱德妮也曾在这家咖啡馆工作，但在我成为那里的顾客之前不久就辞职了。我告诉普拉奇和希拉，我是一位研究员，并希望这家咖啡馆能成为我进行民族志研究的主要地点。然而几周后，普拉奇也因为和经理争吵而离开了咖啡馆。普拉奇决定离开，部分理由是她明白这份工作只是暂时的，有可能被另一份同等工资的工作取代。她解释说：“现在我们工作不是为了开拓职业生涯，而是因为我们必须工作。”

阿伦特（Arendt, 1998）认为“劳动”和“工作”隶属不同的类别，理由很简单：大多数欧洲语言对这两个看似相近的活动有着不同的术语表达。阿伦特（1998, 7）通过观察两者历史的和当代的用法，结合马克思主义，指出劳动是天然行为，而工
101 作是人工手段，“人类的劳动环境就是生活本身”。因此劳动是更广泛的概念，类似于上文提出的“普通工作”的概念。印地语中也存在着多种表述，例如，帕里（Parry, 2013）描述了印度国营钢铁厂的工人如何区分安全型就业（naukri）和不安全型雇佣劳动（kam），这两个工作群体间出现了社会差异。本研究

的参与者用英文“jobs”（工作）指短期型工作，用“career”（事业）指能获得更高的物质回报的长期型专业工作，用“labour-type work”来指体力劳动，比如部分工人的父母所做的清洁工作，但他们坚决反对这种工作，认为这与他们的教育水平不相称。在把年轻女性的工作称为“工作”而不是“事业”时，她们参与的工作不是独立的劳动形式，而是建立和保障生活的众多劳动之一，这些劳动包括技能培训、教育、家务以及维护自尊等。

了解到年轻女性的正式工作是短期工作且无法持久之后，我显然需要将研究扩展到女性职场以外的生活。我联系了熟人普贾（Poja），聘请她做我的研究助理。她向我介绍了她的朋友和居住在邻近地区［达钦普里和汗布尔（Dakshinpuri and Khanpur）］的其他人，从而使我能将重点从工作转向工作生活。把研究方向从职场转移到邻里的决定（Scully, 2016; Sen and Sengurpta, 2016），对于全面了解他们生活结构中的就业决策至关重要。达钦普里和汗布尔是德里南部相邻的两个低收入社区，常住人口有中等种姓和低等种姓，构成了中下阶层。该地区有一个名为“JJ营”（JJ Camp）的贫民窟，或被称为“basti”，是工人阶级的家园。达钦普里和汗布尔两地的道路狭窄，道路两旁都是三层楼房，每层都有私有或租用的一居室公寓。像滚雪球一样，我在这里认识了许多年轻女性，她们中有的人在新型服务经济领域工作，有的人已经辞职，但在过去6个月里有过这种工作经历。

她们的年龄在19岁至23岁，未婚，和家人住在一起，家庭成员通常包括父母和兄弟姐妹，有时还包括祖父母。她们在德里长大，认为自己是城市女性，与她们父母的故乡北方邦（Uttar Pradesh）、北阿坎德邦（Uttarakhand）、比哈尔邦（Bihar）和拉贾斯坦邦（Rajasthan）等地的村庄的女性相比，她们明显不一样。她们不是正在攻读本科学位，就是已经通过德里大学的远程教学完成了本科学业，尽管她们经常因为忙于工作和疲惫
102 而错过学校每周的课程。然而对于她们来说，获得本科学位意义重大，尤其是因为自己的受教育程度超过了父母。她们的学历与印度各级教育中不断缩小的性别差距一致。1990年至1991年，接受高等教育的男女比例为100∶46，而在2015年，这一比例为100∶85（Education Statistics at a Glance, 2016）。有了这些新资格和技能，年轻女性就可以选择不去成为和她们母亲一样的家庭主妇和家政工人。我经常听到一种反问："我们受过教育，为什么要做这个［家政工人或家庭主妇］？"此外，这些年轻女性还参加了其他职业技能课程，如英语口语、基础计算机操作和零售管理等，学习这些课程已经成为进入新经济领域的必要条件（Nambiar, 2013）。这些年轻女性在咖啡馆、购物中心、呼叫中心和规模不一的办公室等地方工作，扮演各种角色，包括零售员、数据输入员和电信客服专员。她们的月收入在8 000卢比~12 000卢比（80英镑~120英镑），接近新德里半熟练工人的最低工资（10 764卢比，约合110英镑）。

在将重点从职场转移后，我待受访者闲暇时，邀她们到商场、市场和公园等地闲逛。我还受邀参观了她们的家和工作场所，并与她们的家人、工作场所的经理和技能培训的供应商进行非正式交谈。在第二阶段，我与18名女性进行了深入的半

结构化访谈，包括和我一起出去闲逛的女性。我与大多数女性见过不止一次；有时我们可能只见过一次，这时我就通过社交聊天软件继续我们的对话，谈论她们的工作和家庭。在进行这项实地调查时，我依靠的是自己“内部人士”的身份，即一名来自印度的年轻女性，母语是流利的印地语。但是我们之间有着明显的阶级差异，在这一点上我与受访者们达成了共识。事实上，这一点为我们讨论阶级认同提供了丰富的话题。在我们谈话期间，许多受访者把我当作参考，根据我的穿着、说话方式，尤其是我在英国居住的情况，她们得出结论：我是“上层人士”，而她们只是“中产阶级”。只有一位受访者明确使用了“中下阶层”这个词，大多数人都略带迟疑地称自己是中产阶级。我在下文中提出的分析是由年轻女性的叙述引导的，因为我知道她们是管理自己生活的专家（Sosulski et al, 2010）。我利用她们的叙述，来建立女性的工作生活与印度城市更广泛的社会 103
经济变化之间的微观和宏观联系。

辞职与尊严

某天，我在茶与蛋糕咖啡屋（当时希拉和普拉奇是这里的雇员）目睹了一场区域经理的会议。一群男人身穿衬衫和黑色长裤，把桌椅拉到一起，像在会议室开会一样围着坐下。咖啡馆的“冲咖啡大师”和“咖啡管家”在柜台后面，穿着T恤和长裤。咖啡馆里的性别差异非常明显：坐在桌子周围的区域经理全为男性，而柜台后面的三位员工里有两位是女性。我向希拉提出了我的看法，她微笑着耸耸肩，回答说："就是这么回事。"她说曾经有人告诉她，有一位女性被提拔为茶与蛋糕咖啡屋的区域经理，但这是例外。人们也都知道，尽管这些咖啡馆雇佣了大量女性，她们是"团队的一员"，但在大多数情况下，只有男性才能进入管理岗位。

在所有受访者中，希拉的情况占少数，因为她在同一份工作中待了较久，大约是18个月。工作期间，她只获得了一次晋升。虽然她的头衔从"团队成员"变成了"冲咖啡大师"（咖啡馆的行话是"从TM到BM"），但这次晋升并没有带来大幅加薪。此外，她曾当选一次"月度最佳员工"，并因此获得了一个咖啡礼篮。希拉为她的工作和工作带来的一切感到自豪，她喜欢学做咖啡拉花，她的部分收入能够支付弟弟妹妹的教育费用，她还向我展示了她的智能手机，这是她从每个月的工资中省下一小笔钱后买的。在这一点上，希拉是受访者的代表人物，她们通过这些新经济领域的"工作"来维护自己的职业尊严。然而刻意地使用冲咖啡大师、行政助理、销售主管等头衔让工作看起来专业的策略，却与这类工作的长工时、低工资和低价值等特点不匹配。尽管合同规定每周只工作5天，但她们往往被迫每周工作6天甚至7天，而且没有额外的报酬。加班被视为一项义务，虽然员工们会互相抱怨，也会向我抱怨，但她们并没有向经理提出抗议。

104 年轻女性意识到，自己在工作场所的地位较低，而绝大多数经理是男性。虽然工作场所的等级制度十分规范，但是她们认为这些等级制度是一种"伤害"，让这些中下阶层家庭的"职业女性”处于弱势地位。尽管她们感觉到有酬工作在日常生活中正在发挥作用，她们的就业选择证明了这一点，但她们意识到，管理人员可能会把她们看作不得已才被家人派来工作。普拉奇在感受到经理和同事的不尊重后，几个月内，她便提出辞职，她的经历正好证明了这些性别和阶级方面的假设。“他们说‘好’女孩要默默无闻地工作……我不是这样的人。我做我认为正确的事，我不想做那些会冒犯我的工作，即使使出浑身解数，依然要接受命令……”

有许多让女性感到被冒犯的实例，包括性骚扰，尽管并不一定这样说。普拉奇来到茶与蛋糕咖啡屋工作之前，曾在一家时装店工作，那时一个男同事开始“追求”她，还在非工作时间不停地联系她，她只好提出辞职。由于无法举报对方的不当行为，所以她觉得若是继续在店里工作，情况会进一步恶化。她不曾考虑向经理举报，也没有和父母谈论他的行为。她觉得，经理可能会把责任推到她身上，而父母可能会禁止她出门打工。在经理会对员工进行性骚扰的工作场所里，被骚扰的情况就会更加严重。钱德妮告诉我，她之所以离开上一份呼叫中心的工作，不仅是因为工资微薄，还有经理品行不端的原因。当我问她是否想过投诉时，她回答：“不行，他是办公室的老板。有一次，他对我‘格外关照’，因此我对他说：‘先生，你知道吗，你就像我父亲一样’……他没有碰我，但他试图‘格外关照’我……虽然我没说多少，但一语破的。”

鉴于这些工作场所有着基于性别和阶级的等级制度，年轻女性没有任何渠道来抵抗或抱怨她们的经理。因此，哭泣成为一种隐蔽的抗议形式。她们说，当自己受到同事和顾客的不公平指责或侮辱后，就会躲进厕所里哭。普拉奇告诉我，当希拉告诉她，其他同事在背后议论自己时，她在咖啡馆的厕所里哭了。当经理拒绝给钱德妮放假后，大家看到她从厕所里走出来，“满眼通红”。虽然相比之下，面对不公平甚至敌对的工作环境，哭泣似乎是一种无关痛痒的控诉，但这些年轻女性意识到，这么做
105 能让经理知道发生了问题，也不需要明显地挑战经理和工作场所的等级制度。因此哭泣对这些年轻女性来说是可以接受的，她们用哭泣来表达自己得不到尊重的不快，同时无须违反等级制度和性别规范。[6]由于缺乏抗议的途径（如工会、罢工和工作场所的惩戒制度），她们没有公开挑战歧视现象，而是想方设法用谨慎的方式表达不满，让自己在工作场所中有控制权。

为了让别人听到自己的诉求，需要发出表示不满的信号，这也是她们觉得已经濒临崩溃时，主动决定辞职的支撑基础。我认识的年轻女性很少“正式”提出辞职，也就是不会递交辞职信，并在通知期内继续工作。相反，若工作中发生了不愉快，侵犯了她们的尊严，第二天她们就不去上班，合同自然也就终止了。在回顾性的讨论中，此类事件被认为是爆发点，指的是工作场所中长期存在的不平等现象。例如，希拉在咖啡馆工作了18个月，却因为与一名新员工发生争执而辞职。她告诉我，这个员工来自“上流世家”，也就是说，其家庭条件优越，才有胆量做坏事。希拉辞职的部分原因是此人的冒犯，部分原因是经理没有为自己辩护，因此她才冲动地辞职。当第二天她没有出现在工作岗位上时，经理打电话给她，要求她回来。她没有逆来

顺受，随后她接到了茶与蛋糕咖啡屋总部代表的电话，提出将她调到附近一家咖啡馆任职，以化解她与同事的冲突，进而解决经理的问题。她接受了这个提议，在附近的咖啡馆工作了一段时间，最后辞职回到了学校。

其他女性辞职后也进行了类似的谈判，让她们能够在经理面前占上风，即使只在很短的时间内。尽管这些年轻女性并不是不可或缺的，但管理人员似乎的确受到了她们离职的影响，可能是因为培训新员工需要花钱，也可能是员工频繁流动对管理人员的业绩产生了不良影响。当女性急于辞职时，管理人员试图安抚她们，尽管这些努力并不意味着涨工资。因此通过辞职，女性并不能指望在协商中获得更多的物质利益；相反，她们故意离开工作岗位，是为了向管理人员宣称，自己不需要这份工作，这与经理的猜测正相反。通过辞职，年轻女性设法重新 106
建立她们在低端服务型工作中不断遭到贬低的尊严。

维持生计的策略

当希拉还在茶与蛋糕咖啡屋工作时，她告诉我，她决定在十二年级（高中最后一年）结束后去找工作，以便让她的弟弟妹妹能够继续上学。她的父亲是一名木匠，但在过去两三年里没有干任何活计。她的母亲曾经是家庭主妇，但自从她父亲失去收入后，她开始在多个家庭做家政工作，每个月能赚约5 000卢比（50英镑）。希拉没有放弃接受高等教育，因为在她看来，获得本科学位能让她在未来获得其他（甚至更好）的工作。她对自己的英语语言能力是好是坏没有把握，因此在报名参加用英语授课和考试的课程时十分紧张。当我建议她可以用印地语学习时，她回答说：

> 不行，而且我也不喜欢印地语。在这里，我所有的工作都是用英语交谈。我说的英语并不完美，因此我必须继续学习。今年出现了这种情况，因此我没法继续学习。母亲得去村里，因此我们要给她寄钱，我想明年再开始学习。

为了提高英语水平，从而提高就业能力，希拉离开茶与蛋糕咖啡屋后，通过远程教育学习，获得了本科学位。她告诉我，她妹妹已经找到了办公室的工作，收入至少可以顶替自己几个月。正是由于这种安排，即由另一位家庭成员弥补损失的收入，年轻女性才有可能冲动地辞职。因为有家庭汇总的收入，年轻女性能够在濒临崩溃时拒绝就业。很明显，希拉在作出就业决定时，必须考虑家庭成员间相互依存的关系。她明白，接受教育能带来更好的生活，家庭的日常生计需要用钱来维持，还必须对村里的大家庭负责。有趣的是，年轻女性似乎与她们的母亲和姐妹，也就是家庭中的女性成员，一同作出这些就业
107 决定。因为妹妹有工作，所以希拉能够辞职。而我在本章前面提到的钱德妮，当她的母亲担任住家保姆时，她能够专注于学习。同样，普拉奇之所以能够学习，是因为她的姐姐年轻时就开始工作了。普拉奇的家人曾经贷款维修房屋，在她辞去茶与蛋糕咖啡屋的工作后，家人因为还不上分期贷款而忧心忡忡。虽

然普拉奇没能找到下一份合适的工作，但她妹妹还是设法在商场的某家杂货店里找到了销售助理的工作，以养家糊口。

然而这些家庭里的女性亲属并没有促进直接或分离的劳动交换。相反，这种劳动交换是可能发生的（往往是在一瞬间），因为女性同时参与了多种活动，以维持她们现在和未来的生活。这些活动包括形形色色的工作，她们为了遵守性别规范和社会义务，被迫参与工作。就业期间，希拉和钱德妮都设法避免做大部分（但不是所有）的家务活。然而一旦她们辞职，就需要承担起她们母亲负责的家务。此外，这些年轻女性意识到，一旦她们结婚，家务就成为不可避免的责任。有时，这些相互冲突的义务，再加上无法从工作中抽出时间休息，就把女性推到了工作范围以外，即使是暂时地离开工作。一些受访者在解释自己曾经辞职的原因时，提到了“个人问题”，通常包括参加婚礼、为即将到来的节日做准备以及到村里走亲戚等。这些具有明显性别特征的活动大致属于帕帕内克（1979）所说的“由身份引发的工作”，或被称为女性为维持家庭地位所做的工作，超出了日常的做饭、清洁和护理工作。帕帕内克认为，对于设法实现社会流动的家庭来说，这些家庭活动可能更重要，需要女性的义务性参与。常规的服务业就业特点是工作时间长，周末也要工作，没有病假和年假等福利，因此无法适应家庭活动。由于无法从工作中获得休息时间，并且被迫参与家庭活动，因此女性会暂时退出就业市场。女性的冲动性辞职看起来颇具戏剧性，但要将其置于她们为维持生活而从事的多种劳动构建的网络中予以理解。她们
找工作，以维护自己受过教育的城市职业女性的主体地位。但 108

她们找到的低端服务型工作只能提供有限的生活保障。因此这些工作可以被其他赖以谋生的性别化劳动替代，包括家务、护理和“由身份引发的工作”。换言之，对于年轻女性来说，“有酬工作和再生产劳动相结合是谋生的可行策略”，也表明了“有酬工作其实是为再生产劳动服务的，而再生产劳动是所有经济活动的首要模式”（Bhattacharyya, 2018, 52）。

结论

希拉、普拉奇和钱德妮的经历表明，印度年轻女性从事的工作超出了有酬雇佣劳动的范围，包括为提升就业能力而参与的继续深造课程和技能培训，为维持家庭地位而承担的无偿家务劳动以及家庭义务。尽管其中很多工作无法产生直接的收益，但它们对未来有很大的帮助。据称，由于社会经济环境不稳定，年轻人只好采取多种策略谋求生计，这种情况变得较为普遍（Scully, 2016; Ferguson and Li, 2018）。然而生育劳动落在女性身上，因此需要考虑大背景，才能从性别视角更全面地理解她们是如何养家糊口的。希拉、普拉奇、钱德妮和其他受访者反复强调，她们不想成为“家庭主妇”（Islam, 2020）。换言之，她们辞职不是因为“依恋”或“偏爱”生育劳动，这与传统话语对女性的形容不同（Sen, 1999; Betti, 2016）。相反，这一讨论表明女性扮演的角色在市场中不断变化，却在家庭中一成不变，两者又是如何影响她们与工作之间的关系以及她们作出的有关工作的决定。

年轻女性决定放弃有酬工作，是因为不满意工作的环境、遭受家庭的压力以及保证自己的尊严，这三者构成了一张不稳定的网。她们想通过就业来制定日常生活的时刻表，获得固定的收入，维持现在以及将来的生活，这与印度新经济的不稳定现实——低工资、长工时、不安全的合同——相抵触，加之缺乏晋升机会、不公平的性别等级以及中下层女性无法在工作中保证“尊严”，情况变得更糟糕。这些情况加上性别规范的僵化 109
思维，加剧了劳动、生活的不稳定性（Nielsen and Waldrop, 2014; Millar, 2017）。因此我认为，女性离开职场的原因离不开她们从事的各种劳动，它们甚至延伸到了职场以外的范畴。

从性别角度来看，这项研究对本书提到的“普通工作”给出了更多更广泛的见解。新进入职场的年轻女性在新经济领域就业时具有争议性，她们意识到阶级和性别的结构性限制，阻碍了她们在职场以及生活中的发展。因此她们拒绝这类工作的行为实属意料之中，最初是将这些“工作”与“事业”区分开来，最后是辞职。然而女性就业状态和无业状态的非线性趋势让情况变得复杂。如果把就业和无业当作两种独立的类别，人们对如何过好普通生活的理解就变得更加难以捉摸。这些年轻女性的叙述表明，她们既作出工作方面的决定，还要作出维持生活和未来活动的决定，包括非创收的活动。虽然一般来说，年轻人可能会增加教育投入，以保障获得就业机会，但女性也被迫参与无偿的家务劳动和维持家庭地位的劳动，以重现性别规范。因此，这些年轻女性的生活有助于对作为谋生策略的“普通工作”进行定义，这些谋生策略既受到社会经济状况的推动，又受到其制约。

扩展平凡工作的概念范畴，挑战了有关不稳定性的学术研究对有酬工作的关注焦点（Kalleberg, 2009; Standing, 2011）。评估就业的一般条件限制了我们理解劳动与生活之间的联系，对于制定政策以解决不充分就业和失业问题不利。这种情况在有关印度女性劳动力参与率下降的讨论中得到了反映，相关讨论数量众多但不够完整，而且基本未能奏效。在关于失业问题的讨论中，人们广泛使用“NEETs”来形容“未受教育、没有工作或没有接受培训”的年轻人，往往忽视了非创收性的生育劳动的价值，而生育劳动对在不稳定的条件下维持生计很有帮助。将非创收性的生育劳动当作“普通工作”的一部分，将推动制定长期且持续的政策性措施，不仅仅是为了提高就业率，还为了提高人们的生存能力。

110 ## 致谢

感谢盖茨剑桥奖学金和剑桥大学社会学系提供的资金，让这项研究得以进行。感谢我的研究助理普贾·帕切尔瓦尔女士，她极大地丰富了我的实地调查工作。

注释

1 为保持匿名，所有人名和店名均为化名。

2 文中交谈和采访主要是用印地语进行，受访者偶尔会使用英语单词、短语和句子，已在引用的文本中用斜体标出。

3 文中用“中下阶层”进行分类，并不意味着它是抽象意义上的统一范畴（在印度也不是）。相反，边缘人群（处在穷人和安全的中产阶级之间）的收入、消费和生活方式可能有着巨大差异，很多学者都在对印度各地中下阶层的研究中证明了这一点（Ganguly-Scraes, 2003; Jeffrey, 2010; Dickey, 2016）。

4 尽管“新经济”的指向性不明确，但对于描述过去三十年来印度出现的服务业工种很有帮助。较低级别的工作包括零售、电信、数据输入等，分别存在于商场、咖啡馆、呼叫中心和办公室等工作场所内（本研究的受访者工作的办公室种类包括旅游公司的办公室、电信运营商、汽车公司、制造企业的客服部等）。

5 根据《经济调查2017—2018》（财政部，2018），服务业占印度经济总增加值（Gross Value Added, GVA）的72.5%。

6 翁（Ong, 2010, 165）对马来西亚工厂新女工进行了研究，她注意到了女工情绪爆发的现象，“一位女工指出，当工头责骂操作员时，操作员不允许回嘴，必须‘非常礼貌’……有时，哭似乎是缓解训斥、获得原谅的唯一途径”（Ngni, 2005, 165-188）。

参考文献

Abraham, V. (2013) ‘Missing labour or consistent “de-feminisation”?’, *Economic & Political Weekly,* (31): 99–108.

Arendt, H. (1998) *The Human Condition* (2nd edn), Chicago: University of Chicago Press.

Betti, E. (2016) 'Gender and precarious labor in a historical perspective: Italian women and precarious work between Fordism and post- Fordism', *International Labor and Working- Class History*, 89: 64–83.

Bhalla, S. and Kaur, R. (2011) *Labour force participation of women in India: some facts, some queries,* LSE Asia Research Centre Working Papers. London: London School of Economics.

111 Bhattacharyya, G. (2018) *Rethinking Racial Capitalism: Questions of Reproduction and Survival,* Cultural Studies and Marxism, London: Rowman & Littlefi eld.

Brannan, M, Pearson, G. and Worthington, F. (2007) 'Ethnographies of work and the work of ethnography', *Ethnography,* 8(4): 395–402.

Chakrabarti, A. (2016) 'Indian economy in transition', *Economic & Political Weekly,* 51(29): 61–67.

Das S., Jain- Chandra, S., Kochhar, K. et al (2015) 'Women Workers in India: Why So Few Among So Many?' *IMF working Paper* WP/ 15/ 55.

Dhawan, N.B. (2010) 'The married "new Indian woman": Hegemonic aspirations in new middle- class politics?' *South African Review of Sociology,* 41(3): 45–60.

Di Nunzio, M. (2019) *The Act of Living: Street Life, Marginality, and Development in Urban Ethiopia,* Ithaca, NY: Cornell University Press.

Dickey, S. (2012) 'The pleasures and anxieties of being in the middle: Emerging middle- class identities in urban South India', *Modern Asian Studies,* 46(03): 559–599.

Dickey, S. (2016) *Living Class in Urban India,* New Brunswick, NJ: Rutgers

University Press.

Economic Survey 2017–18 (2018) Delhi: Ministry of Finance, Government of India.

Education Statistics at a Glance (2016) Ministry of Human Resource Development, Department of School and Education, Government of India.

Fantone, L. (2007) 'Precarious changes: Gender and generational politics in contemporary Italy', *Feminist Review,* 87(1): 5–20.

Federici, S. (2006) *Precarious Labor: A Feminist Viewpoint,* Lecture, available at https:// inthemiddleofthewhirlwind.wordpress.com/ precarious- labor- a- feminist- viewpoint/.

Ferguson, J. and Li, T.M. (2018) 'Beyond the "proper job:" Politicaleconomic analysis after the century of labouring man', Working Paper 51. PLAAS, UWC: Cape Town.

Fernandes, L. (2000) 'Restructuring the new middle class in liberalizing India', *Comparative Studies of South Asia, Africa and the Middle East,* 20(1–2): 88–112.

Fernandes, L. (2006) *India's New Middle Class: Democratic Politics in an Era of Economic Reform,* Minneapolis, MN and London: University of Minnesota Press.

Ganguly- Scrase, R. (2003) 'Paradoxes of globalization, liberalization, and gender equality: The worldviews of the lower middle class in West Bengal, India', *Gender & Society,* 17(4): 544–566.

Ganguly-Scrase, R. and Scrase, T.J. (2009) *Globalisation and the Middle* 112
Classes in India: The Social and Cultural Impact of Neoliberal Reforms,

Oxford: Routledge.

Gooptu, N. (2009) 'Neoliberal subjectivity, enterprise culture and new workplaces: Organized retail and shopping malls in India', *Economic & Political Weekly,* 44(22): 45–54.

Gooptu, N. (2013) 'Servile sentinels of the city: Private security guards, organized informality, and labour in interactive services in globalized India', *International Review of Social History,* 58(1): 9–38.

Islam, A. (2020) ' "It gets really boring if you stay at home": Women, work and temporalities in urban India', *Sociology,* 54(5): 867–882.

Jeffrey, C. (2010) *Timepass: Youth, Class, and the Politics of Waiting in India,* Stanford, CA: Stanford University Press.

Kalleberg, A.L. (2009) 'Precarious work, insecure workers: Employment relations in transition', *American Sociological Review,* 74(1): 1–22.

Lau, L. (2010) 'Literary representations of the "new Indian woman": The single, working, urban, middle class Indian woman seeking personal autonomy', *Journal of South Asian Development*, 5(2): 271–292.

Lukose, R. (2009) *Liberalization's Children: Gender, Youth, and Consumer Citizenship in Globalizing India,* Durham, NC: Duke University Press.

Mains, D. (2007) 'Neoliberal times: Progress, boredom, and shame among young men in urban Ethiopia', *American Ethnologist*, 34(4): 659–673.

Maiti, D. (2013) 'Precarious work in India: Trends and emerging issues', *American Behavioral Scientist,* 57(4): 507–530.

Mammen, K. and Paxson, C. (2000) 'Women's work and economic development', *The Journal of Economic Perspectives,* 14(4): 141–164.

Mazumdar, I. and Neetha, N. (2011) 'Gender dimensions: Employment trends in India, 1993–94 to 2009–10', *Economic & Political Weekly,* 46(43): 118–126.

Millar, K.M. (2017) 'Toward a critical politics of precarity', *Sociology Compass,* 11(6): 1–11.

Nambiar, D. (2013) 'Creating enterprising subjects through skill development: The network state, network enterprises, and youth aspirations in India', in Gooptu, N. (ed) *Enterprise Culture in Neoliberal India: Studies in Youth, Class, Work and Media,* Oxford: Routledge, pp 57–72.

Nayyar, D. (2017) 'Economic liberalisation in India: Then and now', *Economic & Political Weekly,* 52(2): 41–48.

Ngai, P. (2005) *Made in China: Women Factory Workers in a Global Workplace,* Durham, NC and London: Duke University Press.

Nielsen, K.B. and Waldrop, A. (eds) (2014) *Women, Gender and Everyday* 113
Social Transformation in India, London and New York, NY: Anthem Press.

Ong, A. (2010) *Spirits of Resistance and Capitalist Discipline* (2nd edn), Albany, NY: SUNY.

Osella, F. and Osella, C. (1999) 'From transience to immanence: Consumption, life- cycle and social mobility in Kerala, South India', *Modern Asian Studies,* 33(4): 989–1020.

Oza, R. (2006) 'The new liberal Indian woman and globalization', in *The Making of Neoliberal India: Nationalism, Gender, and the Paradoxes of*

Globalization, New York, NY: Routledge, 21–44.

Papanek, H. (1979) 'Family status production: The "work" and "nonwork" of women', *Signs: Journal of Women in Culture and Society*, 4(4): 775–781.

Parry, J. (2013) 'Company and contract labour in a central Indian steel plant', *Economy and Society,* 42(3): 348–374.

Patel, R. (2010) *Working the Night Shift: Women in India's Call Center Industry,* Stanford, CA: Stanford University Press.

Periodic Labour Force Survey (PLFS) Annual Report (2019) May.Ministry of Statistics and Programme Implementation, Government of India.

Platt, J., Crothers, C. and Horgan, M. (2013) 'Producing ethnographies: Workplace ethnographies in history', *Journal of the History of the Behavioral Sciences,* 49(1): 45–62.

Precarias a la deriva (2004) 'Adrift through the circuits of feminized precarious work', *Feminist Review,* 77: 157–161.

Rogan, M., Rover, S., Chen, M.A. and Carre, F. (2018) 'Informal employment in the global South: Globalisation, product relations and "precarity" ', in Kalleberg, A.L. and Vallas, S. (eds) *Precarious Work* (Vol 31), Bingley: Emerald Publishing Limited, pp 307–334.

Scully, B. (2016) 'From the shop floor to the kitchen table: the shifting centre of precarious workers' politics in South Africa', *Review of African Political Economy,* 43(148): 295–311.

Sen, S. (1999) *Women and Labour in Late Colonial India: The Bengal Jute Industry,* Cambridge: Cambridge University Press.

Sen, S. and Sengupta, N. (2016) *Domestic Days: Women, Work, and Politics in Contemporary Kolkata,* New Delhi: Oxford University Press.

Smith, V. (2001) 'Ethnographies of work and the work of ethnographers', in Atkinson, P., Coffey, A., Delamont, S., Lofl and, J. and Lofl and, L. (eds) *Handbook of Ethnography,* London: SAGE Publications Ltd, pp 220–233.

Sosulski, M.R., Buchanan, N.T. and Donnell, C.M. (2010) 'Life history and 114
narrative analysis: Feminist methodologies contextualizing black women's experiences with severe mental illness', *Journal of Sociology & Social Welfare,* XXXVII(3): 29–57.

Standing, G. (2011) *The Precariat: The New Dangerous Class*, London: Bloomsbury.

Sudarshan, R.M. and Bhattacharya, S. (2008) *Through the Magnifying Glass: Women's Work and Labour Force Participation in Urban Delhi,* ILO Asia-Pacific working paper series. New Delhi: International Labour Organization, Subregional Office for South Asia.

Vijayakumar, G. (2013) 'I'll Be Like Water', *Gender & Society*, 27(6): 777–798.

5 “做自己的老板”：南非城市边缘的创业梦想

汉娜·J.道森

南非是全世界青年失业率最高的国家之一。在那里，三分之二的年轻人被排除在就业市场之外，让待业青年变成白手起家的创业者已经成为国家、非政府组织和教会的口号。2015年6月，在政府的资助下，专门为生活在约翰内斯堡赞德斯普雷特（Zandspruit）贫民区的失业青年举办了一场“职业推介会”。在推介会上，面对现场的年轻人群，某非政府组织的领导人西邦吉莱（Sibongile）表示，不要只是等待工作到来，而要开展自己的事业，该组织由年轻人管理运营。他喊道：“你们的未来掌握在自己手中，而不是政府手中。”他强调，个人创业是解决青年失业危机的答案。

我在赞德斯普雷特时发现，许多年轻人都产生了自己创业的想法和愿望。一位名叫伊图梅伦（Ztumeleng）的年轻男子写了一本自助书，名叫《做自己未来的老板》（*Be the Boss of your Future*）。他在引言中写道：“南非的统计数据令人吃惊。每九个大学生中只有一个会找到有工资的正式工作，占14%；只有9%的大学生会修完大学课程；多达80%的人将处在无业状态。要想在如此恶劣的环境中生存，你需要自己创业。”（Dithupe, 2016, 32）伊图梅伦既将自主创业当作解决失业问题的方法，也把其当作获得经济独立和社会流动的途径，以响应国家发出的创业需求。“乡镇经济”（或非正规创业）的创业框架是改善 116
生活的途径，而不是“应付策略”（Rakodi, 1995），这反映了研究人员和政策制定者对非正规经济认识的重要转变。在赞德斯普雷特举办的职业推介会上，人们对豪登省（Gauteng）政府的“乡镇经济振兴战略”（Township Economy Revitalisation Strategy）议论纷纷。此战略将“乡镇经济”视为工作、创业和经济包容性的缔造者，而不是贫困和边缘化的代名词。这种转变表示出现了一种新的发展模式，即通过创业和创造工作机会的新自由主义视角来看待非正规经济（Roy, 2010; Dolan and Rajak, 2016; 2018）。

根据赞德斯普雷特的民族志实地调查，本章探讨了在南非非正规经济中，无业和未充分就业的年轻男性更青睐自主创业的原因。通过记录两位非正规创业者的工作经历，我探讨了“做自己的老板”对年轻人具有怎样的吸引力，使得他们欣然接受非正规的自主创业。这两个人分别是机修工赫洛尼（Hloni）和靠非法私接电路赚钱的塔霍（Thatho）。通过这样的研究，我强调了南非年轻男性自主创业的社会、社交和互惠维度，而这些在关注个体能动性和自力更生的创业研究中常常被忽略。与凯瑟琳·米勒（Kathleen Millar）在巴西的研究（2014）和塔蒂亚娜·蒂梅在内罗毕的研究（2013、2018）相比，我研究自主创业是如何模糊了“工作”与“非工作”之间的界限，从而使年轻男性能够将不同形式的工作与人际交往相结合。我认为，年轻人青睐自主创业是由于他们受到新自由主义思潮或利己理念（即出人头地）的影响，但我们也必须明白，这是他们表达对南非种族隔离经济的不满，这种经济给年轻黑人男性设下侮辱性的规定，让他们既难以找到工作，又不能活得体面。我认为，低端有酬劳动破坏了赞德斯普雷特的生活节奏，在那里，要想实现社会经济的繁荣，关键是要花时间建立、维持和尽可能地扩展当地的人际关系。

“非正规经济”中的创业精神：从谴责到庆祝？

在过去十年里，在南非的公共辩论和政策辩论中，非正规经济中的创业精神占据着越发重要的地位。但它不是一直都这么重要的。在20世纪的大部分时间里，非正规经济中的自主创业
117 遭到种族隔离时期的法律的强烈反对（甚至在某些行业里遭到取缔）。南非有很多法律，旨在强迫南非的黑人从事雇佣劳动，只允许城市居民在国家承认的岗位就业，但往往事与愿违，这些法律经常与对“游手好闲”的担忧联系在一起，特别是在没有工作的乡镇青年中，这也是对非正规创业定罪的基础。1962年，对于那些拒绝做艰苦的体力劳动，而选择进入非正规领域赚钱的人，南非政府的博塔委员会（Botha commission）用犯罪、懒惰、寄生虫等词来描述他们（Seekings and Nattrass，2005，

170）。这种对“游手好闲的年轻人”和违法的“非正规”发财之道的担忧，并不是种族隔离制度下的南非所独有的。正如多兰和戈登（Dolan and Gordon, 2019, 304）所说，“认为非洲人‘懒惰’，是一种尖锐的殖民主义评价，其将非正规的谋生手段视作经济发展和道德操守的威胁”。

将非正规创业活动描述为犯罪、离经叛道、低效率，反映了一直以来发展与有酬工作之间的联系（李，2010；2017）。按照这种解读，非正规部门是发展过程中的临时储存点，随着经济被“现代”“富有成效”的资本主义生产模式所改造，“落后”或“传统”的非正规部门将逐渐消亡。因此，资本主义雇佣劳动的扩张是社会秩序和社会发展的主流愿景之核心（Barchiesi, 2011; Weeks, 2011）。正如佛朗哥·巴尔基耶西指出的，长久以来，雇佣劳动被看作一种“社会纪律的化身”，也被看作一种统治方式，用来监管“未开化”“不守规矩”的非洲人，尤其是非洲青年（2012, 243）。尽管将有酬劳动视为“发展”的既定标准和目的的观点受到越来越多的批评（Ferguson and Li, 2018, 1），但是上述争论里的二元逻辑依然在南非的政策语境中阴魂不散。

“非正式部门”一词最早由基思·哈特（1973）提出。哈特的研究颇具影响力，论证了加纳首都阿克拉（Accra）的城市贫困群体从事的各类经济活动。哈特利用“非正式部门”一词，促使人们注意层出不穷的谋生活动，这些活动不受国家管理，而且重要的是，它们没有出现在政府的统计数据中。然而当政府官员和研究人员在谈论正规就业的语境中使用这个词时，常

常认为前者等同于经济繁荣，而后者等同于不稳定和落魄。例
118 如，21世纪初，时任南非总统塔博·姆贝基（Thabo Mbeki）提出“两个经济”理论，认为穷人被困在“第二经济”中，“第二经济”与“第一经济”即主流经济脱节（du Toit and Neves, 2007）。2003年的总统信指出，贫穷被排除在正规的生产系统之外，因此只有那些“第二经济”中的人参与雇佣劳动，并融入现代经济，贫困程度才能得到缓解。

近年来，“失业性经济增长”和失业现象（Hull and James, 2012），导致南非政府重新考虑其对非正规经济的态度，重视其在创造新的就业机会和维持生计方面的作用。例如，目前实施的国家发展计划（National Development Plan, NDP）提出，到2020年，非正规经济将创造近200万个就业机会。然而该计划没有提出任何具体的规划或建议予以支持（Fourie, 2018）。在重新认识非正规经济方面，豪登省政府走在最前沿。乡镇经济振兴战略旨在“振兴乡镇经济”，希望把失业人员转变成创业者。乡镇和贫民区（如赞德斯普雷特）等地极度贫困、失业率高，而且逐渐被经济活动中心边缘化，而该战略使用“乡镇经济”一词，旨在引起人们关注总部设在这些地方的企业及其作用，推动创造一个“具有包容性、能够吸引劳动力的增长型经济”。因此它反映了新自由主义发展范式的兴起，这一概念由世界银行提出，将非正规经济重新诠释成一个空间，在这个空间里，失业者转化为自力更生的创业者（Maloney, 2004; Dolan and Rajak, 2018）。重要的是，重新评估非正规经济的行为，正值失业率达到历史最高点的时候，越来越多的人（尤其是年轻人）进入劳

动力市场，却几乎没有一丝在正规行业里就业的希望。

2015年，我在赞德斯普雷特实地调查时，听过很多人谈起乡镇经济振兴战略，以及支持乡镇的年轻黑人创业者的承诺（Govender, 2017）。在政府资助的“职业推介会”上，西邦吉莱对年轻人发表讲话，他对乡镇经济振兴战略了如指掌，还称赞政府设法将公共部门的采购支出用于当地的乡镇企业。其中一项内容是就业项目“Jozi@Work”，各个地方政府为履行职能，将相应的“工作包”分配给本地的合作社和社区内的企业，119
这些工作包括垃圾处理和园林维护。西邦吉莱认为乡镇经济振兴战略给年轻人带来了机会，用他的话说就是“与政府妥协”，不要“等政府给我们工作”。他觉得自己是领头人，因为他已经注册了一家合作社和一家建筑企业。西邦吉莱预估，自己能从这些较小的工作包中获利，同时也期待与政府签署更好的合同，尤其是那些政府承诺许久却仍未付诸实施的基础设施和房地产开发项目。然而赞德斯普雷特的其他居民持怀疑态度，认为乡镇经济振兴战略只对那些与政府有“关系”的群体有利，而不是那些进入经济领域的新人。我认识的一位年轻人坚持认为，乡镇经济振兴战略其实是降低成本的一种方式，它把各个地方政府的职能外包给社区合作组织，以避免直接花钱雇佣劳动力。

乡镇经济振兴战略的重点是培养成功的黑人创业者，即那些从非正规经济中的“生存必要”企业毕业，进入正规经济中的“发展机会”企业。“发展机会”在关于创业的研究中得到共识，但必须一分为二来看，它并没有带来概念工具，去帮助我们理解为什么年轻人会选择自愿退出正规经济，而在非正规经济中自主创业（Langevang et al, 2012）。我们需要另辟蹊径，利用更广泛的"生活—工作"框架（Thieme, 2018）或"生活形式"（Millar, 2018）的框架重新连接工作与生活，以此推动有关创业的政策性辩论和学术争鸣。

在接下来的小节里，我将探讨吸引年轻人在非正式部门创业的各种因素，挑战了世界银行对创业的个人主义和自主创业的理解。通过追溯赫洛尼和塔霍，两位在赞德斯普雷特贫民区生活和工作的年轻人的工作经历，重点关注社会性和再分配对倾向从事非正规创业，而不是不稳定的、低三下四的有酬工作的年轻人的重要性。本章揭示了在赞德斯普雷特，有酬工作是如何扰乱了社会经济生活的节奏，在那里，有时间"与别人交流"以及维持社会关系，是非正规经济中工作的关键。换句话说，对"做自己的老板"的渴望和偏爱，吸引了很多年轻人，因为它为年轻人提供了自主性和灵活性，从而培养有价值的社会关系。

120 赞德斯普雷特的生活与劳动

本章是对约翰内斯堡北郊赞德斯普雷特贫民区的无业和未充分就业的年轻人进行的民族志研究，为期12个月。1994年，赞德斯普雷特还是建在私人耕地上的小型非法占用区，在接下来的10年里，人们涌入约翰内斯堡寻找就业机会，想过上更好的生活，赞德斯普雷特发展迅速。在赞德斯普雷特的所有居民中，只有25%是土生土长的本地人，有50%以上的居民是从南非其他8个省移民来的，还有19%的居民是来自其他非洲国家的移民（StatsSA，2011）。该定居点现在有超过3万名居民，几乎全是非洲黑人，而且绝大多数是年轻人（55%的居民年龄在15岁至34岁之间）。

赞德斯普雷特紧邻购物中心、办公园区和工业区，这些地方为这里的居民提供了正规的就业机会（尽管是不稳定的）。2011年的人口普查数据显示，在赞德斯普雷特，45%的居民从事某种形式的经济活动，这一数字比豪登省其他贫民区高4%，显然高于南非整体水平。虽然南非的就业数据比许多非洲国家的数据更可靠，但也要谨慎对待。这些数据表明，在赞德斯普雷特参与经济活动的人里，62%在正规经济中工作，13%在非正规经济中工作，21%在私人家庭里工作（通常是非正规的帮佣，或者在家工作）（StatsSA，2011）。然而这样的统计数据在经济图景中把人们分成了不同的社会阶层，这种做法毫无益处，原因有二：第一，它掩盖了正规经济与非正规经济之间的联系；第二，它将人们的经济生活进行了二元论的划分，简化为在职与非在职、有薪与无薪、正规与非正规。

在现实生活中，赞德斯普雷特的大多数居民既有正规的工作，又有非正规的工作并自主创业，同时还利用家庭内外的分配要求。我认识的许多赞德斯普雷特的年轻人，严格来说属于失业人员，但通过各种经济活动创造收入过活，其中的很多活动混淆了正规与非正规、合法与非法之间的界限，并且不在政府统计范围之内。很多人从事的工作多种多样，强调了将赞德斯普雷特视为“分散式谋生体系”的重要性，该术语由詹姆

121 斯·弗格森提出（2015，94），他认为正规与非正规经济是“差异型整体”的一部分（du Toit and Neres，2007；Callebert，2014）。

为了解年轻人对非正规自主创业的偏好，务必抓牢他们手握的所有经济方案，还要了解影响他们做决定的因素。为了达到这个目的，我在2015年1月至2月进行实地调查，采访了100名年轻人，并对当地的经济情况进行摸底调查，包括与40名本地企业所有者进行半结构式访谈。随后我体验了年轻人的日常生活，并待了很长一段时间，还对37名年轻人做访谈，询问他们的生活经历和工作经历，每人都接受了2次~4次采访。在本章中，我大量引用了赫洛尼（34岁）和塔霍（21岁）在非正式谈话与深度访谈中说过的话，两位都是赞德斯普雷特的常住居民。赫洛尼和塔霍都未受过高等教育，且都在正规经济中工作过一段时间，在我研究期间，他们主动离开了正规工作，转而在非正规经济中自主创业。我之所以关注他们，是因为他们的经济选择具有代表性，代表了年轻人（尤其是年轻男性）拒绝了正规劳动力市场的底层工作，而越来越多地转向在非正规经济中追求其他的生计手段（Mains，2012；Dawson，2019；Zizzamia，2020）。

赫洛尼：机修工

我第一次见到赫洛尼是在2011年。那时他又高又瘦，正弯着腰修理停在院子外的栗色皮卡车的引擎。后来我得知，如果有车停在外面，引擎盖大开着，他就有活儿要干，而且喜欢自己一个人待着。然而，在无车可修的日子里，他多半待在棚屋里观看老派动作电影。我与赫洛尼和他的朋友们一起度过了许多下午时光，一起畅聊、喝酒打发时间，常常感觉很充实。他在林波波省（Limpopo）一个偏远地区长大，2005年，19岁的赫洛尼搬到了赞德斯普雷特，和他母亲一起住。他母亲在附近郊区的某个白人家庭里做了大半辈子的佣人，他们是该地区最早的一批居民之一。20世纪90年代末，赫洛尼的妈妈在临时营地（也就是难民营里最早的居住区）买了块地，现在，赫洛尼和姐姐以及她的两个孩子还住在这里。院子里有四个棚屋：一个给姐姐住，一个给他住，还有两个拿去出租，赚点小钱。

2010年以前，赫洛尼先当过钣金工，后来在附近工业区的 122
某家汽车修理厂当机修工，每周工作6天，月收入约为6 000南非兰特（约合380美元）。这在当时被认为是相当不错的收入，尤其是与赞德斯普雷特的正规就业人员的平均收入相比。然而在汽车修理厂工作两年后，赫洛尼开始了自己的“非正规”汽车修理业务，来弥补工资的不足。刚开始，他帮朋友和邻居修车，但很快就建立了一个更广泛的新老主顾网络。一年后，即2010年底，他辞掉了正式工作，开始在自家院子里全职做汽车修理。赫洛尼并非由于经济原因才开启非正规业务，而是为了让自己得以摆脱那份用他的话说是“被宰”的工作。当我追问他为何决定放弃相对稳定的工作，转而开办自己的企业时，他的声音变得沮丧，并失望地表示在后种族隔离时代的职场，就业很不平等。“给别人打工会变得更难。比如今天我修了两三辆车，原本一共可以赚10万兰特，但你每个月只给我6 000兰特。我不想这样，只让别人发财，那我该怎么赚钱？”赫洛尼讲述，他每周能修三四辆车，为企业带来超过10万兰特（约合6 400美元）的收入，但拿到自己口袋里的钱从未超过6 000兰特（约合380美元）。他反问道：“那我怎么赚钱？”这一问反映了人们普遍对正规工作感到失望，因为他们认为，这类工作以牺牲工人的利益为代价，给老板创造剩余价值。这种始终被蒙在鼓里的感觉，以及无法晋升或无法积累更多自己创造的价值的感觉，最终导致赫洛尼辞去正规工作。

从2010年开始，赫洛尼一直在为自己工作。我在实地调查期间经常困惑，他是怎样赚到足够的钱来养活自己的。他的工作断断续续，而且常常是在有车要修或客户付钱给他的时候，才短暂地忙碌一段时间。他最忙的时间段是每个月的前两个星期，也就是发工资那天之后。月底生意冷清，他就有大把的时间独自待在家里或与朋友们在一起。有的客户会把车停在他家门口一整天，待车修完便立刻去取。其他人则会把车停在他家院子外面，一停就是几个星期，有时甚至会停几个月。尤其是在车辆故障比较复杂或要花不少钱时，或者客户只能付部分维修费用时，这种情况更是常见。因此，赫洛尼自主创业的经历让他可以围绕自己的生活开展工作，打破了有酬雇佣模式的时空界
123 限，这是他以往的工作所无法做到的。此外，他的创业活动比他的正规工作更具社会“厚度”，因为前者涉及一系列不同的人际关系和交流磋商（Ferguson, 2015）。赫洛尼很少能在工作完成后，一次性拿到全款；相反，由于维修工作分成很多阶段，

而且很多客户的经济状况不稳定，所以他都是一点一点拿到报酬的。结果就是，他对来修车的客户变得更加挑剔，因为他清楚付出劳动却收不到“报酬”的危险性。

鉴于他的生计不稳定，很久之后我才意识到，尽管他说为自己工作赚的钱比为别人工作赚得多（6 000南非兰特，约合380美元），但他最看重的不是钱，而是对时间的自主性和控制感。他强调说，为自己工作的好处是，没有老板告诉他在工作期间“什么时候能或不能喝咖啡”。此外，现在与以往工作不同的是，赫洛尼在想要或需要的时候就能找到生意，他觉得自己赚的钱客观地反映了自己付出的努力。虽然自主创业并没有让他摆脱不稳定和不安全的生活状态，但的确为他提供了正规工作所不能提供的东西，即自主的赚钱能力以及更好地控制自己的时间。从赫洛尼的故事中我们发现，普遍存在的“做自己的老板”的愿望，不仅体现了人们无法容忍剥削性的、低三下四的工作（Bourgois, 2003），也表达了人们对创业活动的需求，以及按照自己的要求塑造个人生活的愿望。

塔霍：“接电员”

我第一次见到塔霍是在临时营地的尽头，他是在那里长大的。他脚踩卡韦拉牌（Carvela，高端设计师品牌）红色麂皮鞋，追随青年亚文化“伊科塞恩[1]”（I' khothane）的潮流，格外引人注目。我们有一位共同的朋友知道我想采访在非正规电力市场中以“非法私接电路”为生的人，便为我们牵线搭桥。塔霍身材矮小却结实，左耳有颗钻石耳钉，还有两颗金灿灿的门牙，这些是近年来嘻哈产业再次引领的时尚潮流。塔霍的母亲在附近一家托儿所工作，她也是20世纪90年代中期赞德斯普雷特最初的定居者之一。2015年，21岁的塔霍住在他母亲家后院的棚屋里。这让他有一定程度的独立性，而且大大节省了租房的成本，这些是许多新住户所没有的。

124 塔霍从高中二年级开始参与修理非法连接的电路。起初，他主要修理人们棚屋里的电线，这项工作还不算危险。但随着时间的推移，他学会如何从邻近的地块和市政电线杆上接电，把别的棚屋线路连接到电网里，事情变得危险起来，有时甚至危及生命。在塔霍读高中的最后几年里，他每连接一间新棚屋，就收取一次性费用150南非兰特（约合9美元）。他赚的不多，而且来钱断断续续，但足够出门喝酒、紧跟时尚潮流，而且与他的青少年朋友相比，他赚的钱最多。但这些还不够养活他的母亲和兄弟姐妹，也无法承担养家糊口的责任。这种责任与该地区有关男子气概和社会成员的观念密切相关（Hunter, 2010; Ferguson, 2015）。

2013年12月，塔霍高中毕业，没有继续深造的想法。但在2014年，在母亲的敦促下，他同意参加由当地非政府组织举办的就业准备培训项目。近年来，这类项目数量激增，通常由当地的非政府组织和教会管理。项目着重向年轻人传授服务行业工作需要的各种技能和礼仪，还可以为表现优秀的学生与招聘“可靠”员工的雇主牵线搭桥，这一模式可以追溯到殖民时期关于纪律严明的雇佣劳动的思想（Barchiesi, 2011）。培训结束几周后，他的老朋友为他找到一份工作，在附近的购物中心卖运动器材。虽然他接受了，但很不情愿。这份工作要求他长时间地工作，周末也要工作（零售业都是如此），并且薪水“薄如纸”。当我问及这份工作时，他告诉我，他讨厌别人对自己指手画脚，讨厌觉得自己“没用”：

> 那人［老板］冲我大喊大叫了五天。第六天，我意识到“不行，太过分了”。我做不下去了，我已经尽力了。我汗流浃背，但这家伙［老板］依然无视我的努力。他看不到我的努力，还说我没用。我只是这家公司里新增的数字。我得离开这里，因为我已经在努力地工作，却还有人说我什么都没做，这让我非常痛苦。

6个月后，塔霍提出辞职，接着“家里蹲”了很长时间。短暂的工作经历证实了他的怀疑，也就是说，正规的雇佣劳动不仅无法带来体面可靠的谋生之道，而且还要忍受那些把约束和贬低员工视为己任的老板。赞德斯普雷特的其他居民指出了南非低端雇佣经济中雇主—雇员关系的种族化本质，他们认为，125
白人老板“利用黑人让自己发财，却不关心他们的福祉”，并且“他们想让黑人待在社会底部，让白人位于顶部”。因此在这一背景下，将自主创业与黑人的财产所有权和独立性相联系的创业叙述，受到广泛关注，也就不足为奇了。

塔霍在零售业的工作经历，直接导致他放弃从事南非正规经济中的低端工作，转而关注在非正规电力市场中“接电”

的谋生之道。在随后的几个月里，塔霍决定和他的朋友桑迪尔（Sandile，从十几岁起就连接电路）一起工作，用塔霍的话说就是“以此谋生”。他解释说：“促使我离开［那份工作］的另一个原因是，我看着工资的数额和非法私接电路赚到的钱时，发现私接电路赚到的钱是卖运动器材工资的3倍，因此那份工作不值得。”和当时的赫洛尼一样，塔霍在非正规经济中找到了更多的赚钱机会。他原本的业务只是将棚屋连接到电网，并收取少量的一次性费用，而后转变为向客户提供包月服务，每月收取相应的费用。

> 在参加大学入学考试时，我的想法改变了。以往我们接电，有人［会］付给我们150兰特当加盟费，然后免费用电。等电线被烧毁时，我们［会］向每个家庭要20兰特，购买新的电线，然后重新连接。这种情况一直持续，直到我们意识到可以以此为生。［然后］人们开始每月给100兰特的保险费。开始是100兰特，后来我们把价格提高到150兰特。我们的加盟费是首月200兰特，之后每月150兰特，因为有的客户住得有点远，所以我们必须买很多的电线才能把电送到那边。

在与塔霍交谈的过程中，让我印象最深的是他使用了创业的全球话语。他不止一次地把桑迪尔和自己称为“企业家”“商业伙伴”。此外，塔霍把那些靠他修理和维护电线的家庭称为“客户”，他们支付的是“加盟费”“月度保险费”。我花了一些时间来理解塔霍使用商业用语的意义所在。使用创业的商业用语能让他把自己塑造成一位追求机会的进取者，而不是一个从事非法活动的强盗，进而获得价值感和尊严。正如塔蒂亚娜·蒂梅对“副业经济”的表述，塔霍的经历“将维持日常经济的紧迫性与梦寐以求的城市身份相结合”（如成功的企业家身份），以便让每天的挣扎“既有意义，又有文化意蕴”（2018，541）。低端的雇佣工作似乎没有提供这样的机会。 126

要想理解“底层”输电网络的商品化，就应该结合2010年后非法电力市场的大规模扩张情况，这主要是由于政府未能将正规电力供应引入该地区。当今，非法连接的电路遍布整个贫民区，至少有60%的家庭使用非法连接的电路。非正规的电线由街道和社区的青年团体维护和控制，让人联想到20世纪70年代索韦托（Soweto）当地的青年街头帮派（Glaser，2000）。例如，在塔霍和桑迪尔活动的地区，有7个少年团伙，他们从购物中心附近的玛丽娜大道上的变压器转移电力。非正规电网的社会经济组织与内罗毕贫民窟的拾荒群体相似，他们以“类似帮派的组织模式”标记不同的子街区（Thieme，2018，11）。

居民们对非正规电力市场和像塔霍这样的“接电员”所发挥的作用褒贬不一。和我交谈过的大多数居民都承认，接电员连接电线的行为风险巨大，可能会危及生命，同时他们也抱怨，接电员收取的费用过高，而且未来还会出现停电和故障的情况，如果他们不付钱，会遭到辱骂。有居民指责，当地接电员的行为将进一步阻碍政府把该地区纳入正规电网。其他人则竭力反对私拉电线，因为谈起“接电员”，往往想到腐败和盗窃。非法输电网络通常被称为“蛇”（izinyoka，科萨语和祖鲁语）。

21世纪初，南非国家电力公司（Eskom）发布了一系列广告，之后“接电员”被贴上“蛇”的标签，想借此给他们冠以“罪犯”的恶名。

塔霍不觉得自己的工作违反法律，而是一种社会企业家精神，让他能在“帮助”社区的同时赢利。他常常强调自己的工作给社区带来的好处，包括改善社会治安状况、减少棚屋的火灾事故，如果政府兑现其给贫民区通电的承诺，那么预付电费要比
127 私拉电线的费用高。我问塔霍，向居民索要费用时是否有困难。令我惊讶的是，他告诉我95%的居民都按时付款给他，只有5%的人“制造麻烦”。他向贫民区的居民收费时有多么顺利，以及他究竟是如何做到的，这两点有待考证。但毫无疑问，塔霍从非法接电中获利的能力，与他熟悉地方势力团体以及与其协调的能力紧密联系。这些团体就包括约翰内斯堡的帮派和街头巡逻员，长期以来，他们往往采用暴力或暴力威胁的方式，对国家、法律和警察形成挑战。在这种环境中，塔霍使用企业家用语，为他的“接电”工作带来一定程度的尊严，合法化他与居民的互动，而居民往往只能每个月支付保险费，除此之外别无选择。

2016年初，塔霍和桑迪尔在他们负责的赞德斯普雷特有90名客户。虽然这只是“接电”整体市场的一小部分，但他们每人每月都能赚约9 000南非兰特（约合580美元），约等于塔霍之前在零售业每周工作6天的月收入的3倍。赫洛尼欣赏自己在赞德斯普雷特当非正规汽修师的生活，然而塔霍看不见自己作为“接电员”的长远前景。他梦想着离开赞德斯普雷特，到周边

更富裕的郊区生活，但他明白，只要他还是“接电员”，就不可能离开这里。

时间、义务、灵活的互惠原则

约翰内斯堡的青年通过在非正规经济中自主创业，可以拥有自主性的赚钱能力，同时保留对个人时间的控制，不稳定的雇佣工作则无法提供这些。对赫洛尼和塔霍来说，自主创业之所以具有魅力，在很大程度上是因为能够自己调整工作时间，以便将精力投入有价值的社会关系构建，而低端的雇佣工作的硬性规则剥夺了这种可能性。两人以前的工作都要求他们清晨出发，天黑以后才回来，因此他们几乎没有时间从事其他社会经济活动，没有时间陪伴朋友和家人。

在非正规经济中的自主创业活动让赫洛尼和塔霍模糊了工作与非工作之间的时空差异。赫洛尼的工作安排断断续续，让他有大量时间看电影，还能与朋友和临时的客户进行社交。同时，塔霍能有大把时间与青年团体混在一起，为自己的生意提 128
供了特定的保护。赞德斯普雷特的街角为各个青年团体提供了空间，他们能聚在一起打发时间、喝酒、听流行音乐、赌博，甚至商量赚钱的方法。因此，街角让塔霍这样的青年能够稳定地参与社交，或如马斯克利耶（Masquelier, 2013）所说的成为彼此的“代理亲属”。同样，年轻男性聚集在赫洛尼的棚屋周围看电影，激烈地辩论挫折、政治和梦想等话题，这些也是共享的形式。买酒一起喝是男性之间巩固友谊的重要方式，同时也践行了互惠原则，就像丹尼尔·梅因斯（Daniel Mains，2013）所描述的埃塞俄比亚季马市（Jimma）的年轻人。正如我的一位访谈者所说，年轻男性有了团体的支持，就像有了非正式的“保险”，既能防止陷入社会孤立和贫困处境，又能得到额外的赚钱机会。

我们不能完全把赫洛尼和塔霍在院子里和街角度过的时间理解成硬性的“死时间”或“空闲时间”，因为这些概念来自雇佣工作语境下的工作与生活的分离。相反，他们认为，为了建立和维持更广泛的人际关系，以及让收入来源多样化，同时降低风险，花费的这些时间至关重要。例如，塔霍“接电员”的工作要求他保持与当地政治掮客、街道委员会、帮派、接电员、居民以及警察的关系。维护这些人际关系需要花费大量时间和努力，需要有能力从这些关系中获得隐性知识，还要能够对突如其来的机会甚至威胁作出反应，而且这一过程会持续很长时间。

2015年12月，塔霍为了赚取额外的钱，短暂地回到了那家运动用品店工作，在忙碌的圣诞节期间，负责为期6周的销售工作。合同刚履行了3周，他就提出辞职，或者更准确地说，他根本没去上班。他的理由和之前很像，因为他讨厌长时间工作，讨厌别人的指手画脚。在我的追问下他解释说，这份工作要求每周工作6天，从早到晚，他没有时间“与人沟通”，而他的“接电”业务需要维持那些重要的关系。例如，2016年3月，南非国家电力公司与南非警方联合摧毁了塔霍建造的部分非正规电力基础设施。这是政府制定的打击窃电行为计划的一部分。塔霍
129 和其他接电员很快得到消息，并在警察离开几分钟后便开始修

复电网。在这样的关键时刻，如果塔霍不在那里修复电力基础设施，不保护他负责的电网分区，他很有可能会失去生计。这说明敏锐的随机应变能力和把握时机能力有多重要，同样的情况也反映在马尔科·迪农西奥（Marco Di Nunzio, 2012）在埃塞俄比亚的研究、杰里米·琼斯（Jeremy Jones, 2010）在津巴布韦的研究和塔蒂亚娜·蒂梅（2018）在肯尼亚的研究中，在那些地方为生计奔波往往取决于“在正确的时间出现在正确的地点”（Jones, 2010, 292）。然而塔霍的经历显示，通常来说，这两种能力与低端雇佣工作推行的僵化的时空制度相矛盾。

从某种意义上说，从事全职工作就要冒着放弃或割断大量复杂关系的风险，这些关系是在“副业经济”中谋生的基础（Thieme, 2018）。无论是在非正规经济中工作的人，还是那些渴望获得国家或非政府组织活动家的资助的人，都会经历这样的情况。例如，前面提到的管理当地非政府组织的西邦吉莱决定辞去他在呼叫中心的工作，以便让自己有足够的时间在社区工作，在参加地方选举之前赢得支持者。让我印象深刻的是，他花了大量时间和精力来处理各式各样的关系，还投身于非政府组织和其他机构。如果他不辞职，就没有时间，也不能灵活地参加各个会议、活动和发布会，因为很多活动都集中在同一周内举行。

凯瑟琳·米勒（2014、2018）在对巴西里约热内卢的拾荒者的研究中强调，无酬工作能提供相对的灵活性和自主性。她认为，拾荒者能够在垃圾场随意进出，自主调整工作的强度和频率，因此他们很难回到雇佣经济的僵化结构。米勒提出了“关系自治”的概念，促使人们注意，在垃圾场工作的方式涉及调整不同“工作的时间性”。就像在危机四伏的赞德斯普雷特一样，非正规工作让拾荒者更好地掌控时间，以便维持人际关系、履行社会义务，在一个不安全的环境中谋生。

然而塔霍、赫洛尼与米勒描述的里约热内卢拾荒者之间存在着一个重要的区别。拾荒者主要是女性，她们希望有自主权，能将工作与照顾孩子、经营家庭、履行社会义务以及处理各种“日常紧急事务”结合起来。相比之下，大部分像塔霍和赫
130 洛尼这样的年轻男性被免除了这类家庭责任。这些年轻男性可能还需要依赖母亲、女朋友和姐妹帮忙做饭和打扫卫生，但他们往往独自生活，很少有需要照料的家属。他们的社交网络主要由男性组成，能够带来业务、提供帮助，但前提是双方都明白灵活互惠的道理，也就是说，那些暂时获得资源的人需要帮助那些没有资源的人（Mains, 2013; Dawson, 2014）。

非正规工作也让年轻男性能够逃避某些有酬雇佣带来的义务。例如，当我问塔霍，他给母亲、兄弟姐妹和女朋友多少钱时，他回答：“这事儿我说了算。只要有工作，就要承担更多责任。他们会说：‘啊，他在工作，他必须做这个，这个，还有这个……’”

另一位受访者曼德拉（Mandla）是这么说的：“尤其对于男人来说，有工作就有很大的压力，很大的负担……但是非正规工作不要求固定的工作时间，[他们不知道]我的银行账户里有多少钱。”“但是，”他接着说，“如果你有一份工作，甚至有一个大家庭要养活，他们就会知道，曼德拉会在月底拿到工资……但是你做非正规工作，就不会有人说：‘嘿，听着，我们知道你有钱。’”这样来看，按时收到工资往往成为这些受访者

的负担，而不是优势。同时由于非正规收入既不稳定又难以预测，所以从业者能够掌握更多的有限资源，在某些情况下，从业者对如何使用自己赚的钱有更大的发言权。

因此，“做自己的老板”之所以吸引人，部分原因是有机会逃避赡养兄弟姐妹、父母、女朋友和孩子的社会义务。虽然工资常常被视为政府监管的一种方式（Mbembe，2001；Barchiesi，2011），却鲜少受到社会的监督，人们也不会觉得，拿工资的年轻男性要对自己的家庭负责。因此，自主创业让年轻男性更容易推脱或逃避与工资有关的社会责任，同时给他们带来有价值的男性社交和相互依存的形式。对灵活性和自主性的渴望，也是男性偏好自主创业的原因。从非正规的谋生活动中获得的自主感和控制感，源于能够摆脱严格分离“工作”与“家庭”的能力，这种分离是由正规有酬雇佣劳动造成的。塔霍和赫洛尼的工作具有间歇性，他们还花了大量时间兼顾社会
活动和经济活动，这在正规工作中是做不到的。这种灵活性让 131
他们对自己的日常生活和义务有了更大的自主权。此外，这种工作的模糊定义让他们能够喊出“做自己的老板”，从而让每天的挣扎“既有意义，又有文化意蕴”（Thieme，2018，541）。

“做自己的老板”：论无薪生活的魅力

与基思·哈特（1973）对20世纪70年代阿克拉大部分城市人口的描述不同，赫洛尼和塔霍都能够获得有酬工作。的确，他们经历过既不体面又带有剥削性质的低端工作，了解这些

经历对理解他们选择在非正规经济中自主创业至关重要。他们的经历终结了这样的想法：从事有酬雇佣工作能摆脱贫困，还能融入“现代”经济，进而实现社会流动。事实上，与我认识的很多年轻人一样，赫洛尼和塔霍理解的正规劳动力市场的底层就业，是一种从属的、排外的机制，而不是流动和发展的机制，由于赞德斯普雷特的临时工作和弹性工作安排增多，这种理解得以强化（Kenny and Webster, 1998; Paola and Pons-Vignon, 2013）。此外，现实中普遍存在的不安全性和剥削情况也是原因之一。在这种环境中，大部分年轻人只做过快餐店的短期临时工、私人保安、清洁工、零售工人和呼叫中心客服员等。很多工作是通过劳务中介签约的，通常这些工作很少甚至没有保障或福利（Patel et al, 2016; Dawson, 2019; Zizzamia, 2020），而且不太可能一份工作做上一年以上的时间，因为大多数人签的是短期合同。然而也存在出乎意料的情况，那就是青年自愿提出辞职。最常见的辞职理由：工资太低，不够生活基本开销；在工作场所的消极体验，包括种族歧视和压榨剥削以及缺乏有意义的社会流动前景（Dawson, 2019; Zizzamia, 2020）。

虽然赞德斯普雷特的许多年轻人可能会赞同赫洛尼和塔霍的选择，但要想辞职，就要有其他收入来源，而很少有人找得到。因此塔霍和赫洛尼离开工作的能力源于他们的优势，包括有免租金的住处，要赡养的人很少，已经有获得其他收入来源所需的人际关系。他们决定辞去正规工作，转而选择非正规
132 的谋生手段，一方面是为了重要的社会人际关系和再分配，另

一方面则是为了获得更大的自主权以及提高社会地位。因此他们追求非正规自主创业的行为，说明了非正规的谋生之道不一定是“最后一招”或“正经工作”的替代品（Millar, 2014, 33），在某些情况下，可能比正规经济中的固定工作更可取。然而与世界银行的个人主义的论述相反，赫洛尼和塔霍对创业的看法（或“做自己的老板”）并不依赖于自力更生和个人责任的理念；相反，他们认为创业为自己带来了必要的灵活性和自主权，能建立并扩展各种重要的社会人际关系，而低端有酬雇佣工作不具有这些好处。

结论

在我抵达职业推介会后不久，一位来自南非国家青年发展局（National Youth Development Agency, NYDA）的女士站起来发言。她巧妙地问道：“你想看到自己某一天在别的地方吗？你想从赞德斯普雷特搬到桑顿（Sandton）或霍尼都（Honeydew）[高档郊区]吗？”然后她劝告年轻人，不要利用政府的政策自主创业。她的发言表明，国家将创业视作一种包容性的途径，能实现社会流动。然而我们有充分的理由批评这种创业论调。失业青年可以也应该成为白手起家的创业者，这种观念让人们不再关注构成长期失业和贫困现象的体系，同时将创造就业机会和改善自己的生活条件的责任推给了年轻人。然而我已经表明，虽然年轻男性想做自己的老板，但并不等于他们接受新自由主义独立自主的理念。相反，自主创业让这些年轻男性有时间和空间来维持并扩展重要的社会联系，而这些是低端有酬雇佣工作提供不了的。

同时，过分强调、理想化年轻男性对创业活动的抱负存在风险，可能会漠视南非非正规经济中大多数经济活动的不稳定性。不仅如此，这种做法没有考虑到像赫洛尼和塔霍这样的人赖以生存的生计活动，还可能与他们的长期目标背道而驰。在非正式部门中，无论是工作还是开公司都很不稳定，只有少数
133 人能赚大钱，其他人的收入都很低（Fourie，2018）。那么我们作为研究人员，该如何既关注非正规创业者的自主感和抱负，又同时关注对他们造成侮辱的制度性条件？在这里，塔蒂亚娜·蒂梅（2018，3）提醒我们，年轻人的非正规谋生手段可能是“既为活命，也为梦想”。虽然赫洛尼的生意让他不仅能够按照自己的想法赚钱，而且能更好地控制自己的时间，但是并没有给他带来更高的经济稳定性。同样，塔霍身为“接电员”，有着相对稳定的收入，同时也将自己置于危险境地。从事“接电员”的工作，将使他未来很难离开赞德斯普雷特，去郊区过更舒适的日子。

我认识的很多年轻男性都表示，希望有朝一日能离开赞德斯普雷特，搬到郊区住好房、开好车，就像那位公职人员在讲话中呈现的：长久以来，这种变化表示迈进中产阶级。他们不想“苟且偷生”，而是想要“成功”，或者像塔霍所说的那样，“吃好穿好，生活幸福”。当我问起他的未来目标时，他回答：“我想离开赞德斯普雷特，我想在兰德帕克（Randpark，约翰内斯堡北部的郊区）给自己买一套房，我想成功，仅此而已。”因此，

他想象中的成功与物质消费有关，也与从赞德斯普雷特搬走有关。然而他认为实现未来的目标与扩展“接电员”的工作范围无关，而是取决于能否获得政府部门的工作，或是开办一家能获得政府合同的正规公司。因此，尽管塔霍接受（甚至赞美）桑迪尔和他逃离有酬雇佣劳动市场底层的行为，但他们仍然感到焦虑，因为他们永远无法进入正规经济，无法从事怀念的“正经工作”（Barchiesi, 2011; Ferguson and Li, 2018）。因此，必须把塔霍和赫洛尼备加珍视的自主权（源自他们在非正规经济中获得的若干成功），与作为阶级流动工具的固定工作理念的不朽力量联系起来看待。

通过记录塔霍和赫洛尼的工作经历，我想指出自主就业的社会、人际关系和互惠三个维度，这些维度常常在关于创业的文献研究中遭到忽视。我认为，在赞德斯普雷特，有时间“与别人交流”、维持并扩大人际关系对社会经济的发展至关重要，但是低端的有酬雇佣工作扰乱了这种社会经济生活的节奏。与此相反，非正规的自主创业让这些受访者模糊了工作与生活之 134
间的界限，也让他们能够追求多种经济机会，培养理想中的相互依赖的形式。因此，“做自己的老板”为身份认同、自主性和社会关系的试验性形式开辟了空间，而这些无法从种族化的、失去尊严的正规就业市场上得到。

致谢

感谢威廉·蒙蒂思、利兹·富克斯曼和某匿名评论者的意见、批评和建议。尤其感谢英联邦奖学金委员会（Commonwealth Scholarship Commission）和南非国家研究基金会（National Research Foundation of South Africa, NRF, 赠款号116768）对我多个研究和写作项目的资助，本章就是其中之一。最后，要特别感谢所有受访者，感谢他们允许我进入他们的生活，容忍我无休止的提问。

注释

1 青年亚文化“伊科塞恩”（I' khothane）主要因为其“破坏性消费”行为而出名，主要是指贫困的乡镇年轻男性焚烧价值数千南非兰特的名牌服装和鞋子的行为（Jones, 2013）。这种消费方式被认为提高了参与者的地位，同时批判了参与者身边的消费文化。

参考文献

Barchiesi, F. (2011) *Precarious Liberation Workers, the State, and Contested Social Citizenship in Postapartheid South Africa,* New York, NY: State University of New York Press.

Barchiesi, F. (2012) ‘Liberation of, through, or from work? Postcolonial Africa and the problem with “job creation” in the global crisis’, *Interface: A Journal For and About Social Movements,* 4(2): 230–253.

Bourgois, P.I. (2003) *In Search of Respect: Selling Crack in El Barrio,* Cambridge: Cambridge University Press.

Callebert, R. (2014) 'Transcending dual economies: Reflections on "popular economies in South Africa" ', *Africa,* 84(1): 119–134.

Dawson, H.J. (2014) 'Youth politics: Waiting and envy in a South African informal settlement', *Journal of Southern African Studies*, 40(4): 861–882.

Dawson, H.J. (2019) 'The productivity of unemployment: Emerging forms of work and life in urban South Africa', unpublished PhD thesis, Oxford University.

Di Nunzio, M. (2012) ' "We are good at surviving": Street hustling in Addis Ababa's inner city', *Urban Forum,* 23(4): 433–447.

Dithupe, I. (2016) *Be The Boss of Your Future,* South Africa: Self- 135
published.

Dolan, C. and Gordon, C. (2019) 'Worker, businessman, entrepreneur?: Kenya's shifting labouring subject', *Critical African Studies,* 11(3): 301–321.

Dolan, C. and Rajak, D. (2016) 'Remaking Africa's informal economies: Youth, entrepreneurship and the promise of inclusion at the bottom of the pyramid', *The Journal of Development Studies*, 52(4): 514–529 .

Dolan, C. and Rajak, D. (2018) 'Speculative futures at the bottom of the pyramid', *Journal of the Royal Anthropological Institute,* 24(2): 233–255.

du Toit, A. and Neves, D. (2007) 'In search of South Africa's "second economy" ', *Africanus: Journal of Development Studies,* 37(2): 145–174.

Ferguson, J. (2015) *Give a Man a Fish: Reflections on the New Politics of Distribution,* Durham, NC: Duke University Press.

Ferguson, J. and Murray Li, T. (2018) 'Beyond the "proper job: Politicaleconomic analysis after the century of labouring man', Working Paper 51. Bellville: Institute for Poverty, Land And Agrarian Studies, University of the Western Cape.

Fourie, F.C.v.N. (2018) 'Creating Jobs, Reducing Poverty I: Why the Informal Sector Should Be Taken Seriously and Enabled Properly', Econ3x3, available at http:// www.econ3x3.org/ sites/ default/ fi les/ articles/ Informal%20sector%20series%201.pdf.

Glaser, C. (2000) *Bo- Tsotsi: The Youth Gangs of Soweto, 1935–1976*, Oxford: James Currey.

Govender, M. (2017) 'Township Economy Plan Needs to Tackle Skills Deficit', *Business Day Live,* 2 March, https:// www. businesslive.co.za/ bd/ opinion/ 2017- 03- 02- township- economy- plan-needs-to-tackle-skills-defi cit/.

Hart, K. (1973) 'Informal income opportunities and urban employment in Ghana', *Journal of Modern African Studies,* 11(1): 61–89.

Hull, E. and James, D. (2012) 'Introduction: Popular Economies in South Africa', *Africa,* 82(1): 1–19.

Hunter, M. (2010) *Love in the Time of AIDS: Inequality, Gender, and Rights in South Africa,* Bloomington, IN: Indiana University Press.

Jones, J.L. (2010) ' "Nothing is straight in Zimbabwe": The rise of the Kukiya- Kiya economy 2000–2008', *Journal of Southern African Studies,* 36(2): 285–299.

Jones, M. (2013) 'Conspicuous destruction, aspiration and motion in the South African township', *Safundi,* 14(2): 209–224.

Kenny, B. and Webster, E. (1998) 'Eroding the core: Flexibility and the resegmentation of the South African labour market', *Critical Sociology,* 24(3): 216–243.

Langevang, T., Namatovu, R. and Dawa, S. (2012) 'Beyond necessity and 136
opportunity entrepreneurship: Motivations and aspirations of young entrepreneurs in Uganda', *International Development Planning Review,* 34(4): 439–459.

Li, T.M. (2010) 'To make live or let die? Rural dispossession and the protection of surplus populations', *Antipode,* 41(1): 66–93.

Li, T.M. (2017) 'After development: Surplus population and the politics of entitlement', *Development and Change,* 48(6): 1247–1261.

Mains, D. (2012) *Hope Is Cut: Youth, Unemployment, and the Future in Urban Ethiopia,* Global Youth, Philadelphia, PA: Temple University Press.

Mains, D. (2013) 'Friends and money: Balancing affection and reciprocity among young men in urban Ethiopia', *American Ethnologist*, 40(2): 335–346.

Maloney, W.F. (2004) 'Informality revisited', *World Development*, 32(7): 1159–1178.

Masquelier, A. (2013) 'Teatime: Boredom and the temporalities of young men in Niger', *Africa,* 83(3): 470–491.

Mbembe, A. (2001) *On the Postcolony,* Berkeley, CA: University of California Press.

Millar, K.M. (2014) 'The precarious present: Wageless labor and disrupted life in Rio de Janeiro, Brazil', *Cultural Anthropology*, 29(1): 32–53.

Millar, K.M. (2018) *Reclaiming the Discarded: Life and Labor on Rio's Garbage Dump,* Durham, NC: Duke University Press.

Paola, M.D. and Pons- Vignon, N. (2013) 'Labour market restructuring in South Africa: Low wages, high insecurity', *Review of African Political Economy,* 40(138): 628–638.

Patel, L., Khan, Z., Graham, L., Baldry, K. and Mqehe, T. (2016) 'Qualitative analysis of how a national minimum wage might affect young people's labour market outcomes', Investigating the Feasibility of a National Minimum Wage for South Africa (Part 2 of Larger Report). Johannesburg: Centre for Social Development in Africa, University of Johannesburg.

Rakodi, C. (1995) 'The household strategies of the urban poor: Coping with poverty and recession in Gweru, Zimbabwe', *Habitat International*, 19(4): 447–471.

Roy, A. (2010) *Poverty Capital: Microfinance and the Making of Development,* New York, NY and London: Routledge.

Seekings, J. and Nattrass, N. (2005) *Class, Race, and Inequality in South Africa,* New Haven, CT: Yale University Press.

137 StatsSA (2011) 'Census 2011', Pretoria, South Africa: Statistics South Africa.

Thieme, T.A. (2013) 'The "hustle" among youth entrepreneurs in Mathare's informal waste economy', *Journal of Eastern African Studies*, 7(3): 389–412.

Thieme, T.A. (2018) 'The hustle economy', *Progress in Human Geography,*

42(4): 529–548.

Weeks, K. (2011) *The Problem with Work: Feminist, Marxist, Antiwork Politics, and Postmark Imaginaries,* Durham, NC: Duke University Press.

Zizzamia, R. (2020) 'Is employment a panacea for poverty? A mixedmethods investigation of employment decisions in South Africa', *World Development,* 130 (104938): 1–15.

139

6 “仓鼠笼”外的工作：加泰罗尼亚地区的不稳定性和对有价值人生的追求

文森特·鲍姆·埃斯科巴尔

如今，越来越多的倡议、组织和网络正在向加泰罗尼亚地区的资本主义霸权发起挑战。除了我们熟悉的“另一种世界是可能的”（Ponniah and Fisher, 2003）的口号外，参与这些项目的人正试图证明“更好的世界已经存在”。在本章里，我想指出一个事实：当代，围绕着为人们追求更有意义的人生创造条件这一核心目标，许多替代性的经济项目正在实施，它们往往与有酬雇佣齐头并进，甚至完全在其范畴以外（Gibson- Graham, 1996; Jonas, 2010; Zademach and Hillebrand, 2013）。我试图搞清楚为什么很多受访者明确拒绝他们口中的“工资的世界”，而想要“有价值的生活”（Nartozky and Besnier, 2014, S5）。

在本章中，我利用了2016年至2017年对某生态网络（ecoxarxa）和巴塞罗那某附属的合作化兼社会运动组织的实地调查项目成果，该项目为期14个月，旨在研究工资劳动关系之外的“替代性”工作的各种表述。我尤其想说明，合作化运动和生态网络[1]的成员为了追求一种非常规的、非“资本主义”工作节奏的生活，而设法降低对雇佣劳动的依赖。我将论证，那些有关不 140
稳定工作的现存研究文献并不适合分析这样的案例，因为人们摒弃了雇佣劳动及其理应带来的稳定生活。因此我将借鉴近期拉丁美洲的民族志研究，探究人们如何通过不同类型的工作（通常是不稳定或非正规的各类工作），来塑造有意义的人生（Gandolfo, 2010; Millar, 2018; O'Have, 2020）。[2]通过这种方式，本章在研究加泰罗尼亚人的工作经验及其与世界其他地区的工资微薄经济体的关系的基础上，讨论有酬雇佣劳动的“去中心化”（Ferguson and Li, 2018）。

我还将特别说明，关于不稳定工作的文献只会让我们把分析重点指向“没工资的生活”带来的物质不安全（Denning, 2010）。我认为，这些文献给予我们有限的概念工具，去讨论生活与社会关系的形式，这些形式并非源自不安全的物质环境，而是源自与不安全的物质环境的对抗。伯纳特（Bernat）是西班牙某生态网络组织的成员，他把“体制内”的生活比作“困在笼里的仓鼠”，具有蔑视的意味。当然，人们认为“仓鼠笼”外的生活可能不稳定，因此必须承受一定程度的物质和情感上的不适，以便能够掌握生命的主动权，[3]能从事有意义的工作，并形成非资本主义的共同生活模式。或者如伯纳特所说：“虽然生活不算稳定，但我没有老板。”因此在本章中，我展示了西班牙合作社和生态网络组织的成员是如何在没有工资的世界里，创造另一种不稳定、疲惫不堪却有意义的生活。

本章的结构如下：首先，我将描述合作社和生态网络组织运作的背景，其中重点关注基层政治动员的历史以及近期有酬雇佣人数下降的情况。接着我将扩大讨论的范畴，联系不稳定的工作和生活进行讨论。本章的其余部分将探讨合作社和生态网络组织的成员如何减少对雇佣劳动的依赖，从而追求替代性的价值创造活动。我将展示一种可供选择的生活方式，它既强大又充实，但缺点是会让人精疲力尽并且不算稳定。[4]此外，受访者对替代性经济体系的看法仍然是以工作为中心，而人们把“替代性工作”的理念和实践作为包容和排斥的机制来使用。
141 我在结论部分指出，要想拓宽不确定工作相关研究的范围，需要考虑正在发展的多元化的生存活动，尽管这些活动并不能获得稳定的物质回报；同时建议我们要超越工作与工资的分离，以解除工作与社群之间的联系。

加泰罗尼亚地区的经济他异性和有酬雇佣以外的工作：一段短暂的历史

弗朗西斯科·佛朗哥（Francisco Franco）去世后，西班牙逐步从独裁国家过渡到民主国家。1978年在制定西班牙宪法的过程中，成立了12个自治区，加泰罗尼亚就是其中之一。加泰罗尼亚在左翼政治观点、大众劳工运动和反资本主义集体行动等方面有着悠久的历史（Dolgoff, 1974）。在这段悠久的历史中，最著名的事件可能就是所谓的西班牙社会革命。1936年7月，西班牙右派在佛朗哥的领导下，打响了反对西班牙第二共和国的武装叛乱的第一枪，同时也标志着西班牙内战开始。在巴塞罗那，在共和党人、社会主义者、共产主义者和激进的无政府主义—工团主义者的共同努力下，成功地抵挡了佛朗哥的武装力量（Seidman, 2002, 416）。佛朗哥的武装力量初步失利后，加泰罗尼亚的大部分产业得以集体化，资产阶级不再控制日常经济和社会生活，转由工人和工会控制（Souchy et al, 1974; Mintz, 2006）。1939年内战结束后，佛朗哥独裁统治建立，第二共和国解体，内战时期强大的无政府主义和共产主义工人运动受到削弱，民间禁止使用加泰罗尼亚语（Narotzky, 2019, 39）。可以说左派对这种压制性行为的感受最为强烈（Narotzky, 2019, 39）。根据杰弗里·朱里斯（Jeffrey Juris）的说法，这种情况最终引发加泰罗尼亚民族主义、天主教传统和马克思主义思想的融合，并将最终导致“围绕反佛朗哥主义和民主制度，形成反霸权框架，并通过基于加泰罗尼亚语言、符号和身份的对立文化得到加强”（2008, 66）。此外，正是在这些地方，诞生于内战时期的理念和做法得以保留，包括自主管理、集会的集体决策、自治和去中心化组织等。20世纪80年代，占屋运动和拒服兵役运动（Conscious Objector Movement, MOC）等新型社会运动在加泰罗尼亚地区兴起，以及21世纪初发展起来的社会运动，都从这些文化留存中受到很大的启发（Juris, 2008, 64-68）。合作社和生态网络组织都能被置于这种基层政治组织的传统思想之下，因为它们都遵循 142
平等、自治和集体决策的原则。

然而，社会革命并没有抛弃关于加入工会的、男性的有酬雇佣工人的理念，而是通过强调有组织的劳动力，更加明确了这一理念。与此相反，当代政治运动把颠覆雇佣劳动作为核心目标。事实上，由于标准雇佣关系的削弱（见本书引言），以及2008年金融危机等一系列原因，加泰罗尼亚地区越来越多的人选择做有酬工作以外的其他工作。历史表明，我们需要警惕过度的因果关系和功能主义观点，即政治危机和经济危机会在某种程度上导致替代方案的出现（Castells et al, 2012; Narotzky, 2013; Spyridakis, 2016; Knight and Stewart, 2016）。同时，2008年金融危机的确对西班牙各个阶层的人产生了深远影响（Narotzky, 2012; Molina and Godino, 2013）。例如，2009年，危机结束后采取的财政紧缩措施导致医疗保健服务变得更加昂贵（Navarro, 2012），住房更难获得（Palomera, 2014），工作更加不稳定（Riesco-Sanz, 2012）。

在过去三十年里，西班牙全体劳动人口的自主创业率已从30%下降到17%，刚刚超过欧盟15%的平均水平（Riesco-Sanz, 2016, 4）。加泰罗尼亚的自主创业率为16%，略低于全国的统计数字，尽管加泰罗尼亚拥有全西班牙人数最多的自主创业者（Idescat, 2019）。尽管自主创业率有所下降，但值得注意的是，2007年西班牙中央政府通过了《促进自主工作和社会经济法》（*Ley para el Fomento del Trabajo Autónomo y la Economía Social*），意味着出台一系列劳动改革措施以鼓励自主创业，包括给首次登记自主创业的创业者减免费用（Riesco-Sanz, 2016）。这一发展可以看作北半球国家终身雇佣劳动的减少和劳动力“灵活化”的一部分，促使越来越多的人从事标准雇佣工作以外的工作（Beck，2000；Davis，2006；Standing，2011）。在西班牙，正规就业人数下降是过去四十年新自由主义改革的结果，这一改革包括“福利国家”的后撤以及对劳工组织的针对性措施等（Fraser，2003；Barbiere and Scherer，2009；Hewison and Kalleberg，2013）。2012年西班牙通过皇家法令（*Real Decreto de Ley*），实施新的劳动法，鼓励创造新的临时岗位和弹性工作 143
岗位，但总体来看，此举造成劳动者拥有比以往更少的法律保护（López and Rodríguez，2010、2011；Martínez-Pastor and Bernardi，2011；Petmesidou and Guillén，2017）。

然而西班牙民众没有被动地接受这些改革。2011年，反对紧缩政策的抗议者聚集在马德里，对政府从2009年起实施的紧缩政策表示反对。此次反紧缩政策运动（又称为“indignadas”或“15-M movement”）提出的诉求，象征着人们对西班牙的政坛精英和全球金融体系日益不满的心理（Castells，2011；Fominaya，2017）。短短几周内，500万~800万公民走上街头，要求改革政治经济制度。与此同时，加泰罗尼亚地区出现的独立运动，突显了西班牙的政治危机，加泰罗尼亚的左派和右派都质疑西班牙中央政府的国家主权，并希望拥有自治权（Rübner Hansen，2017）。由于人们对“一切照旧”的不满情绪越来越强烈，便更容易接受构建正规政治经济机构的替代品的理念（Conill et al，2012；Hughes，2015；Narotzky，2012）。

因此，这里的利害关系不只是对物质保障和对金融危机后财政不稳定性的担忧，还包括对纳罗茨基（Narotzky）和贝尼耶（Besnier）所说的“有价值的生活”的追求（2014，S5）。纳罗茨基和贝尼耶认为，在危机时代，人们通过调动“越来越难懂的资源”，争取过上“有价值的生活”，这些策略“不仅涉及雇佣劳动，还涉及供给结构、信任和照料的社会关系的维护，以及各种形式的社会行动，但是主流经济模式通常认为这些策略无关紧要，效果一般，而且往往适得其反”（2014，S1）。这种方法引导人们发现生活的生产能力，工作可以与物质不安全同时存在，齐头并进，或直接无视后者。在接下来的部分里，我将利用这些见解，研究为什么合作社和生态网络组织的成员要积极寻找超越劳动合同限制的工作形式。我将说明本次受访者愿意忍受经济困难，通过那些能够满足自我实现需要以及实现另一种“有价值的生活”（2014，S5）的工作形式，进而掌握经济的自主权。

144 逃离“仓鼠笼”

我第一次接触“替代性经济”模式是在2016年春，那时我与巴塞罗那北部靠近前比利牛斯山山麓的一个市镇的某生态网络组织在一起。生态网络组织的3名成员向当地房东租了一座老式乡村庄园，我和他们一起住在那里。房东不仅租金收得便宜，还同意把这里改造成乡村旅游项目。该市镇是旅游胜地，从巴塞罗那驱车两小时即可抵达，这里因森林茂密及多条徒步旅行路线而为人们所熟知，加泰罗尼亚首府的民众若想从都市的喧嚣中解脱，就会来此旅游。正是在这里，生态网络组织的成员设法“在资本主义的边缘创造经济关系的系统”，就像他们的网站上说的那样。

生态网络组织分为若干个小组，小组成员用某种社交货币来交换商品和服务。通常来说，生态网络组织的成员交换的是他们自己生产的产品，虽然不是全部，但大部分产品是食物。在我做实地调查的生态网络组织中，有酿酒的、做面包的、造肥皂的、牧牛的，还有做按摩的，甚至还有一位生态村的村长，他在村里规划建立工作坊，组织成员们交换社交货币。在我研究期间（2016年至2017年），有20个~30个生态网络组织分布在加泰罗尼亚各地，大多数在农村地区。它们的规模各异，有小到5人的团体，还有5人以上的较大的团体，比如我做实地调查的生态网络组织，那里大约有140名成员。成员们住在这片区域内的各处，会定期在仓库见面，他们会在那里交换物品，进行社交，讨论有关组织的经济生活事务。回到我遇见的生态网络组织，组织的仓库就坐落在研究期间我住了5个月的乡村庄园。该组织远非自成一派，而是会与其他组织保持联系，还会与该地区面向社会的项目（如消费者团体和时间银行）互动，它隶属巴塞罗那的反资本主义合作社，我将在下文对其展开讨论。

生态网络组织的大多数成员是新农村人，年龄在45岁~55岁。他们在城市长大，有男有女，但在20世纪90年代初来到加泰罗尼亚北部，希望过上田园生活（Robertson，2012）。几乎所有受访者都清楚地知道自己来自城市，也知道自己大概的社会地位，常称自己是新农村人。他们中的大多数人来自中下阶 145
层或工人阶级，没有大学学历，对国家表现出强烈的不信任感。此外，许多成员曾参与过其他的社会运动。除此之外，还有一个更年轻的新农村人组织，成员的年龄在30岁~35岁，较为年轻，都有大学学历。这些西班牙青年发现，尽管他们资质尚可，但仍然被正规就业市场边缘化，因此组成该组织。在生态网络组织中，无论年长还是年轻，都在临时的低薪岗位上工作，有的人靠领取社会福利金过活。就这方面而言，他们的生活是缺乏经济保障的。

然而，当我问及受访者的生活状况时，他们通常既认可又抗拒不稳定的生活。例如，阿莉西亚（Alícia）和埃德蒙（Edmon）是生态网络组织中最活跃的两位成员，负责管理社交货币的在线平台。他们除了在该组织任职之外，都在做兼职工作，酬劳相当微薄。当时，某废弃乡村庄园的主人正在寻找租赁客户，阿莉西亚和埃德蒙便与庄园主人达成协议，租下庄园，和我的"舍友们"所做的一样。正如阿莉西亚在采访中所说："我们的收入不高，也只为这座庄园付了100欧元的租金。"事实上，生态网络组织的成员在积极寻找办法减少对雇佣劳动的依赖，找到自己想要的生活方式，从事值得奉献的替代性的价值创造活动。这一发现与关于南半球国家工作的民族志研究颇为相似，后者记录了工人抵制雇佣劳动的多次尝试（Millar, 2014; Barchiesi, 2011）。例如，佛朗哥·巴尔基耶西（2011, 20）曾这样描述后种族隔离时代的南非："非正规性、自主创业、多种间歇性工作……可以替代从前矿井和工厂里的残忍无情的工作。"同样，受访者设法寻找固定工作以外的兼职，以维持生存，这些工作要比在资本主义制度中劳动更有成就感，即便这种做法是以物质不安全性的提高为代价的。

在采访伯纳特时，我明显感觉到无薪生活的矛盾性：振奋人心，但没有物质保障。伯纳特是生态网络中最年轻的成员之一，也来自巴塞罗那，青春期的大多数时间都在非主流朋克圈里度过。和很多西班牙年轻人一样，尽管他上过大学，有农业工程学位，满足工作所需的全部条件，但仍找不到工作。在西班牙经济的结构式发展以及本人意识形态的双重影响下，他目前在 146
非正式部门工作，既没有保险，也没有养老金计划，前途黯淡。

我问他，觉不觉得这种生活不稳定。他停顿了一下，吸了一口气回答："没错……但对我来说不会。"他继续说：

> 客观地说，这是一种不稳定的生活（una vida precaria），一种糟糕的生活（una vida de mierda）。但我们过得快乐，因为我们不想要他们卖的这些狗屁东西……住在笼子里的仓鼠活得像个国王（de puta madre），它有食物吃，有电视看，但到头来它还是一只仓鼠。

伯纳特批判了消费主义，并强调虽然在边缘地带（或者说在"仓鼠笼"之外）生活可能不稳定，但至少他可以决定自己的生活状况。或者用他的话说，"虽然不算稳定（precario），但我没有老板"。此外，在笼子外的世界中，他没有像仓鼠一样劳动，而是作为自由人在工作。"事实上，我不劳动（treballar），我完成工作或任务（feinas），两个词的拉丁文起源不同，'trebalare'指的是他们抓走奴隶并强迫他们劳动，而自由人做的事情是'feinas'，源自'faenare'。"在这里，伯纳特通过带我们重返工业化以前对工作的更广泛定义——将工作理解为一门自己主宰的手艺，将雇佣劳动的概念地方化（Arendt, 1958）。只有摒弃雇佣劳动的“仓鼠笼”，他和生态网络组织的其他成员才能从事工作或任务，拥有工作所有权并获得自我掌握感。

然而在实践中，生态网络组织的成员往往游走于有酬工作和无酬工作之间。例如，阿莉西亚是一名教师，埃德蒙是青少年夏令营的导游，两人都是兼职，但在没有兼职可做的日子里，他们会花大量时间来畜养牲畜，并以“瓦枯宁”（Vakunin，西班牙语母牛、拉丁语奶牛和无政府主义者巴枯宁名字的缩写）的名字从事售卖（牛肉）工作，换取社交货币。同样，我的室友们都在外面做兼职或季节性工作。伊内斯（Ínes）是一名兼职教师，亚历克斯（Álex）是青少年夏令营的辅导员，维森克（Vicenc）偶尔会在周边的自然公园做维护工作。然而他们的目标是把庄园改造成可以自给自足的乡村旅游项目。他们建了个家庭花园，同时饲养牲畜，以便尽可能地做到自给自足。同
147 样，阿尔瓦（Alba）在邮局做临时合同工，并利用她的闲暇时间为该生态网络组织忙活，她还会出售自己榨的苹果汁，换取社交货币。此外，他们都深刻地意识到这种工作的两面性。我帮阿尔瓦把部分果汁运到附近的生态村后，她对我说：“我好像在两个世界里……我一只脚牢牢地踩在资本主义上，另一只脚试图落在替代性工作上。”

这种经济的二元概念映射在“资本主义”劳动与“替代性”工作的道德区分上，前者具有孤立性和剥削性。此外，这种区分方式也出现在关于工作的社会科学著作中，其中指出，劳

动是“人类做出的努力，与资本主义生产关系有关”，工作是“人类能量消耗的剩余部分，与非资本主义领域有关”，两种理念形成对比（Narotzky, 2018, 31）。纳罗茨基对这种区分方式的批评是正确的，因为它意味着这些形式的能量消耗有着本质的区别，也就是说，劳动在某种程度上缺乏感情和情绪，无法给生活带来满足感，也意味着工作向来不具有孤立性、剥削性和侮辱性。在本章后面的部分里，我们确实会发现替代性工作的经历也会让人疲惫，也是深深扎根在关系冲突和权力关系之中。然而我想在这里强调，受访者利用这种区别建立了一块领域，在那里（替代性）工作或做任务受到重视，并在道德上优于传统的雇佣劳动（treball）。

用伯纳特的话说，生态网络组织的成员积极寻找雇佣模式以外的谋生活动，以便应对“剥夺我们的自主权”的制度。有趣的是，这种做法与南半球的非正规员工有相似之处，后者“（拒绝）签署就业合同”，以便在生活中形成一种没有雇佣劳动特点、但有规律的工作节奏（Millar, 2014, 48）。本次调查的受访者将时间和精力投入发展新技能和开辟新天地的工作，人们可以借此培养自主权、自我价值感和成就感。例如，阿尔瓦将她在正规工作中作为邮局临时职员的微薄收入与通过生态网络组织获得的社交货币作对比，“用社交货币（moneda social）？呃，我有这么多呢，我发财了！”

然而有些人要比其他人更依赖有酬雇佣模式。萨姆（Sam）是兼职啤酒酿酒师，为生态网络组织提供精酿啤酒。但酿酒不是他的主要收入来源。就像他告诉我的一样，“现在我在一

家跨国（电信）公司工作，对我来说很矛盾，但是……我做这
148 份工作是要利用它带来的资本做一些事情，让我周围的环境变得更好”。他认识到，这份工作的工资给他带来了内心的平静（tranquilidad），他不用担心能否还清抵押贷款，能否养家糊口。萨姆曾经多次想过辞职，但因为还有抚养孩子的责任，所以一直没有实施。“我和几个女儿一起住，让我的生活有点，不是有点，我完全是为了她们……我不想冒这个险［成为全职酿酒师］。”因此做替代性的工作、过另一种生活等做法，一贯取决于生存的考虑，取决于维持日常生活开支，还取决于供养家庭的责任。

学者们以不同的方式将不稳定性概念化。正如凯瑟琳·米勒（2017, 3）指出，布尔迪厄的著作中诞生了一种颇具影响力的思路，主要把不稳定性视为一种劳动条件。这种观点认为不稳定性是指工作的不安全感、工资低、贫困和无法预测的收入流（Castel, 2003; Vosko, 2006; Hacker, 2008; Ross, 2009; Kalleberg, 2009、2013; Standing, 2011; Vallas and Prenner, 2012; Pugh, 2015）。因此这项学术研究的重点是记录物质不安全的情况，展示当代劳动制度的不稳定性。物质安全显然得到受访者的关注，但如果我们只关注物质的不安全，就会忽视人们在现实生活中刻意追求的计划，这些计划可能并不仅仅是由物质方面的考虑所决定的。也就是说，受访者们并没有选择通过奋斗来改善自己的有酬工作的物质条件，而是从事资本主义工作合同之外的工作，从而超越这些物质条件。换言之，解决不稳定性的办法不是改革雇佣关系，而是超越雇佣

关系。参加生态网络组织的受访者，能够获得集体所有感以及驾驭感，而有酬雇佣模式无法带来这些感觉。不过正如萨姆的经历所示，不是所有人都有同等的能力来弱化自己与工资之间的联系。然而从生态网络组织到合作社，我们发现有一种策略可以消除对雇佣劳动的需求与对替代性生活方式的渴望之间的紧张关系。下面我将探讨加泰罗尼亚的合作社模式在调解工作与生活之间的关系时所具有的重要意义。

不做工薪阶层

我与合作社的初次接触与在生态网络组织中的经历大有不同。我们先通过电子邮件交流，然后安排了见面，地点是位于巴
塞罗那市中心某家废弃的豪华水疗中心的合作社总部。我第一 149
次来时，穿过玻璃推拉门后，一个庞大的弧形前台出现在我眼前，闪闪发亮。前台接待员让我找个位置，坐着等尼科（Niko）来，他将为我介绍合作社。我坐下来等待，或许是因为这里和我想象中的替代性经济项目的“办公室”差异很大，所以当我亲眼看到合作社的规模、风格和整体氛围时，感到非常惊讶。前台旁边有两个办公室，里面有玻璃桌，还有许多抽屉和柜子，里面放着多年的纸质文件。前台附近的走廊弯弯绕绕，像迷宫一样，走廊有几扇门，门内的办公室有空调没窗户，主要在开会时使用。除了这些比较小的房间以外，还有一个较大的排练室，可能是原先的健身房或者瑜伽教室，但现在合作社拿来开会用。见到尼科后，我跟他进了其中一个房间，他在那里向我介绍

了合作社的历史和运作方式。

2010年，合作社在加泰罗尼亚地区正式成立，这是一个雄心勃勃的项目，由当时活跃在各种关系网中的活动家共同成立，包括反企业全球化运动、占屋运动、去增长网络组织以及最早的一批生态网络组织等。正如前文所说，这些运动来源于加泰罗尼亚基层政治动员的悠久历史。合作社的目标与生态网络组织类似，都是在“资本主义的边缘”（al marge del capitalsme）建立一个经济体系。尽管不同的组织对“边缘”的含义有不同的阐述，但一般来说，“边缘”被设想为一个空间，在那里，人们可以挣脱国家和资本主义制度（el Sistema）的枷锁，以“体制内”缺乏的价值观为基础，构建一个由本地人做主的新经济，而非由跨国精英（如其他国家的银行家和政治家）主宰。在合作社的话语中，这个空间“允许我们不再依赖体制的结构，而且……通过［重建］基于亲近（proximitat）和信任（confiança）的人类情感纽带，自下而上地重新构建社会”。

在合作社成立之初的几年里，核心社员都是受过高等教育的年轻人（二十多岁到三十五六岁），多数人是说加泰罗尼亚语的中产阶级。2011年爆发的反紧缩抗议活动，吸引了更多人加
150 入合作社，社员的身份变得更为复杂。每当我问受访者，合作社和生态网络组织有多少成员时，他们会告诉我估计有15 000人以上。然而这个数字往往包括那些利用组织服务项目的人，还包括附属组织和附属项目的成员。事实上，没有可靠的统计数据表明社员的准确数量，在我研究期间，社员们仍在努力划分组织的范围。那时大约有40人从合作社定期领取酬劳，他们虽

然散布在加泰罗尼亚地区各地，但活动基地在市中心，也就是前文提到的那座废弃的豪华水疗中心。

在合作社里，最年轻的社员只有24岁，而最年长的社员接近60岁。因此有的社员经历过西班牙民主转型时期（1975年至1978年），有的社员甚至在独裁统治时期积极参与了某些社会运动，但大多数合作社成员都在20世纪80年代、90年代长大成人。部分社员接受过大学教育，拥有中产阶级背景，但有的人认为自己是工人阶级，并以此为荣。事实上，许多社员曾经的工作岗位既舒适又有工资拿，但是他们为了加入合作社，放弃了这些工作。在合作社里，男女人数大致相当，至少有两个人属于非二元性别者。总的来说，讲加泰罗尼亚语的人多于不讲加泰罗尼亚语的人，还有少数不讲西班牙语的社员。

合作社提供报酬，以促进替代性就业系统的建立，这样人们就能在国家自主创业的法律框架之外自谋生路。在西班牙，做自由职业者需要很高的经济成本。一位自由职业者（autónoma）每月需要支付278欧元的费用，社会保险费占其中的大部分。虽然最近的改革措施降低了某些群体的自雇费用，[5]但与其他欧洲国家相比，在西班牙做自由职业者的成本仍然很高。然而合作社提出另一种方法来代替这种制度，也就是利用合作社的法律形式，允许人们成为合作社的社员（socis）。加入合作社就能从事经济活动，还不需要每月向国家支付自雇费用。相反，他们每个季度需要交纳75个货币单位，部分可以用社交货币支付。随后社员们把这些货币资金集中起来，有各种各样的用途。

在我研究期间，社员的数量有所波动，但无论何时，合作社
151 里都大概有400名社员，相当于每年有大约40万欧元的收入，作为支付给由一群活动家组成的“解放者”（Liberadas[6]）组织的报酬。人们认为，“解放者”这个名字传达了一种意涵，即组织的成员已经从雇佣劳动中解放，现在他们可以自由地分配时间给其他形式的工作和经济活动。实际上，组织要求这些人管理合作社的各种项目，包括替代性就业系统、无息银行、电信服务和食品分配网络。所有项目都是为了减轻人们对“体制”的依赖，“体制”指的是全球化的、国家认可的政治机构和金融机构（也就是国家和资本主义制度）。例如，民众认为社交货币可以减少自己对银行和国家控制的法定货币的依赖。“解放者”有责任创造和管理这些公共（半公共）产品。

但是“解放者”的报酬不是一种工资形式吗？在一次采访中，罗克（Roc）谈到了这个问题。当我问他挣多少钱时，他很快纠正我：“我不想谈‘挣钱’。可能是我理解错了，但挣钱是……我的脑袋已经把挣钱的概念与工资（sueldo）联系起来。但这份报酬不是工资，而是一种补偿，是对我付出的时间和精力的补偿。”工资与补偿的区别反映了他有意选择追求“无酬生活”（Denning, 2010），我们也在生态网络组织的成员身上看到了这一点。事实上，在加入合作社之前，罗克主修化学，并曾经在“企业的世界”（el mundo de empresas）中为很多家公司工作。然而他总是批评资本主义雇佣劳动，更是经常批评资本主义制度，并寻找可以超越这个制度的方法。“我一直在思考这里出了什么问题。我尤其对钱的本质感兴趣：钱究竟是什么，为

什么我们要用钱？”反紧缩政策运动后，合作社在整个加泰罗尼亚地区出了名。罗克看到了合作社某著名活动家的视频短片，“不到两分钟，我就说‘我要去这里’”。接着，他参加了合作社的集会，不久之后他开始在合作社的食品分配委员会工作，并拿到了酬劳。现在他说：“我丝毫没有重返工薪阶层（el món assalariat）的想法。事实上，我对此非常抗拒。”这种对领工资过活的抗拒情绪在受访者中广泛存在，如我们所见，他们设法减少对雇佣劳动的依赖。

然而，虽然“解放者”拒绝成为“工薪阶层”，但并没有因此获得更舒适的物质生活。要想获得最高酬金，他们必须每周工作30个小时，才能每月获得900个货币单位，其中15%必须 152
是社交货币。此外，只有少数“解放者”能获得最高酬金，其他人则是做兼职工作或有自己的副业项目。事实上，“解放者”被鼓励不要只依靠合作社赚钱，而是要建立自己的价值创造项目（projecte productiu）。然而900个货币单位往往只够勉强维持生活，尤其是在巴塞罗那这样的城市地区。这也是在合作社中经常被讨论的话题。有些人认为，合作社需要提高酬金标准，其他人（比如罗克）则认为这么做有损于合作社的革命精神。“如果我们每个月能挣到1 500，如果我们过上高水平生活，我们将遵照（体制）的方式，”他继续说，“人们只要勉强能满足生活所需，就会继续为这个项目［合作社］付出，这一点很重要。”的确，合作社的会议经常讨论物质不安全的问题。例如，另一位“解放者”伊凯尔（Iker）经常在会议上发表长篇大论，而且常常强调“我们一毛钱都没有”。他使用复数形式，以便引起每个人关于物质贫困感的共鸣，而这种感受被理解为拒绝资本主义雇佣劳动并为合作社付出的标志。通过这种方式，在他们的理解中，相较于创造社会经济生活的替代性模式，物质安全是次要的（甚至是不利的）。

从很多方面来说，加泰罗尼亚合作社的生活经历让有关不稳定工作的传统表述变得复杂。我已经说明，生态网络组织成员与合作社社员设法通过参与替代性的社会经济实践，来逃避他们所认为的资本主义雇佣劳动的苦难。虽然很多受访者都过着物质不安全的生活，但我也说明了，不能只通过物质的单一维度去理解他们的工作经历。相反，我认为应当关注他们在追求“有价值的生活”的过程中参与的多种活动，而有酬雇佣模式在其中往往只起到很小的作用（Narotzky and Besnier, 2014, S5）。工作不稳定的人必然渴望物质的舒适，而“解放者”让这种情况变得复杂。从伯纳特和罗克的态度可以发现，那些组织成员认为，重要的不是在“仓鼠笼”内享受舒适生活，而是在追求替代性社会经济项目时，体验一定程度的物质的困难和不安全。

153 虽然受访者对雇佣劳动的霸权提出挑战，但在对后资本主义生活方式的想象中，工作或任务（feina）仍然是核心。张伯伦（Chamberlain, 2018）认为，后资本主义社会的愿景仍然总是建立在“工作塑造社区”的假设之上。也就是说，他展示了很多针对基于雇佣劳动的社会的强烈抨击，而且这些抨击有着巨大的社会影响力，依然在充分融入政治共同体的假设下存在，而且要想形成社会纽带，就要依赖参加同一团体（志愿组织）

的人是否有能力进行某种生产活动和协作行动（2018，112-114）。然而他进一步指出，这很有可能意味着“一个人所从事的生产或再生产活动类型将继续发挥着作为包容和排斥机制的作用”（2018，103）。在下一节中，我将分析工作替代社群的理念是如何在合作社的排斥性政治中得到重点讨论，我将尤其关注疲劳感，以及工作的分解并融入生活的情况。

疲劳、沮丧和退出

前面我们看到伯纳特如何设想他的活动不是“劳动”，而是“工作或任务”，前者是指那些被困在标准雇佣合约中的人从事的疏远型资本主义工资劳动，后者指的是在“仓鼠笼”的限制之外自由选择的工作。同样，“解放者”试图避免使用“工资”“劳动”等术语。他们模仿伯纳特对“劳动”和“工作或任务”的区分，用“分配”（assignació）代替“工资”，用“活动家”（activista）代替“劳动者”（treballador）。合作社工作的价值判断和实施方式，有意地区别于雇佣劳动。事实上，更进一步地说，“劳动”有时被看作与生活密不可分。当我访问合作社的会议时，这一点变得相当明显。

每个月的合作社大会就活动计划和资源分配作出决定。大会是社员互相讨论的空间，在那里，社员试图说服别人，以采取特定的行动，还使用精心组织的说法沟通协商，开展各类活动。这些大会开上几个小时一点也不奇怪，有时从早上一直开到晚上。我和很多社员认为，这种会议让人身心疲惫。我记

154 得在一次集会上，大家因部分没有完成的任务起了争执。艾达（Aida）是这些任务的负责人，她觉得这里面有理解上的错误。然而莉娜（Lena）毫不客气地回答："这不仅是某种工作，更是一种召唤，是生命工程（projecte de vida）。"事实上，合作社的核心活动家经常强调，合作社的工作意义重大，不能随心所欲，想来就来、想走就走，它们是生命工程。这种工作或任务是生活不可或缺的一部分。

对南半球国家非正规经济的研究表明，工作与生活之间的概念性区分经常在实践中破裂。例如，米勒认为，在里约热内卢的拾荒者看来，很难区分哪些是属于生活的活动，哪些是可以归为工作的活动；相反，工作被认为是通过照料和"为自己工作"来维持生计（2014，48）。然而在合作社的背景下，这种关联不是各种界限模糊的谋生手段产生的自然结果；相反，我们看到的是一种更深思熟虑、更刻意的努力，将工作融入生活，使得合作社的工作需要社员全身心投入。

一名社员在大会上说，她做了几个月的"解放者"，现在决定离开合作社。另一个人告诉她："你只在这里待了几个月，对于我来说，你就像是来了一趟，吃了几个月的苦，不喜欢你见到的东西，然后就离开了……但对于我来说，这是我的生命工程。"因此把工作变成"生命工程"，就可以把那些真正长期为合作社作贡献的人与那些无法长期待在合作社的人区分开来。合作社的工作（生活）很累人，在我实地调查期间，很多人因为身体和情绪上的疲劳感而离开。

正如费德里科·德穆索（Federico de Musso）在其研究意

大利替代性供应网的案例中所指出的，这种疲惫的经历往往让人有挫败感（2017）。事实上，疲倦的活动家（quemat）形象在世界各地的活动家网络中十分常见。IT委员会的某位前成员这样说："我意识到，［合作社］是一位燃烧的活动家（quema-activistas），它的运转需要高强度和大量能量（desgaste de energia），燃尽了活动家和民众（un quemagente）。"一些曾经的合作社成员对我说，他们是因为身体上的疲惫而离开的。他们还经常谈到人际关系上的疲劳，这种疲劳让个人冲突变得难以承受。例如，通信委员会的某位前成员回忆说："在过去两 155
年里，这里［合作社］发生的事情令我疲惫不堪……有很多让我不适的情况，很多争吵……身体上和精神上都有，太累了。"那些离开的人都感到精疲力尽，大失所望。我采访的一位曾经的IT委员会成员说，他最近才删除了所有与合作社有关的资料，直到现在才开始谈论他在合作社的经历。有一点很重要，那就是他们决定离开很少是因为物质上的匮乏或财务上的不安感；相反，最终导致他们退出合作社的原因是自己的工作不停地遭到批评，以及自己对合作社的忠诚遭到质疑。这里呼应了张伯伦（2018，113）的假设：

> 当某人违背准则，没有更积极地参与社团活动，因此无法证明他（她）对社会的价值的时候，他（她）很可能得不到尊重，并被忽视。由此看来，当今工作社会的主要问题之一，依然存在于多元活动社会。

结论

学术界对北半球国家工作性质变化的反思往往勾勒了一种转变的过程：从工人享有稳定就业，其权利得到福利制度保护的相对稳定局面，转变成“二战”结束后出现的劳动和福利特权、权利被国家抛弃的不安全局面。因此在描述当代工作时，这些分析往往突出了前景的不稳定性，不稳定既是一种劳动条件（不稳定的工作），又是一种本体论的经验（不稳定的生活）。失落感以及有关雇佣工作的忧郁症是当代工作的基础（Barchiesi，2011），人们选择放弃，不再积极寻找逃离雇佣劳动模式的机会，也不再追求更充实、更自由的工作形式。

在本章中，我已经说明，加泰罗尼亚地区生态网络组织的成员与合作社的社员常常要付出很大努力，来平衡自己想要的工薪生活以外的生活，此外他们还需要确保基本的经济安全，因此产生了疲惫感和挫折感。因此他们从事替代性工作的体验，时而肯定自由和自主的优势，时而感到疲惫不堪、没有安全感。我认为，由于有关不稳定工作的论述经常强调标准雇佣关
156 系，所以无法解释人们为什么在某些情况下会追求有酬雇佣劳动之外的生活和劳动轨迹。“仓鼠笼”外的生活可能在物质上并不安全，但它赋予了合作社社员、生态网络组织成员对自己经济生活的所有权和掌握权，带给他们成就感，而这种成就感往往是正规就业无法提供的。

正如我在前文所论述的，“解放者”利用“生命工程”的概念打破了工作与生活之间的区别。这一概念成功地将工作从工

资的束缚中解放出来，重塑了工作与社区之间的联系，再现了包容和排斥的特殊形式。我已经表明，工作、生活与社区之间的联系给成员带来了过高的期望，使许多人感到身体上、情感上和经济上的疲惫。工作一直是备受争论的话题，经常被用来质疑社员对合作社的忠诚，以及是否致力于更广泛地实现替代性的非资本主义经济项目。这样，工作社会的幽灵继续盘旋在后资本主义的想象和实践之中，邀请我们追求工资以外的生活，以进一步分解工作与社区之间的关系。

致谢

本章是笔者参加伦敦玛丽女王大学举行的后工资经济时代会议受到启发而写成的。感谢所有与会者，尤其是会议的组织者，感谢他们的意见和讨论，对笔者很有帮助。

注释

1 为了不公开我进行实地调查的组织的真实名称，我简单地称它为“合作社”。同样，我也没有透露生态网络组织的具体位置。

2 早期的女权主义经济学研究也表明，那些看起来是“常规经济”以外的做法，实际上对社会生活的生产和再生产至关重要（Collins and Gimenez, 1990; Molyneux, 1979; Beasley, 1994）。

3 虽然我懂加泰罗尼亚语，但本研究是用西班牙语进行的。文中直接引用的话里没有翻译的词语大多是西班牙语。然而，诸如

“eina”“autogestió”“feina”之类的主位术语在受访者中流传较广。因此在行文中，这些词语都尽量用加泰罗尼亚语表示（不过因为很多地方的人除了讲加泰罗尼亚语外，还会讲西班牙语，所以很多加泰罗尼亚的表达也用西班牙语来表达）。

4 在本章中，我加入了越来越多的对“不稳定”这一概念的批评。然而“不稳定”不只是一个用于分析的概念，也会被研究中的受
157 访者使用，他们用“precario/ precariat”这些表述来描述自己的工作经历。因此我将继续谨慎地使用这个术语，但主要还是在受访者使用的时候才会用到。

5 在最近的法律改革中，对这一制度有了略微修改。对于那些第一次成为自主创业者的人来说，在自主经营的前6个月里，费用能减免52欧元。此后则要缴纳278欧元的基本费用。对于30岁以下的人来说，费用减免可延长至30个月，但前6个月可以享受最高减免额度。

6 我经常在西班牙语里听到“liberada”，在加泰罗尼亚语里应该读作“alliberat”。

参考文献

Arendt, H. (1958 [1998]). *The Human Condition,* Chicago, IL: Chicago University Press.

Barbieri, P. and Schererm, S. (2009) 'Labour market flexibilization and its consequences in Italy', *European Sociological Review,* 25(6): 677–692.

Barchiesi, F. (2011) *Precarious Liberation: Workers, the State, and Contested Social Citizenship in Postapartheid South Africa,* Albany, NY:

SUNY.

Beasley, C. (1994) *Sexual Economyths: Conceiving a Feminist Economics,* Sydney: Allen & Unwin.

Beck, U. (2000) *The Brave New World of Work,* Cambridge: Polity.

Castel, R. (2003) *From Manual Workers to Wage Laborers: Transformation of the Social Question,* trans. Richard Boyd, New Brunswick, NJ: Transaction Publishers.

Castells, M. (2011) *Networks of Outrage and Hope. Social Movements in the Internet Age,* Cambridge: Polity.

Castells, M., CaraÇ, J. and Cardoso, G. (2012) 'The cultures of the economic crisis: An introduction', in Castells, M., CaraÇ, J. and Cardoso, G. (eds) *Aftermath: The Cultures of the Economic Crisis,* Oxford: Oxford University Press, pp.1–16.

Chamberlain, J. A. (2018) *Undoing Work, Rethinking Community: A Critique of the Social Function of Work,* Ithaca, NY : Cornell University Press.

Collins, J. and Gimenez, M. (1990) *Work Without Wages: Comparative Studies of Domestic Labour and Self-Employment,* Albany, NY: Suny Press.

Conill, J., Castells, M., Cardenas, A. and Servon, L. (2012) 'Beyond the crisis: The emergence of alternative economic practices', in Castells, M., CaraÇ, J. and Cardoso, G. (eds) *Aftermath: The Cultures of the Economic Crisis,* Oxford: Oxford University Press, pp.210–250.

Davis, M. (2006) *Planet of Slums,* London: Verso.

158 de Musso, F. (2017) 'Distance, fatigue, and presence. An approach to livelihood from the network of solidarity economy of the Italian south', unpublished paper presented at the second international conference of the research group Sovereignty and Social Contestation 'Sovereignty, Contestation, and "The Economy" '.

Denning, M. (2010) 'Wageless life', *New Left Review,* 66: 79–97.

Dolgoff, S. (1974) 'The Spanish Revolution', in Dolgoff, S, (ed) *The Anarchist Collectives: Workers' Self-management in the Spanish Revolution, 1936–1939,* New York, NY: Rose Books, pp.5–18.

Edelman (2020) 'Edelman Trust Barometer 2020', available at https:// edl. mn/2NOwltm.

Ferguson, J. and Li, T. (2018) 'Beyond the "proper job": Politicaleconomic analysis after the century of labouring man', Working Paper 51. PLAAS UWC: Cape Town.

FnfEurope (2013) 'The Spanish Slump –Political Crisis and the Need for Institutional Reform', available at http:// fnf-europe.org/ 2013/ 06/ 17/ the-spanish-slump-.

Fominaya, C.F. (2015) 'Debunking spontaneity: Spain's 15-M/ *Indignados* as autonomous movement', *Social Movement Studies,* 14(2): 142–163.

Fominaya, C.F. (2017) 'European anti-austerity and pro-democracy protests in the wake of the global financial crisis', *Social Movement Studies,* 16(1): 1–20.

Fraser, N. (2003) 'From discipline to flexibilization? Rereading Foucault in the shadow of globalization', *Constellations,* 10(2): 160–171.

Gandolfo, D. (2013) 'Formless: A day at Lima's Offi ce of Formalization', *Cultural Anthropology,* 28(2): 278–298.

Gibson-Graham, J.K. (1996) *The End of Capitalism (As We Knew It). A Feminist Critique of Political Economy,* Minneapolis, MN: University of Minnesota Press.

Hacker J.S. (2008) *The Great Risk Shift: The New Economic Insecurity and the Decline of the American Dream* (2nd edn), New Haven, CT: Yale University Press.

Hewison, K. and Kalleberg, A.L. (2013) 'Precarious work and fl exibilization in South and Southeast Asia', *American Behavioral Scientist,* 57(4): 395–402.

Hughes, N. (2015) 'The community currency scene in Spain', *International Journal of Community Currency Research,* 19: 1–11.

Institut d'Estadística de Catalunya (Idescat) (2019) 'Evolució i perfi l 159
del treball autònom, last updated 6 February 2020, available at http:// observatoritreball.gencat.cat/ web/.content/ generic/ documents/ treball/ estudis/ Evolucio_ i_ perfi l_ del_ treball_ autonom/ 2019/ arxius/ Evolucio_ i_ perfi l_ treb_ autonom_ des_ 2019.pdf.

Jonas, A. (2010) ' "Alternative" this, "alternative" that ...: Interrogating alterity and diversity', in Fuller, D., Jonas, A. and Lee, R. (eds) *Interrogating Alterity. Alternative Economic and Political Spaces,* Farnham: Ashgate, pp.3–30.

Juris, J.S. (2008) *Networking Futures. The Movements Against Corporate Globalization,* Durham, NC: Duke University Press.

Kalleberg, A.L. (2009) 'Precarious work, insecure workers: Employment relations in transition', *American Sociological Review,* 74(1): 1–22.

Kalleberg, A.L. (2013) *Good Jobs, Bad Jobs: The Rise of Polarized and Precarious Employment Systems in the United States, 1970s to 2000s,* New York, NY: Russell Sage Foundation.

Knight, D. and Stewart, C. (2016) 'Ethnographies of austerity: Temporality, crisis and affect in Southern Europe', *History and Anthropology,* 27(1): 1–18.

Leyshon, A. and Lee, R. (2003) 'Introduction', in Leyshon, A., Lee, R. and Williams, C. (eds) *Alternative Economic Spaces,* London: Sage, pp 1–26.

López, I. and Rodríguez, E. (2010) *Fin de ciclo. Financiarización, territorio, y sociedad de propietarios en la onda larga del capitalismo Hispano (1959–2010),* Madrid: Trafi cantes de Sueñs.

López, I. and Rodríguez, E. (2011) 'The Spanish model', *New Left Review,* 69(3): 5–29.

Martínez-Pastor, J.-I. and Bernardi, F. (2011) 'The flexibilization of the Spanish labour market: Meaning and consequences for inequality from a life-course perspective', in Blossfeld, H.-P., Buchholz, S., Hofäker, D. and Kolb, K. (eds) *Globalised Labour Markets and Social Inequality in Europe,* New York, NY: Palgrave Macmillan, pp.79–107.

Millar, K. (2014) 'The precarious present: Wageless labour and disrupted life in Rio de Janeiro, Brazil', *Cultural Anthropology,* 29(1): 32–53.

Millar, K. (2017) 'Toward a critical politics of precarity', *Sociology Compass,* 11(6): 1–11.

Millar, K. (2018) *Reclaiming the Discarded: Life and Labour on Rio's Garbage Dump,* Durham, NC: Duke University Press.

Mintz, F. (2006) *Autogestión y anarcosindicalismo en la Españ revolucionaria,* Madrid: Trafi cantes de Sueñs.

Molina, ó. and Godino, A. (2013) 'Economic reforms and the labour market: 160
Zapatero's endless period in the wilderness', in Field, B.N. and Botti, A. (eds) *Politics and Society in Contemporary Spain From Zapatero to Rajoy,* New York, NY: Palgrave Macmillan, pp.101–122.

Molyneux, M. (1979) 'Beyond the domestic labour debate', *New Left Review,* 116(3).

Narotzky, S. (2012) 'Alternatives to expanded accumulation and the anthropological imagination. Turning necessity into a challenge to capitalism', in Pauline Gardiner, P., Leach Barber, B. and Lem, W. (eds) *Confronting Capital Critique and Engagement in Anthropology,* New York, NY: Routledge, pp.293–252.

Narotzky, S. (2013) 'Economías cotidianas, economías sociales, economías sostenibles', in Narotzky, S. (ed) *Economías cotidianas, economías sociales, economías sostenibles,* Barcelona: Icaria, pp.7–26.

Narotzky, S. (2018) 'Rethinking the concept of labour', *Journal of the Royal Anthropological Institute,* 24(S1): 29–43.

Narotzky, S. (2019) 'Evidence struggles: Legality, legitimacy, and social mobilizations in the Catalan political confl ict', *Indiana Journal of Global Legal Studies,* 26(1): 31–60.

Narotzky, S. and Besnier, N. (2014) 'Crisis, value, hope. Rethinking the economy', *Current Anthropology,* 55(S9): S4–S16.

Navarro, V. (2012) 'El error de las políticas de austeridad, recortes incluidos, en la Sanidad Pública', *Gaceta Sanitaria,* 26(2), available at http:// scielo. isciii.es/ scielo.php?script=sci_arttext&pid=S0213-91112012000200014.

O'Hare, P. (2020) ' "We looked after people better when we were informal": The "quasi-formalization" of Montevideo's waste-pickers', *Bulletin of Latin American Research,* 39(1): 53–68.

Palomera, J. (2014) 'How did finance capital infiltrate the world of the urban poor? Home ownership and social fragmentation in a Spanish neighborhood', *International Journal of Urban and Regional Research,* 38(1): 218–235.

Petmesidou, M. and Guillén, M. (2017) 'Can the welfare state as we know it survive? A view from the crisis-ridden southern European periphery', in Petmesidou, M. and Guillén, M. (eds) *Economic Crisis and Austerity in Southern Europe: Threat or Opportunity for a Sustainable Welfare State,* New York, NY: Routledge, pp.1–14.

Picot, G. and Tassinari, A. (2017) 'All of one kind? Labour market reforms under austerity in Italy and Spain', *Socio-Economic Review,* 15(2): 461–482.

161 Ponniah, T. and Fisher, W.F. (2003) 'Introduction: The World Social Forum and the reinvention of democracy' in Ponniah, T. and Fisher, W.F. (eds) *Another World is Possible: Popular Alternatives to Globalization at the World Social Forum,* Chicago, IL: University of Chicago Press, pp.1–20.

Pugh A. (2015) *Tumbleweed Society: Working and Caring in an Age of*

Insecurity, Oxford: Oxford University Press.

Riesco-Sanz, A. (2012) 'Empresas sin asalariados y asalariados sin empresas. Apuntes sobre la crisis y transformación del empleo', *Revista de Relaciones Laborales,* 27(2): 134–148.

Riesco-Sanz, A. (2016) 'Trabajo, independencia y subordinación. La regulación del trabajo autónomo en Españ', *Revista Internacional de Sociologia,* 74(1): 1–16.

Roberston, A.F. (2012) *Mieres Reborn: The Reinvention of a Catalan Community,* Tuscaloosa, AL: University of Alabama Press.

Ross, A. (2009) *Nice Work if you can get it: Life and Labor in Precarious Times,* New York: New York University Press.

Rübner Hansen, B. (2017) 'Winter in Catalonia', *Viewpoint Magazine,* December 19, available at https:// www.viewpointmag.com/ 2017/ 12/ 19/ winter-in-catalonia/.

Seidman, M. (2002) *A Republic of Egos: A Social History of the Spanish Civil War,* Madison, WI: University of Wisconsin Press.

Souchy A., Rochford B, Worden S. and Benford R. (1974) 'Workers' self-management in industry' in Dolgoff, S. (ed) *The Anarchist Collectives: Workers' Self-Management in the Spanish Revolution, 1936–1939,* New York, NY: Rose Books, pp.65–77.

Spyridakis, M. (2016) *The Liminal Worker. An Ethnography of Work, Unemployment and Precariousness in Contemporary Greece,* Oxford: Routledge.

Standing, G. (2011) *The Precariat: The New Dangerous Class,* London:

Bloomsbury.

Vallas, S. and Prener, C. (2012) 'Dualism, job polarization, and the social construction of precarious work', *Work Occupation,* 39(4): 331–353.

Vosko, L.F. (ed) (2006) *Precarious Employment: Understanding Labour Market Insecurity in Canada,* Montreal: McGill-Queens University Press.

Zademach, H.-M. and Lillebrand, S. (2013) 'Alternative economies and spaces: Introductory remarks', in Zademach, H.M. and Lillebrand, S. (eds) *Alternative Economies and Spaces: New Perspectives for a Sustainable Economy,* Bielefeld: Transcript Global Studies, pp 9–22.

7 选择放弃自由？债务缠身的柬埔寨砖窑工人的愿望与桎梏

尼提亚·纳塔拉詹　凯瑟琳·布里克尔　洛里·帕森斯

> 那时，我父母生病了，我变卖家里的田地和房屋给他们治病。他们去世后，我就来砖窑工作。如果老板把砖窑关了，我不知道还能去哪儿。
>
> 鲁姆尤恩（Roumjoung），债务奴隶，砖窑女工

距柬埔寨首次迎接新自由主义已经过去了近三十年，不受约束的增长对最弱势群体及其生活带来的负面影响，赤裸裸地体现于穷忙族的困境。自1991年以来，柬埔寨经历了快速转型，那里的经济从农业主导转变为工业和服务业主导（Hughes，2003）。相较于倡导增长导向型发展的人们拥护的“体面工作”（Goal8，UN，2015），柬埔寨的劳动力市场反映了低工资、不稳定工作对经济发展的束缚（Natarajan et al，2019a；Lawreniuk and Parsons，2020）。

本章探讨了柬埔寨砖窑中存在的劳动剥削案例，重点关注那些债务缠身的窑工从事的强迫劳动。近几十年来，作为从1991年开始的新自由主义思想主导的经济增长的一部分，柬
164 埔寨的建筑业一片繁荣（Hughes, 2003）。然而伴随着柬埔寨国内生产总值持续增长的，是创造新工作机会的低水平，大部分仅存的工作依旧是非正式岗位，工资低而且不稳定（ILO, 2018a）。建筑业的砖窑工作便是典型代表：让人精疲力竭的危险岗位，长时间的工作，缺乏保护装置，以及臭名昭著的剥削童工，而且大多数建筑业的工作施行“现代债务奴役制”。发展理论思想家已经认识到，低收入工作及不稳定的生计在南半球国家的新自由主义转型中占有核心地位（Davis, 2006; Breman and van der Linden, 2014）。然而关于这种结构主义观点能否掩盖这种生计的能动性，以及能否掩盖其生成潜力，仍然存在争论（Gibson-Graham, 2008; Roy, 2011; Thieme, 2017）。

我们在工作的基础上，强调债务日益处于中心地位，以此作为理解不断发展的工作关系的重点。正如拉扎拉托（Lazzarato）所说（2012, 30），在新自由主义思想下，“负债者”是一种新形式的“经济人”，这种劳动—资本关系以“努力和回报”为特征，债权人利用债务人的内疚和承诺还债的道德感来控制债务人。在勒巴伦（LeBaron, 2014）看来，这种控制形式掩盖了债务是如何成为针对劳工的具有阶级属性的新式纪律。然而正如佩廷格（Pettinger, 2019）所言，用有酬工作指代“工作”这一趋势的强化，掩盖了强迫劳动的持续存在，从而扩大了关于资本是如何利用工作把人类变成商品的讨论。本章的目

的是在更大范围的非正规工作领域中分析讨论柬埔寨砖窑的强迫劳动，通过描述柬埔寨砖窑如何锻造和维持强迫的现象，将此概念化为一种工作形式，与更广泛的剥削结构相联系。

我们利用马克思主义的强迫劳动关系框架，来重申柬埔寨砖窑工人所经历的结构性压迫，将砖窑的债务奴役制概念化为柬埔寨经济中持续存在的强迫劳动关系的一部分（Lerche, 2011），并强调了债务在约束窑工以及对砖窑本身起的作用。本章在挑战“制定、构建而不是抵制（或屈服于）经济现实”（Gibson-Graham, 2008, 619）理论的基础上，思考了工人是怎样开辟这种强迫劳动道路的，作为对农村地区缺乏其他财务选择的积极响应。然而本章也强调了这种选择是如何揭示更为广泛的结构性限制，因为劳动者无法选择他们的工作环境，被迫留在不安全的砖窑里工作，直至还清债务。本章开篇介绍了 165
鲁姆尤恩的见解，让我们了解了她选择进入砖窑的原因，以及窑主继续与债务人保持家长式关系进而束缚债务人。主流观点认为，现代债务奴役制是强迫性的劳动形式，而直接的雇主是肇事者（Bales, 2002）。与主流观点不同，我们对窑工的研究强调，奴役制是对农村过度负债的强制力量的缓解。换言之，强迫劳动受到更为广泛的结构性约束力量的强迫，这种力量超越了工资关系的约束。

我们在本章中进行的研究是作为“血砖”项目的一部分而产生的，该项目研究了柬埔寨的气候变化与现代奴役制之间的关系。具体来说，该项目重点关注气候变化引起的农村地区的负债现象，是如何导致柬埔寨村庄小农户在金边附近的砖窑里从事不安全的工作来抵债。我们的研究是基于2017年至2018年期间分几个阶段用多种方法收集的数据。第一，我们对51名窑工进行半结构式访谈，还对窑主、工会领袖、曾经的窑工、砖窑附近的居民和僧人等其他行为人进行了31次访谈。第二，我们在三个村庄进行了308次定量调查，三个村庄中的很多村民前往砖窑工作。进行调查的同时，我们还对这三个村庄的输出劳动力的家庭和其他人进行抽样采访。所有的采访都是由洛里·帕森斯（Laurie Parsons）博士或一位在柬埔寨从事研究工作的助理（不愿意透露姓名）单独完成，或是由他俩共同完成的，采访用高棉语进行，后来得到转录，最后被翻译成英语。为保护受访者的身份，他们的姓名皆已变更。

在下一节中，我们将探讨有关劳动、不自由的争论，以形成一种理论方法，在现代奴役制和债务奴役的学术研究中挑战直接胁迫的主流关注重点，转而强调限制性选择的作用。接着，我们将探讨导致一家人离开农村前往砖窑工作的结构性驱动因素。我们将展示砖窑工作本身是如何限制物质生活提升的可能性。最后，我们认为，工作中的愿望和抗拒需要与我们提出的更广泛的限制条件结合起来理解。

166 选择放弃自由？既是压迫又是选择的强迫劳动

越来越多的文献记录了新自由主义思想下“工作”的转变。这些文献强调了工作不安全、非正规且不稳定的新现象，在20世纪中期，构成“标准雇佣关系”基础的劳动法规和社会安全网分裂，这类工作得以出现（Standing，2011）。然而，这种观点受到南半球国家学者的质疑，他们指出，在世界大部分地区，非正规和不安全的劳动关系普遍存在于历史的各个阶段（Munck，2013）。这并不是说，全球向新自由主义的转变，没有给柬埔寨等国家的穷忙族的生计带来实质性的改变；相反，只有通过将有酬工作去中心化，我们才能理解现实中劳动关系的复杂性。例如，伯恩斯坦（Bernstein，2006）认为，农业资本主义在北半球部分地区出现后，从前的农民转变为工人，一部分农民为增长的工业服务部门所吸收，与北半球部分地区的转型模式相反，南半球国家的农村经济解体，但农民没有被纳入其他经济部门。此外，新自由主义思想下的资本全球化，使得民族国家通过监管国外投资、劳动法规甚至社会安全网，把对最脆弱群体的控制权让给了变化无常的市场（Breman and Agarwal，2002；Bernstein，2006）。因此，新兴"劳工阶级"出现了，其特点是通过零零散散、不稳定的有酬工作，结合小生意以及复杂的、不断变化的谋生策略来勉强维持生计（Bernstein，2006）。

同样，戴维斯（Davis，2006）强调，全世界的城市人口数量持续超过农村人口数量，工业增长与城市化脱钩，造成城市"贫民区"居民就业不足的现象。除了那些在农村地区定居的人以外，还有许多生活在农村和城市之间的人，一旦有可能，他们就把工资汇回老家，以维持生计（Brickell and Datta，2011；Lawreniuk and Parsons，2020）。可以说，这些劳动阶级存在于经典马克思主义关于劳动力后备军（或称就业不足群体，指部分受到控制的劳动力）的概念之外，以此降低劳动者在有酬工作中的议价能力。相反，鉴于他们的广泛性和韧性，他们是资本需要的剩余劳动力，这一论点在东南亚国家得到响应（Li，2009）。当然，在柬埔寨，非正规经济的工作是常态，约
167 有93.1%的柬埔寨劳动者被归入非正规经济（ILO，2018b）。这些剩余劳动力有一个共同特点，就是相对缺乏在劳动力市场中的议价能力。正如李指出（Li，2009，67），"没有人有市场动机去支付他们日复一日，或从一代人到另一代人的生存成本"。因此，剩余劳动力往往从事最缺乏保障、工资最低和最不安全的工作，几乎没有晋升的途径。

"剩余劳动力"的概念为我们展现了东南亚的工作生活，但是画面相对黯淡。相反，另一种有关非正规性的概念在20世纪80年代得到普及，即将非正规性视为创造性的空间、潜力，甚至是另一种改善的途径。对于德索托（Desoto，1989）来说，非正规经济是那些选择在限制性、受管制的市场范围之外运作的小微创业形式。因此，发展非正规经济的办法似乎需要放宽市场管制，并将私人产权赋予最边缘的人群，以准许更多人进入市场。吉布森-格雷厄姆（2008）呼应了德索托把非正规经济视作生产性空间的评价，同时倡导一种反资本主义的方法，将非正式部门视为产生另一种经济可能性的空间，这一点很重要。蒂梅（2017，542）运用这些研究，将内罗毕的"副业经济"描述成"面对不确定性的一系列工作实践，以及基于地点的表演性政治风格，可能与许多其他地方有联系"。她认为，结构主义理论往往将非正规工作视为"绝望的病症和有待解决的异常行为，或增强的灵活性和创新"（2017，530）。因此，蒂梅的评论更加

强调非正规经济中人的创造潜能，在打造自己的现实时，维护自己的能动性和创造性，同时仍然坚持对结构主义方法的批评，这种方法认为资本主义无处不在。虽然我承认蒂梅提出的关键挑战，也就是承认在资本主义限制之外存在着复杂的现实，但本章依然基于对工作更广泛的结构主义理解。这表明，任何想要将我们对工作的理解扩大到工资关系以外的方法，并基于基础牢固的知识论，都必须承认人们叙述中的能动性和限制，承认基于特定背景的经济机会的生成和限制形式。为此，我们强调砖窑工作的结构性限制的同时，也认为这种工作带来了谋生途径。

为了在资本主义框架内探讨债务奴役制，我们将其概念化 168
为一种强迫劳动的形式。这种理论化产生于马克思主义思想，并带来了一套强有力的分析工具，用来理解阻碍和愿望的相互作用，这些阻碍和愿望是柬埔寨砖瓦工人去砖窑工作的特征。对于马克思来说，非自由劳动与所谓“自由”劳动之间的区别，源于前资本主义和资本主义各自的剥削关系。封建的剥削关系依赖于农业工人在两方面的不自由：一是选择自己的工作环境，二是必须进行自给自足的生产以实现自我再生产（Marx, 1976; Lerche, 2011）。资本主义渗透入农村之后，开始向资本主义有酬雇佣工作过渡，因此农民脱离自己的土地，也就是脱离自己的生产手段，并能在更广泛的劳动力市场上自由地选择工作。然而在现实中，南半球国家大部分地区的转型突显了现行劳动关系的混乱现实。例如，在老挝，布朗（Brown, 2019）描绘了半自给自足的生产者从事低薪工作的同时如何继续生产自己的食物，那些工作的工资依然很少，没法购买食物。此外，在印度，布雷曼（Breman）的研究（2007）强调了在新自由主义思想指导下的农村结构调整，导致新型奴役制的扩散，就像历史上的种姓歧视和阶级歧视，新型奴役制（重新）产生了剥削性的劳动关系，尽管只是出于追求利益的动机。

为了理解这一复杂情况，巴纳吉（Banaji, 1977, 2003）认为，不自由的劳动关系是资本主义积累下剥削的一部分。巴纳吉从抽象层面而不是具体、微观的劳动关系层面看待马克思主义理论阐述的资本主义生产方式，认为强迫劳动是资本在工资关系之外剥削劳动的若干方式之一，而不是随着资本主义向深层次渗透而消失的残余压迫形式（Rao, 2014）。在思考这个问题时，勒巴伦（2014）认为，新自由主义资本主义下的债务代表了基于阶级的劳动纪律形式，既包括不受管制的私人债务迫使贫困家庭从事薪水低、不稳定的工作，又包括更直接的为了还债而形成的劳动关系。巴纳吉（2003）认为，鉴于所有的劳动都受到阶级压迫，自由劳动作为强迫劳动的对立范畴的概念似乎无关紧要。在这方面，勒巴伦的研究强调了债务这一特殊方式，可以用来约束，进而压迫不自由的穷忙族。在探索劳动不自
169 由的轮廓时，莱尔歇（Lerche, 2011, 7）主张采用“连续性”的方法，认为“大多数目前被归类为非自由劳动的劳动关系与更广泛的［劳动］关系有着共同的特征，既涉及导致资本创造这些关系的基本过程，也涉及工作条件和劳动报酬”。这种在更广泛的劳动剥削背景下对债务奴役制的重塑，指引我们探讨工人是怎么样，又是为什么变得不自由，并展示了这种不自由是怎样通过债务纪律在劳工—雇主关系之外产生的。

蒂梅发起挑战，希望揭示创造非正规工作的可能性。为响应该挑战，我们认为，将强迫劳动视为更广泛的劳动关系的一部分，可以理解劳工如何把这种劳动作为提升物质生活的潜在方式。例如，介朗（Guérin）在对印度泰米尔纳德邦（Tamil Nadu）债务奴役的研究（2013, 419）中阐明，砖瓦产业不会因为季节而受到严重影响，“正如对消费的渴望一样，对平等和融合的渴望也在不断提高”，促使劳工寻找这种非自由劳动关系。同样，沙阿（Shah, 2006）在研究那些季节性制砖工人时指出，必须超越经济范畴来解释这些工人的选择，这些工人从印度贾坎德邦（Jharkhandi）迁移到其他邦的环境艰苦的砖窑。年轻的贾坎德邦移民选择当季节性制砖工人，是想在更广泛的资本主义剥削结构的背景下，“暂时逃避家里的问题，有机会探索另一个新地区，还能脱离父母从而获得独立性，实现原本被禁止的恋爱关系”（Shah, 2006, 93）。后一点很关键。虽然从事强迫的、剥削性劳动的决定可能是受到这种愿望的驱动，但介朗和沙阿对这种工作有可能提升物质生活水平仍持悲观态度。本章既强调了工人在柬埔寨砖窑遭遇的压迫，也强调了导致工人进入砖窑的期盼。在理解向强迫劳动的转变过程时，我们必须超越结构性的驱动因素，同时对生成这种工作的可能性保持谨慎的态度。

能动性与制约性：从柬埔寨村庄到砖窑的路

在探索柬埔寨砖窑工人如何以及为什么会被债务束缚时，我们惊讶地发现，柬埔寨工人选择到砖窑工作，与现代奴役制

170 下强迫劳动或贩运劳动力的描述相反。这些描述强调债务奴役制中隐含着胁迫（Antislavery, 2018）。我们采访的大多数砖窑工都曾经是农村劳动力，或是柬埔寨各地村庄的小农或贫苦农民。促使大多数农民和农场工人进入砖窑的核心驱动力是砖窑外的债务。

受访者多次表示，他们已经在村里的小额信贷机构和当地放款人处欠下巨额债款，并把自己全部债务卖给砖窑老板，以换取合并债务奴役制，债务人和他们的直系亲属通常被迫搬到砖窑来还债（Brickell et al, 2018）。当然，不同窑工的欠债数额不同，在受访的51名窑工中，平均每人欠款712美元。[1]然而，他们在解释自己决定将债务转换为债务奴役制时，很多人都提到，感觉自己债台高筑。

> 借完钱后，我还不上。然后我又向别人借更多的钱来偿还我的第一笔债务。这样一来，我的债务又增加了，我只还了利息……为了还债，我卖掉了地，但还是不够。为了还清所有债款，我向砖窑老板借了更多的钱。
>
> 昆泰亚（Kunthea），债务奴役制的窑工

正如希克斯（Schicks）所指出的（2010、2013），构成过度负债的因素依然复杂，大多数人公认的定义是，优先考虑贷方而不是借方的风险规避。希克斯改进了自己提出的以“保护客户”为主导的定义，将债务人定义为负债过度的人，“如果他（她）不断竭力在还款期限前还款，并不得不在结构上作出与

他（她）的贷款义务相关的过度牺牲”（2013, 1239）。正如昆泰亚所强调的，最初的债务导致她后来需要承担更多的债务来偿还，最终的结果就是债务奴役制，以取代继续对小额信贷机构和非正规放贷人负债。用债务换取债役，当然符合“过度牺牲”的定义，因此，我们采访的大多数窑工都符合希克斯的理念。

虽然昆泰亚选择进入不自由的劳动关系，但我们认为，在这种情况下，需要把她的选择理解为一种“受到限制的能动性”（Coe and Jordhus-Lier, 2011）。有三个村庄迁往砖窑工作的家庭数量很多，而在这三个村庄内进行的调查和访谈（Brickell et al, 2018）显示，农村市场化的综合因素最终导 171
致某些家庭决定用债务换取债役，这些因素包括土地再分配政策，向经济作物种植的转型，气候变化的影响，缺乏有效的医疗保健和社会保障，不可持续的小额贷款增加。

在过去半个世纪里，土地所有权和土地分配制度的转变，在形成农村家庭的结构性不安全性和不稳定性方面，发挥了重要的作用。20世纪70年代末至90年代初，柬埔寨经历了一段政治孤立和经济衰退的时期（Hughes, 2003）。20世纪80年代初（2003），新政府实施土地再分配制度，在三个被调查的村庄里，家庭中的每位成员都有约三分之一英亩的土地可以耕种。对出现窑工的家庭的访谈强调，在家庭没有收入或没有资本的情况下，耕地有困难，研究描述了20世纪80年代那个半自给自足农作模式、小型买卖和土地出售的时期。尤其是较为贫困的家庭，卖掉了土地，选择去村里其他人的农场中从事有酬雇佣工作，在公地上觅食和捕鱼。因此便出现了阶级分化的过程，形成了一个由农村无地劳动者组成的阶级。与此同时，还有依靠有酬雇佣工作和农业生产的小规模、边缘化的农户，以及人数更少的农村资本家精英群体。

除了村庄内部的土地转让外，始于20世纪80年代末并持续至今的土地所有权转移的过程对农民的生计产生了深远影响（Beban and Gorman, 2017; Schoenberger, 2017; Diepart et al, 2019），导致了三个被调查村庄的阶级鸿沟加深。这种阶级差异是柬埔寨从20世纪90年代初开始向新自由主义发展轨道广泛转变的一部分，自1997年以来，首相洪森领导的柬埔寨人民党（Cambodian People's Party, CPP）的治理，导致柬埔寨严重依赖外国援助和外商直接投资。自20世纪80年代以来，在柬埔寨人民党的统治下，世界银行和多边合作机构参与了土地所有权转移的过程，将用于公共放牧、捕鱼和觅食的土地交到私人
172 手中，并从农村居民身上剥夺了数百万公顷的土地给私人实体（LICADHO, 2012）。女窑工科拉布（Kolab）和法雷（Phary）便亲身经历了这种土地政策的影响：

科拉布：“[人们开始在这个砖窑里工作]因为他们再也没有地种水稻了……他们在森林里有土地，但现在，他们把地全部卖给了砖窑的主人……有人先卖了地，其他人就一个接一个，跟着一起卖了。”

法雷：“我们的地夹在别人的中间，只好跟着他们一起卖。我们必须作出最终决定。”

科拉布：“所有人都把地卖掉了，我们还有必要把自己

的地留在中间吗？当然不可能。”

法雷：“大家陆续卖掉了地。”

少数受访窑工没有债务的负担，他们是把土地卖给窑主后，才去砖窑工作的。例如，某个窑主在科拉布和法雷的村子里购买了大块的公地和私有土地，导致他们的土地搁浅在土地私有化的海洋之中，他们只能选择将之出售。更广泛的土地所有权转移和土地出售行为，使这种大规模的土地占有成为可能，再次强调了科拉布和法雷的选择体现了他们面对柬埔寨资本主义更广泛的积累的适应能力（Katz, 2004; Natarajan et al, 2019b），同时他们被卷入了不断发展的劳动剥削过程。

这三个村庄的情况，也反映了土地私有化对农村贫困人口造成的显著影响。尤其是没有土地的家庭提到，失去了公共土地的使用权，会对粮食安全产生负面影响。由于新自由主义政府对水稻和其他经济作物的商业化耕作赋予重任，土地所有权转移成为向农业商业化更为广泛的转变的一部分（World Bank, 2015; Parsons, 2017）。

我的稻田太小，如果只靠种水稻，我没法养活一大家子人。这就是我们来这里工作的原因……卖水稻的钱不够还债，因为我们在种水稻前还花了很多钱买肥料和雇人。

玛丽斯（Malis），债务奴隶，砖窑女工

玛丽斯强调了商业化农业生产的经济成本——需要投入

化学肥料和雇佣劳动——如何成为债务和债役的驱动力。因
173 此，她只好放弃了农活儿。变化无常的气候（尤其是洪水和干旱）也是影响柬埔寨农业生产的关键因素。正如曾经是农民的窑工利克纳（Leakeana）所强调的："我原本租了3.4公顷稻田，但都被洪水摧毁了，因此我决定向小额信贷机构PRASAC[2]（PRASAC Microfinance Institution）借钱。"毫无疑问，面临更大范围的不稳定条件的有抱负的商业性小农场主，深深地感受到气候的影响（Natarajan et al, 2019a）。

健康状况不佳是导致负债的另一个重要原因，就像本章开头鲁姆尤恩所强调的那样。很多工人也注意到这一点，"四年前，我生了病，便向小额信贷公司借钱。我无力偿还，就决定去砖窑工作"（Makara，债务奴隶，砖窑工人）。柬埔寨的社会安全网不健全，医疗保障不充分，很大程度上依赖于非政府组织（Kwon et al, 2015）。这意味着，一个人生病就会导致一个家庭陷入生存危机（Krishna, 2010）。最重要的是，农村受访者多次表示，自己把贷款以及相关的债务作为应对危机的手段。

> 我们这些种地的人，需要钱来买化肥，如果我们没钱，就得向他们借。我把地卖掉来还债。
>
> 桑加（Sangha），债务奴隶，砖窑女工
>
> 我的孩子病了，得借钱来治疗……之后，我的孩子死了，我必须要还贷款利息。因为我无力偿还贷款，所以只好卖掉农田。为了赚钱维持日常开支，我被雇来插秧和收割。
>
> 桑林（Samrin），债务奴隶，砖窑男工

尤其是在过去十年中，市场上的贷款方式猛增，为农村贫困家庭提供了一种及时获得流动资金的方式，既可用于应对生活危机，也可用于梦寐以求的事业，而且几乎完全受到“小额信贷”的支持。在柬埔寨，小额信贷的商业化和撤销管制，使其从发展计划转变为以盈利为导向的计划，小额信贷不断扩张的同时，也在寻找经济日益脆弱的借款人（Bateman, 2017; Bateman et al, 2019）。最重要的是，越来越多的小额信贷公司将宅地的所有权作为抵押，将借款人置于严格的月度还款计划中，若超过时间还未还款，借款人的宅地将被剥夺。因此，借款风险之高令人担忧，给家庭带来了巨大的还款压力。 174

最脆弱的借款人是那些选择用多种不同债务换取债务奴役制的人。在我们调研的村庄中，有砖窑工人的家庭和没有砖窑工人的家庭之间的债务水平有着很大差别。前者的平均债务为1 380.93美元，后者为814.72美元。将这一债务水平置于柬埔寨的语境，2016年柬埔寨的人均国民总收入为1 140美元（World Bank, 2016）。如此高的债务水平导致人们负债累累，也导致个人通过债务奴役制来牺牲自我。在大多数情况下，村民通过村庄与砖窑之间的地域联系来寻找窑主，要求窑主一次性预付款额，以偿还当地的债务，作为回报，他们同意搬到砖窑，而且往往是带着整个家庭一起去。

在这种过度负债的背景下，回到生产能力的概念，我们的研究表明，进入砖窑的决定是积极的，对于许多人来说，那是一种解脱。然而窑工对砖窑和窑主的描述各不相同。

> 因为债务，我们必须在这里工作，否则我们早就走了。债务是我们必须面对的问题，但老板的贷款不收利息。如果老板允许，我们所有人都愿意回家，因为工作太繁重了。人们更喜欢租地来种植水稻或蔬菜。至于我们嘛，我们负债累累，没法这么做。如果我们有足够的钱，就会还清贷款。
>
> 谷沙（Kosal），债务奴隶，砖窑男工

谷沙明确表示，这种过度负债的“牺牲”再次出现在砖窑里，因为奴役制代表着强迫，而不是明确的选择。因此，他对砖窑的工作感到不甘心。然而砖窑的工作确实为许多人提供了还债的机会，正如鲁姆尤恩在本章开头提到的。砖窑的债务奴役女工索克汉亚（Sokhanya）同样指出：“当时我们没有工作。我们来这里是为了借钱还家里的债务，从那时起，我们就一直住在这里……人们除了种水稻，没有别的工作，而且我的村子还很缺水。”

在谋生机会有限且不稳定的柬埔寨农村，在砖窑当债务奴隶是另一种生存选择。在这种情况下，窑工是东南亚更大范围
175 的劳动力迁移的一部分，他们迁移到城市及其周边地区，希望获得城市化热潮带来的部分好处。但更多的时候，这些愿望并没有实现。在下一节中，我们将探讨那些选择在砖窑做债务奴隶之人的生产能力。

柬埔寨砖窑的强迫劳动之面貌

柬埔寨砖窑工人的工作条件极其不自由。推动这种剥削性

工作增加的更广泛的结构性力量，以及砖窑的直接工作条件，共同塑造了强迫劳动的面貌。我们已经论证过，到砖窑工作主要是一种受到限制的选择。在这一节中，我们将讨论，当代的资本主义积累是如何通过给工人创造不自由的条件而完成的，以及随之而来的剥夺工人生产能力的行为。

砖窑的工作艰苦又不安全。窑工首先需要把湿黏土移到卡车上堆成小山，再进行清洗。黏土清洗过后，用手将之放入制砖机，据报道，这种机器有可能会造成肢体残疾。成型的砖块放在太阳下晒干，然后放进窑炉里开始长达10天的烧制。工人轮流烧窑，每12小时或更久轮班一次，几乎没有防护设备，窑炉烧砖产生的烟雾通常非常不安全，因为常常用衣服的边角料代替木材进行燃烧（Crang et al, 2020）。正如砖窑女工兼债务奴阿查里亚（Achariya）所解释的："如今，砖窑的工作非常困难。如果我有其他选择就好了。如果我不是还欠着债，我就会让孩子们去别的地方。"因此，砖窑劳动本身严重缺乏自由，强迫劳动是构成了对工人越发严格的全部关系的一部分，它也代表了"纪律和获得廉价劳动力"的策略（Lerche, 2011, 23）。对阿查里亚来说，工作本身就很困难，而离开砖窑从而选择其他工作的能力则被窑主的债务奴役制限制。实际上，砖窑的工资太低，工人无法维持生计。"我们只能在这里工作。还清贷款后，可以去别的地方工作……我们每天只赚1万或2万柬埔寨瑞尔（约合2.4美元~4.9美元）。这点钱甚至不够维持生计。"现实情况是，窑工的收入只能勉强维持日常开支，更别说还清贷款，以及在未来某个时候离开砖窑。

微薄的计件工资，导致窑工必须发挥最大的生产力，这意
176 味着儿童经常被带进砖窑工作，以增加家庭收入。整个大家庭没有足够的报酬来偿还债务，支付日常开支。

> 无论我每天如何努力工作，也只能维持生计。我身上连20万瑞尔或30万瑞尔［50美元或73美元］都没有，没法还他（砖窑老板）。我甚至连10万瑞尔［25美元］都没有……我必须尽全力给老板打工，一点一点还他钱。我没有其他办法了，我一无所有。

正如达沃斯（Davuth）所说，债务因此成为窑工与窑主之间的物质纽带，成为剥削性工作关系的基础。这种纽带迫使工人继续从事报酬低、条件差的工作，因此相比于劳动力市场中的其他人，他们的自由受到了限制。微薄的工资进一步导致部分家庭在砖窑背负上更多的债务，尤其是在下雨时的生产“淡季”，砖窑便停止生产。正如一位砖窑男工兼债务奴隶皮赛特（Piseth）所解释：“我们只能坐在这儿等着放晴。我们可以打碎（黏土），收集起来再压碎。这就是我们艰难的地方。尽管我们想离开，但不被允许。”许多窑工与皮赛特一样，在淡季无法离开砖窑，因此只能向窑主借钱，从而又增加了自己的债务。

这种全职工作与印度南部砖窑的债务奴役制形成鲜明对比，后者的预支劳务费制度是季节性的，暂时将工人留在砖窑里工作几个月（Guérin，2013）。柬埔寨砖窑的环境也很危险。某项全国性的调查（Parsons and Ly Vouch，2019）显示，窑炉

的技术进步存在不平衡，我们的研究也发现某些窑炉仍在使用有害的设备，比如手动制砖机，虽然降低了成本，但对于成人和儿童来说，存在肢体残疾的风险。一般来说，砖窑的大部分工作都要在长时间的窑火高温炙烤之下进行，往往持续多天。工人们抱怨头晕、呕吐、头痛，还抱怨长期存在的健康问题，如器官衰竭，甚至不明原因的死亡。窑炉燃烧很多物质，包括稻壳和衣服碎片，释放有毒气体（Crang et al, 2020）。玛丽斯——女性窑工兼债务奴隶——强调了窑炉工作对健康带来的影响："我越是生病，债务就越多，而我的工资只够日常开支。"在健康状况不佳的情况下，窑主强迫工人承担更多债务，只有这样才能获得医疗服务。因此，劳动剥削降低了工人的身体素质，而 177
窑主则用解决健康问题的钱，来加深对工人身体的剥削。

这些叙述暴露了砖窑工作的不自由环境和砖窑本身的不自由轮廓，强调了物质枷锁限制了窑工在工作中寻求安全、尊严、物质利益，以及超越债务束缚。当工人能够离开砖窑时，他们并不是因为自己的工资足够还债，而常常是因为家庭成员在工会经济部门的工资足够还债（如服装厂工作）。当然，砖窑中的生活依然是鲜活的——各个家庭聚在一起互相帮助，孩子们在砖堆和窑火烟雾中一起玩耍，工人之间建立了友谊，也会爆发冲突，宗教信仰保持下来甚至有所发展（Parsons and Brickell, 2020）。然而我们认为，这并不能证明砖窑的谋生机会具有生产力。人们反复强调砖窑的生活是短暂的。我们在其他地方写道（Natarajan et al, 2019b），工人渴望走出砖窑，回到农村生活。他们将这种愿望概念化为自己的适应力，即"恢复性和加强性行为”，发生在结构性抵抗道路的早期（Katz, 2004, 242）。在这方面，对砖窑以外生活的想象提及了砖窑缺乏生产能力。事实上，重新塑造砖窑生活，将之变为临时行为的做法，强调了对砖窑以外生活的渴望是如何推动砖窑上的剥削行为——窑工急于偿还债务，将自己和自己的孩子推向过度工作的深渊。

吉布森-格雷厄姆（2008）提出研究资本主义工资关系之外的工作的生产潜力，然而在应对这一挑战时，我们已经表明，就窑工而言，个人层面的生产能力被嵌入更广泛的剥削和占有结构，并受到限制，这些结构贬低了人们愿望的价值，让他们丧失了追求愿望的能力。此外，在不自由的劳动环境下剥夺工人的权利是资本方面更广泛战略的一部分，用以约束工人，并借此在晚期资本主义背景下增加剥削的行为。正如勒巴伦所认为的（2014, 765）：“人们有必要将债务奴役制理解为一种约束劳动的策略，这种策略似乎在发达资本主义国家加速发展。”

这些砖窑里的债务奴隶生产的砖块价格低廉，令人难以置信，却推动了柬埔寨城市建设的繁荣发展，城市建设受到国内和国外投资的推动，成为柬埔寨三大利润最高的行业之一，每
178 年与服装业和服务业争夺榜首（World Bank, 2019）。我们认为，砖窑的债务奴役制及其获得的利润是柬埔寨资本积累策略的核心，而不是特例。对某砖窑的研究表明，劳动力成本占生产成本的21.1%，20万块砖的总成本为3 316美元（包括劳动力、材料和运输），占销售成本的8.8%，2万块砖的售价为8 000美元（Brickell et al, 2018）。粗略地看过这些数据，我们就会发

现，劳动力成本可以大幅提高，同时还能确保窑主的收益，但正如我们的研究所强调的那样，如此高的回报是由微薄的计件工资、限制流动的纪律和身体剥削组成的债务奴役制所支撑。因此，在关注工人的愿望和适应力时，如果不理解这些过程是怎样又是为什么受到限制的话，我们就有可能陷入一种风险——对系统性剥削背景下的生存可能性的迷恋。此外，在思考诸如我们记录的在没有固定工资背景下出现进步政治的可能性时，我们认为，要对那些从事非正规工作之人的创造性和生成能力进行分析，需要从询问如何通过结构性改革来增强这种能力开始，从而关注系统性概念，而不是贫穷和脆弱性的个体性概念（Hickey and du Toit, 2007）。

结论

在本章中，我们试图分析柬埔寨首都金边及其周边地区砖窑的债务奴隶兼窑工的叙述，以记录强迫劳动的经历。我们认为，窑工的不自由是由于个人和家庭的选择塑造而成的，同时也限制了拥有愿望的能力。气候变化、农村市场化和对小额信贷公司放松管制带来的混乱，为过度负债创造了条件，使得农村家庭脱离了自给自足的农业，进入债务奴役制。我们进一步强调了因为债务的束缚所形成的债务奴役制的剥削关系及砖窑的劳动纪律形式，是如何剥夺窑工的生产能力的。这种工作产生的利润推动了柬埔寨国内生产总值的增长，因此通过苛刻的强迫劳动对工人进行的惩罚式的债务剥削是该国资本主义增长的核心。

179 在思考强迫劳动与非正式工作的创造能力等更广泛的问题时，我们已经描绘了农村家庭选择债务奴役制的“代理人”，同时问道：这种选择告诉我们，这些家庭还有哪些更广泛的选择？勒巴伦（2014，772）在分析债务作为阶级纪律的形式时提出，这种纪律既表现为直接意义上的债务抵押劳动关系，也表现为结构上的“受债务推动的劳动纪律”，迫使过度负债的工人从事不稳定和剥削性工作。因此，在理解债务如何间接和直接地形成不自由的劳动关系时，窑工的选择被重塑为一种控制劳动的形式，农村家庭转移到砖窑是一种手段，用以避免更严重的危机。

最后，我认为，探讨身处严重的剥削性劳动关系中的工人的选择、愿望和抵抗的面貌和受到的限制，对于分析薪酬之外的工作及其如何打开并排除社会提升机会至关重要。通过将强迫劳动置于更广泛的无偿劳动讨论（Pettinger，2019），我们强调了工作的约束力，同时根据更多的乐观的叙述，尤其关注债务对个人抱负的约束（LeBaron，2014）。将分析的焦点同时置于工人们的叙述和结构性的政治经济环境之中，我们进行的多标量分析，突显了如何在更广泛的压迫结构中看待个人抱负，如何重塑我们对抱负的理解，并借此理解有酬劳动以外的工作的生产潜力。

致谢

我们感谢参与研究的众多受访者，有了他们，我们才能在本章中进行分析，感谢对工作极为重要的柬埔寨研究助理。感谢编辑们提出的见解。本研究由英国经济与社会研究理事会（ESRC）和前英国国际发展部（UK Department for International Development, DFID）资助（编号：ES/ R00238X/ 1）。另外，凯瑟琳·布里克尔想感谢利弗休姆信托基金（Leverhulme Trust）的菲利普·利弗休姆奖（Philip Leverhulme Prize, PLP-2016-127），该奖项在她撰写本章期间提供了支持。洛里·帕森斯想感谢英国国家学术院提供的博士后研究金（编号：pf170152）。需要本研究的基础材料的人可以联系邮箱 rdm@royalholloway.ac.uk。

注释 180

1 为了说明这一点，2017年柬埔寨的人均国民总收入为3 770美元（World Bank, 2018）。

2 这是柬埔寨最大的商业小额信贷机构之一。

参考文献

Antislavery (2018) What is modern slavery? *Antislavery.org,* available at https:// www.antislavery.org/ slavery-today/ modern-slavery/.

Bales, K. (2002) ‘The social psychology of modern slavery’, *Scientific American,* 286(4): 80–88.

Banaji, J. (1977) ‘Capitalist domination and the small peasantry: Deccan districts in the late nineteenth century', *Economic and Political Weekly,* 12(33/ 34): 1375–1404.

Banaji, J. (2003) 'The fictions of free labour: Contract, coercion, and so-called unfree labour', *Historical Materialism,* 11(3): 69–95.

Bateman, M. (2017) 'Post-War reconstruction and development in Cambodia and the destructive role of microcredit', presented at the 8th International Scientifi c Conference 'Future World by 2050', Pula, Croatia.

Bateman, M., Natarajan, N., Brickell, K. and Parsons, L. (2019) Descending into Debt in Cambodia, *Made in China,* available at: https://madeinchinajournal.com/2019/04/18/ descending-into-debt-in-cambodia.

Beban, A. and Gorman, T. (2017) 'From land grab to agrarian transition? Hybrid trajectories of accumulation and environmental change on the Cambodia–Vietnam border', *The Journal of Peasant Studies,* 44(4): 748–768.

Bernstein, H. (2006) 'Once were/ still are peasants? Farming in a globalising "south" ', *New Political Economy,* 11(3): 399–406.

Breman, J. (2007) *Labour Bondage in West India: From Past to Present,* New Delhi: Oxford University Press.

Breman, J. and Agarwal, R. (2002) 'Down and out: Laboring under global capitalism', *Critical Asian Studies,* 34(1): 116–128.

Breman, J. and van der Linden, M. (2014) 'Informalizing the economy: The return of the social question at a global level', *Development and Change,* 45(5): 920–490.

Brickell, K. and Datta, A. (2011) L'Introduction: Translocal geographies', in

Brickell, K. and Datta, A. (eds) *Translocal Geographies: Spaces, Places, Connections,* Abingdon: Routledge.

Brickell, K., Parsons, L., Natarajan, N. and Chann, S. (2018) *Blood Bricks: Untold Stories of Modern Slavery and Climate Change in Cambodia,* London: Royal Holloway, University of London.

Brown, J.A. (2019) 'Territorial (in) coherence: Labour and special economic 181
zones in Laos's border manufacturing', *Antipode,* 51(2): 438–457.

Coe, N.M. and Jordhus-Lier, D.C. (2011) 'Constrained agency? Reevaluating the geographies of labour', *Progress in Human Geography,* 35(2): 211–233.

Crang, P., Brickell, K., Parsons, L., Natarajan, N., Cristofoletti, T. and Graham, N. (2020) 'Discardscapes of fashion: Commodity biography, patch geographies, and preconsumer garment waste in Cambodia', *Social & Cultural Geography,* 1–20.

Davis, M. (2006) *Planet of Slums,* London: Verso.

De Soto, H. (1989) *The Other Path: The Economic Answer to Terrorism,* New York, NY: Harper Collins.

Diepart, J.-C., Ngin, C. and Oeur, I. (2019) 'Struggles for life: Smallholder farmers' resistance and state land relations in contemporary Cambodia', *Journal of Current Southeast Asian Aff airs,* 38(1): 10–32.

Gibson-Graham, J.K. (2008) 'Diverse economies: Performative practices for "other worlds" ', *Progress in Human Geography,* 32(5): 613–632.

Guérin, I. (2013) 'Bonded labour, agrarian changes and capitalism: Emerging patterns in South India', *Journal of Agrarian Change,* 13(3): 405–423.

Hickey, S. and du Toit, A. (2007) *Adverse Incorporation, Social Exclusion and Chronic Poverty,* Manchester: Chronic Poverty Research Centre, No. 81.

Hughes, C. (2003) *The Political Economy of Cambodia's Transition 1991–2001,* London: RoutledgeCurzon.

ILO (2018a) *World Employment Social Outlook: Trends,* Geneva: International Labour Organization.

ILO (2018b) *Women and Men in the Informal Economy: A Statistical Picture,* Geneva: International Labour Office.

Katz, C. (2004) *Growing Up Global: Economic Restructuring and Children's Everyday Lives,* Minneapolis, MN: University of Minnesota Press.

Krishna, A. (2010) *One Illness Away: Why People Become Poor and How they Escape Poverty,* Oxford: Oxford University Press.

Kwon, H., Cook, S. and Kim, Y. (2015) 'Shaping the national social protection strategy in Cambodia: Global influence and national ownership', *Global Social Policy,* 15(2): 125–145.

Lawreniuk, S. and Parsons, L. (2020) *Going Nowhere Fast: Mobile Inequality in the Age of Translocality,* Oxford: Oxford University Press.

Lazzarato, M. (2012) *The Making of the Indebted Man: An Essay on the Neoliberal Condition,* Los Angeles, CA: Semiotext(e).

182 LeBaron, G. (2014) 'Reconceptualizing debt bondage: Debt as a classbased form of labor discipline', *Critical Sociology,* 40(5): 763–780.

Lerche, J. (2011) 'The unfree labour category and unfree labour estimates:

A continuum within low-end labour relations? *Manchester Papers in Political Economy,* (10): 1–45.

Li, T.M. (2009) 'To make live or let die? Rural dispossession and the protection of surplus populations', *Antipode,* 41(s1): 66–93.

LICADHO (2012) *The Great Cambodian Giveaway: Visualizing Land Concessions over Time,* Phnom Penh: LICADHO.

Marx, K. (1976) *Capital: Critique of Political Economy, Volume I,* London: Penguin.

Munck, R. (2013) 'The precariat: A view from the South', *Third World Quarterly,* 34(5): 747–762.

Natarajan, N., Brickell, K. and Parsons, L. (2019a) 'Climate change adaptation and precarity across the rural–urban divide in Cambodia: Towards a "climate precarity" approach', *Environment and Planning E: Nature and Space,* 2514848619858155.

Natarajan, N., Parsons, L. and Brickell, K. (2019b) 'Debt-bonded brick kiln workers and their intent to return: Towards a labour geography of smallholder farming persistence in Cambodia', *Antipode,* 51(5): 1581–1599.

Parsons, L. (2017) 'Under pressure: Environmental risk and contemporary resilience strategies in rural Cambodia', in Brickell, K. and Springer, S. (eds) *The Handbook of Contemporary Cambodia,* Abingdon: Routledge, pp.146–156.

Parsons, L. and Brickell K. (2020) 'The spirit in the machine: Towards a spiritual geography of debt bondage and labour (im)mobility in Cambodian brick kilns', *Transactions of the Institute of British*

Geographers.

Parsons, L. and Ly Vouch L. (2019) *A Census of the Cambodian Brick Industry: Population, Geography, Practice [DRAFT],* Phnom Penh: Solidarity Centre.

Pettinger, L. (2019) *What's Wrong with Work? B*ristol: Policy Press.

Rao, J.M. (2014) 'Unfree labour under capitalism: A contradiction in (useful) terms', *Agrarian South: Journal of Political Economy,* 3(2): 151–178.

Roy, A. (2019) 'Slumdog cities: Rethinking subaltern urbanism', *International Journal of Urban and Regional Research,* 35(2): 223–238.

Schicks, J. (2010) *Microfinance Over-Indebtedness: Understanding Its Drivers and Challenging the Common Myths,* Brussels: Solvay Brussels School, Economics and Management, No. 10/ 048.

183 Schicks, J. (2013) 'The sacrifices of micro-borrowers in Ghana–A customer-protection perspective on measuring over-indebtedness', *The Journal of Development Studies,* 49(9): 1238–1255.

Schoenberger, L. (2017) 'Struggling against excuses: Winning back land in Cambodia', *The Journal of Peasant Studies,* 44(4): 870–890.

Shah, A. (2006) 'The labour of love: Seasonal migration from Jharkhand to the brick kilns of other states in India', *Contributions to Indian Sociology,* 40(1): 91–118.

Standing, G. (2011) *The Precariat: The New Dangerous Class,* London: Bloomsbury Academic.

Thieme, T.A. (2017) 'The hustle economy: Informality, uncertainty and the geographies of getting by', *Progress in Human Geography,* 42(4): 529–548.

UN (2015) Sustainable Development Goals: 17 Goals to Transform our World, *United Nations,* available from https:// www.un.org/ sustainabledevelopment/ sustainable-development-goals/.

World Bank (2015) *Cambodian Agriculture in Transition: Opportunities and Risks,* Washington, DC: World Bank Group: Agriculture.

World Bank (2016) *Cambodia Gross National Income per Capita,* Washington, DC: World Bank.

World Bank (2018) *Cambodia Gross National Income per Capita,* Washington, DC: World Bank.

World Bank (2019) *Cambodia Economic Update: Recent Economic Developments and Outlook,* Phnom Penh: World Bank.

第三部分　抗争

8 “车轮滚滚赚小钱”：达卡的人力三轮车车夫和没有报酬的工作

安妮米柯·普林斯

当我在市郊某人力车库见到贾迈勒（Jamal）[1]时，他刚到达卡。那是2017年的夏天，季风降雨导致孟加拉国各处洪水泛滥。贾迈勒告诉我，因为洪水的影响，他只能离开自己的家乡——沿海地区萨德基拉县（Satkhira）的一个村庄。随着谈话的深入，事情变得清晰起来，在他的工作生涯中，从农村到城市的转换十分常见。贾迈勒第一次来达卡是在2004年，当时他在达卡市的某家批发市场卖鱼。四年后，他陷入困境，因为那时孟加拉国在举行全国大选，出现了越来越多的政治罢工（hartals）[2]、会爆炸的汽油弹和街头火拼等，导致他无法继续在达卡做生意。政治混乱导致货物运输遭到拦截，新鲜的鱼变了质。贾迈勒决定改变策略，改当街边小贩，在达卡街头卖廉价的珠宝和化妆品，并持续了一年多的时间。然而政治动荡仍未结束，过了一段时间，他被迫搬回农村。他有好长时间完全没办法工作。他损失了投资的钱，创业失败、身无分文，他备感沮丧。随着时间的推移，贾迈勒设法振作起来，并在自己的家乡盖了养鱼场。然而，季风暴雨和随之而来的洪水摧毁了他的部分
188 鱼类库存，再次给他带来了打击。为了弥补损失，他决定在达卡做四个月的人力三轮车车夫，赚点外快。他哥哥曾做过人力三轮车车夫，便把贾迈勒介绍给自己从前租车的车库。贾迈勒对自己的临时工作感到羞愧，白天，他避开城市里可能遇到远房亲戚或熟人的区域；晚上，他在车库上方的临时阁楼里睡觉，阁楼里住了大约25个人，他们都是从农村来到城市的。

在达卡，有数十万像贾迈勒这样的人，其中有精力充沛的少男，也有行动迟缓的老车夫，他们根据季节的变化、河流的涨潮、投资的流失和政治动荡的形成，在达卡的人力车行业中进进出出。没有人确切地知道，有多少辆人力三轮车在拥挤且发展迅猛的孟加拉国首都运行，更不用说车夫的人数了。自20世纪80年代以来，政府几乎没有给人力三轮车颁发过任何许可证，数量估计在50万~110万辆（RAJUK, 2015, chap.5, 9; Hasan and Dávila, 2018, 247）。此外，考虑到经常由不同的人轮流驾驶同一辆三轮车，三轮车数量与达卡市里人力三轮车车夫的数量并不完全一致。在干燥的冬季，像贾迈勒这样的临时车夫会回到农村，照顾庄稼，如水稻、花椰菜、花生、胡萝卜、扁豆等，因此许多人力车遭到闲置。此外，由于夏季的降雨，田地被水淹没，零零碎碎的农活儿机会也会随之消失（除了割黄麻），促使小部分人从农村向城市迁移。在开斋节和古尔邦节之前那几周也是如此，许多农村劳动力会冒险进入城

市，赚点外快用于节日庆祝。

本章强调了达卡的人力车行业在这种城乡之间的来往中所发挥的节点作用；在经济和生态危机时期，不计报酬的人力车劳动为像贾迈勒一样的人提供了暂避风雨的空间，本章探讨了这一现象的意义。达卡的人力车车库是一种找工作的渠道，它不需要什么正式的技能和投资资本，就能让来城市谋生活的农民根据自己的需要和愿望来往于城乡之间。人力车可以按日租用，对于潜在的人力车车夫来说，能拿到人力车的唯一要求是，有一位邻居或一位家庭成员向人力车车主（malik）介绍他们，并为他们担保。然而，跑人力车也是一种对体力要求很高的职业，有时甚至很危险。当我问车夫，他们加入人力车行业的动机时，他们的默认回复都是“我们无能为力（nirupay）”或 189
“我们注定要做车夫”。同时，这也不是故事的全部，因为人们认为，与低端的有酬雇佣工作（如工厂工作或每天的农活儿）相比，跑人力车有明显的优势，因为在他们看来，低端工作不是需要等钱，就是需要等工作机会。的确，我在实地考察期间遇到的人力车车夫们不断地强调，这份工作能给他们带来“即时现金”“独立”，并使“车轮滚滚赚小钱”。

通过分析人力车车夫对繁重劳动的各种描述，我和其他学者一样，将有酬雇佣劳动去中心化，以此作为理解工作及与其相关的脆弱性的必要的起点（Denning, 2010; Millar, 2014; Ferguson and Li, 2018; Narotzky, 2018; Millar, 2019）。显然，人力车车夫的经历模糊了不稳定的自雇性工作与稳定的雇佣劳动之间的直观区别。此外，车夫坚持需要“即时现金”，表明他们可能有充分的理由追求多种工作形式，赚到拿在手里的现金，而不是定期分发的工资。因此，人力车车夫的工作传记让以阶级为基础的普遍分析变得复杂，这些分析认为，不稳定的工作是人们被“推出”稳定工作的结果（Standing, 2011）。事实上，他们为谋生而付出的努力往往由多种劳动轨迹构成，这些轨迹相互交叉或相互重叠，让区分“工作”与其他生活领域变得困难。

研究南亚和孟加拉国的学者充分记录了雇佣工作与“非雇佣工作、自雇性工作、在家工作、计件工作和合同工作”（Gidwani and Maringanti, 2016, 122）之间的复杂关系。[3]民族志学者和历史学家强调了各种谋生策略的长期共存和相互渗透，这些谋生策略包括家庭生产、工厂工作、自给自足农业、日工、佃农、创业、租赁、家庭手工业以及迁徙等（De Haan, 1997a, 1997b; Sen, 1997; Bhattacharya, 1998; Van Schendel, 2006）。因此，南亚和孟加拉国工作的历史和现实都无法保证，将有酬雇佣劳动作为优先使用的分析范畴。事实上，在南亚地区“有组织的行业”中工作的人数从未超过工作总人数的十分之一（Van Schendel, 2006, 231）。不过，南亚的劳工史学还是受到了传统马克思主义理论强调工业劳动力的革命潜力的重大影响。事实上，据巴塔查里亚（Bhattacharya, 2006, 10）的观察，南亚劳工史学一直以来的特点是“目光短浅地把注意力集
190 中在工业劳动力身上”。

工业劳动力强有力的形象掩盖的不仅是南亚地区的工作历史和工作现实。人们将有酬雇佣劳动与就业合同视为近

乎普遍规范的倾向，继续误导了我们对资本主义制度下生活（Denning, 2010; Narotzky, 2018）、城市贫困（Das and Randeria, 2015）、阶级政治（Millar, 2008; Gidwani and Maringanti, 2016）、体面工作（Munck, 2013; Barchiesi, 2016）和不稳定的劳动环境（Munck, 2013; Scully, 2016; Millar, 2017）的理解。事实上，不稳定工作的概念通常与后福特资本主义和新自由主义制度下的全职工作、终身工作、有酬雇佣就业的瓦解有关（2017, 3）。然而，对于欧洲和北美以外的很多地区的低收入工人来说，这种稳定或关于稳定的承诺（Muehlebach and Shoshan, 2012）从未变成现实。要超越这种“北半球国家”的偏见，需要更清楚地了解与工作有关的脆弱性在不同的历史时刻、地理位置和社会地位中的表现形式（Neilson and Rossiter, 2008, 64）。

在下文中，我的目的是运用人力车车夫的描述以及他们将自己的工作与其他就业渠道对比而形成的综合分类，来扩大工作以及与工作有关的脆弱性的表达和想象。这样一来，我回应了冯·申德尔（Van Schendel, 2006, 254）的呼吁，即学者需要进一步解读孟加拉语中关于劳动、工作、劳作和收入的大量表达。

在本章第一部分中，我将分析“车轮滚滚赚小钱”的含义。我将说明，赚取“即时现金”的能力与人力车车夫描述的“为赚工资而工作”之间存在着生产性矛盾。通过比较，我将反驳这样的观点——除非人们被推到稳定的有酬雇佣工作以外，否则他们不会从事无酬工作。在第二部分中，我将进一步证实这一点，我认为，尽管跑人力车远远不是有保障或安全的就业模式，但伴随着生态、经济和创业的艰难局势，它为工人提供了一个相对“稳定的庇护所”（Millar, 2014, 39）。最后，在本章的最后一部分，我将研究达卡对人力车实施的禁令和限制，对这种庇护途径的破坏。我将挑战一种观点，即没有固定工资或非正规的工作一贯不稳定，这种观点源于将无偿劳动当作一种剩
191 余范畴的倾向（Denning, 2010）。相反，我将说明，跑人力车也受到不稳定过程的限制。与其强调雇主与雇员之间的关系，我更要强调国家和城市法规在加剧工作相关脆弱性方面的作用。在分析2016年实施的一组限制人力车的具体规定的效果时，我将说明人力车车夫坚守的不是固定期合同的稳定性，而是在面临各种损失时可以回去的地方。

这里的叙述基于2015年至2018年在达卡进行的民族志实地考察，为期11个月。在大部分时间里，考察是在城市不同地区的所谓人力车车库中进行的。人力车车库是临时搭建的、半开放的储存空间，车夫在那里租用或停放他们的车辆，[4]同时这里也是那些在城市中没有固定居所的车夫的临时住所。在实地考察的整个过程中，我访问了大约75个类似的人力车车库，并在当地一名研究助理的帮助下，与车夫和人力车车主进行了半结构化的小组讨论和个人访谈。

立刻拿钱还是等着发工资？

包括非正规工作在内的无酬劳动，经常被当作“匮乏的状况”或“被排斥的空间”（Denning, 2010, 80）。丹宁

（Denning, 2010, 79）将这种见解归为马克思主义对劳动的经典解读，除了“劳动力后备军”和“流氓无产者”的剩余范畴之外，几乎没有给无固定工资工作的人的谋生手段留下概念空间。佩廷格（2019, 115）同样认为，早期关于组织的现代化论述（如国际劳工组织等组织），通过假设经济发展最终使得正规部门吸纳非正规工作，从而将非正规工作变成一个剩余范畴。然而，这种说法隐藏了人们不是“永久被隔离在非正规经济当中”（Samson, 2015, 815）。事实上，有很多证据表明，劳动力（特别是在南亚地区）在有酬雇佣劳动与无偿劳动之间的管道中穿梭（Gidwani and Maringarti, 2016, 122）。

在对“不稳定”更严格、基于阶级的分析中，这种越界行为经常被用来证明恩格斯和马克思所描述的“劳动力后备军”（Magdoff and Magdoff, 2004, 14; Wilson, 2019, 8）。这一概念意味着，“不稳定的劳动者和非正规的劳动者构成了一支‘可自由支配’的劳动力大军，可以在经济扩张时期雇佣，在 192
经济衰退和经济萎缩时期抛弃”（Wilson, 2019, 8）。因此，这种对全球劳动力市场的理解保留了一种观点，即没有工资的劳动者和非正规的劳动者构成了“无组织的劳动力大军，他们隐蔽而且不正规，被灵活地用来满足劳动力需求”（Pettinger, 2019, 116）。在普遍的、以阶级为基础的方法中反复出现一种假设，即人们被引人注目的经济过程主动排除在能拿到固定工资的工作之外，不能自愿选择无偿劳动形式。

针对无薪酬工作的民族志研究对这种倾向提出挑战，也就是把无薪酬劳动的劳动力视为尚未被雇佣劳动吸收或最近被赶出雇佣劳动的残余群体，他们能够随时重返雇佣劳动。相反，这类研究揭示了为什么贫困的劳动力可能宁愿选择非正规的工作形式，而不是僵化的有酬雇佣就业（Millar, 2014; Sopranzetti, 2017）。我在实地考察的过程中，同样发现许多人力车车夫虽然很难给自己的工作贴上积极的标签，但他们仍然相信跑人力车会比他们可以找到的雇佣工作更有优势。祖贝尔（Zubair）的故事正说明了这一点。祖贝尔是一位60多岁的人力车车夫，跑了15年的人力车。我们见到他时，他已经经营自己的人力车生意8年了，只是偶尔才自己跑一次人力车。

1968年，祖贝尔首次来到达卡。三年后，孟加拉国独立战争爆发，流血冲突持续了9个月。最初，他经营一家小餐馆，卖茶叶和大米，但在1971年，巴基斯坦军队在他的商店前扎营，并开始向他索要食物还不付钱，导致餐馆的收入下降。他只好撤回乡下，孟加拉国从巴基斯坦独立后，他回到达卡，发现餐馆已经被夷为平地。他在另一家餐馆当了一段时间厨师，但由于整天在烟雾中和厨火旁工作，他的肺部开始出现问题。医生劝他辞职，自那以后，他开始跑人力车。他仔细斟酌了用词，反映了他十多年的人力车工作的性质。“我们找不到别的工作，这不是件好事。不过，虽然工作不好，但我们有一定的独立性。我们跑人力车挣的钱比在工厂挣的更多。”他继续说，当身体感觉不舒服或疼痛时，他可以休息片刻，这是人力车行业相比于其他低技术工作的优势。祖贝尔解释说：“当你从事发固定工资的
193 工作时，你必须从早8点到晚8点，待上一整天。”

不止祖贝尔一人将跑人力车与工厂工作进行比较，后者要

求员工在固定的时间内工作，并向永远在场的老板报告。事实上，许多人力车车夫在结婚成家前都曾在工厂里工作，然而这种低技能的工厂工作不能为那些需要照顾家庭和孩子的人带来足够的收入。杰米拉（Jamila）是达卡为数不多的人力车女车夫，她的经历也许能很好地解释工厂工作与跑人力车之间的差异。杰米拉在达卡的边缘社区工作生活，与首都达卡的其他地方不同，这里的警察允许电动人力车行驶。[5]电动人力车本质上是一辆装上电池的人力车，与普通的脚踏人力车相比，电动人力车对车夫体力的要求更低。因此，它已经开始吸引一些妇女加入这个行业。杰米拉是一位离异的单身母亲，和她的许多男同事一样，她是家里的顶梁柱。她曾经在鞋厂工作，赚钱养活两个孩子，现在她在城里自豪地跑电动人力车，彩色头巾上戴着一顶运动帽。杰米拉解释了自己为何更换职业：

> 我曾经在工厂里工作。工厂每周给我1 100塔卡[6]（12.98美元），一个月就有约4 000塔卡（47.19美元）。但是每个月4 000塔卡并不够用，我每个月的房租就要3 000塔卡（35.39美元）……还要付出很多努力。从你醒来的那一刻起，你就"一直承担责任"[7]。我不能把时间分给孩子们。我有一个儿子和一个女儿。然后我想：能做些什么呢？我习惯像男人一样工作，因为我愿意为了孩子们的未来而努力工作……然后我想到：我可以去跑人力车。

在由一群男性人力车车夫组成的焦点小组讨论中，他们也发表了非常相似的言论。例如，费萨尔（Faisal）抱怨“为了赚工资而工作”，不值得付出努力。这种工作不仅有被上司虐待的风险，而且工资还常常不够用也不稳定。他强调，他们需要“即时现金”，这也是人力车车夫共同的心声。还有一位车夫回忆起
194 自己做厨师的日子。他曾经是酒席承办团队的一员，为婚礼和庆祝活动提供服务。然而主管往往等活动结束两三天后才会发钱，让这份工作变得难以忍受。32岁的拉哈特（Rahat）总结了他们的困境：“我们都是穷人，不能坐等着钱来。”他补充说，工作非常辛苦，但至少可以立刻拿到现金。因此，工厂工作意味着“等着发工资”，而跑人力车使工人能够跟着“车轮滚滚赚小钱”。

这种对不需要“等着发钱”的工作的强烈偏好是出于需要，而不是出于原则，不一定与反对所有形式的有酬雇佣就业相一致。然而在人力车车夫看来，稳定或理想的工作（也就是所谓的政府工作）往往遥不可及。在孟加拉国，在公共机构工作意味着终身就业、养老金和其他福利。此外，即使是低薪酬水平的政府工作也被认为是晋升中产阶级的途径（Kibria, 1995, 296）。人力车车夫总是迅速指出需要行贿才能找到一份政府工作。基布里亚（Kibria, 1995）在对孟加拉国制衣工人的研究中也暗示了这一点，她描述了一位妇女告诉自己，“她把工资省下来当作贿赂金，只有这样她丈夫才能获得政府工作”（1995, 301）。这些司空见惯的贿赂行为意味着，即使是接受过中等教育的人力车车夫，要想找到一份“政府工作”也绝非易事。

能充分证明在公共部门找工作之难的，也许就是拉维

（Ravi）的故事。拉维是一位未婚的年轻的人力车车夫，我们在某人力车车库对他进行了简单采访，那时拉维刚刚完成了中学学业。他住在孟加拉国最北端的尼尔帕马里（Nilphamari），五天前才来到达卡。他跑人力车没有规律，只有在需要额外的现金时，拉维才会去达卡，要么是因为他付不起教育费用，要么是因为他想买什么新东西，比如手机。虽然他已经获得中学毕业证书，但仍对找到一份“政府工作”感到非常悲观。他曾设法成为一名警察，但这份工作相当昂贵。为了成为警察，拉维需要付出90万塔卡[8]（10 617美元）的贿赂金，但他只能承担70万塔卡。这种高额费用并非只适用于政府工作。事实上，为了摆脱贫困，人力车车夫会制定许多长远计划，如创业、移民国外或获得一块土地，这些都需要高昂的成本，而且有财务风险。因此， 195
人力车工作与其他谋生活动和谋生计划相互掺杂，正如我们将在下一节中看到的，当其他劳动形式被搁置或无法持续时，人力车行业为工人提供了一个相对稳定的庇护所。

稳定的回归之地

我已经在上一节中说明，人力车车夫选择无酬劳动（尤其是选择人力车行业）的主要原因之一是，其他工作让他们等着发工资，而人力车行业可以令他们马上获得现金。此外，跑人力车也被认为是比工业或服务业中的低技术工作更有收益的就业形式。因此，人力车车夫的经历让这样的观点变得复杂，即无酬劳动是工人在被挤出雇佣就业后的最后选择。米勒

（2014、2018）在关于里约热内卢的拾荒者的民族志研究中提出了类似的观点。根据她的描述，许多受访者在生命的某个阶段都曾为拿工资而工作，但他们发现，自己很难适应固定期合同的时间僵化和规律性（2014，48）。因此，短暂的雇佣劳动常常被返回垃圾场打断。这种情况促使米勒（2014，33）不把永远存在、永远可用的垃圾场当作最终的依靠，而当作“持续返回”的场所。

从下面的内容可以看出，人力车行业同样拥有返回的功能，尽管与米勒的里约热内卢垃圾场的例子不完全相同。米勒（2014、2018）认为，人们频繁返回垃圾场的行为应该从日常的突发情况（由疾病、驱逐或事故引发的）来理解，这些突发情况是贫困生活无法避免的。她认为，不确定的生活造成的不稳定的影响，使得工人难以适应固定期合同的规律性。另外，垃圾场给拾荒者带来一定程度的自主权，他们能够“维持关系，履行社会义务，在不稳定的日常生活中完成生活规划”（2014，36）。从人力车车夫强调工作的独立性质就可以看出，人力车行业同样可以实现这种自主性。然而，人力车行业不仅让工人能应付日常的突发情况、履行家庭义务，更关键的是，若其他
196 劳动计划失败，人力车行业能给他们提供庇护的途径。事实上，人力车工作应该被理解成由农业、创业、移民和家庭策略组成的更为广泛的网络的一部分，人力车车夫为了摆脱贫困，采取这些劳动策略。

可以这样解释人力车行业的相对吸引力：它是农村贫困家庭在没有土地或农业生产停滞的情况下，实现谋生策略多样化

的广泛趋势的一部分（Van Schendel, 1986; Toufifi que and Turton, 2002; Gardner, 2012）。因此，要分析人们跑人力车的选择，不能脱离农村的现实和脆弱性。事实上，人力车行业之所以能成为车夫们频繁返回之地，最重要的原因是，很多车夫在城市与农村之间辗转谋生。事实上，孟加拉劳工研究机构（Bangladesh Institute of Labour Studies, BILS）在调查了200名车夫后发现，尽管94%的人力车车夫已经结婚，但只有45%的车夫与家人在城市里租房住（Karim and Salam, 2019, 38）。此外，超过80%的车夫每6个月中至少有几天是待在农村的家里（平均为8天），而2/3的人每3个月回家一趟（Karim and Salam, 2019, 46）。

在老达卡某间破旧的旅店里，我与5位人力车车夫进行了一次小组讨论，我第一次认识到这种深刻的多地域的生活方式。这些人向我们解释说，他们在城市工作6周后，通常会回到家乡，与妻子和家人一起，在乡下住上约两周的时间。在干燥的冬季，他们在农村逗留的时间有时会延长到两三个月，因为有做农业日工的机会。然而没有人认为这种日工是可持续的长期就业途径。一位名叫吉亚德（Jiyad）的人力车车夫，开始解释他们的情况，声音清晰而平静："现在在孟加拉国生活的成本太高了。如果我做其他的工作，就无法供养我的家庭。"他用孟加拉语的"to"来作强调，强调自己选择跑人力车谋生是无可奈何。"我宁愿做别的工作。我宁愿在乡下的田里工作，但那里的工资是（每天）300塔卡（3.54美元）。就凭这300塔卡，我养不活全家人。"法希姆（Fahim）曾想过彻底离开孟加拉国，去

某个海湾国家工作，碰碰运气。他进一步解释道："如果你能赚到500塔卡（5.90美元）或以上，你就有可能养活一家子。"他
197 接着补充说，跑一整天的人力车可以赚到七八百塔卡（8.26美元~9.44美元）。而农业劳动通常需要"等待工作机会"，因为就业机会随着季节的变化而变化。或者如哈迪姆（Khadim）所说："每工作一天后，都会有五天没有工作。这样你还怎么养活家庭？"

在农村，人力车车夫的就业机会稀少，加之不同程度的失地状况，情况变得更加复杂，大多数人没有自己的土地，因此依赖做日工（Begum and Sen, 2005）。加德纳（Gardner, 2012, 99）简明扼要地总结了孟加拉国农村劳动力的等级制度："那些没有土地的人去做佃农，那些无法协商成为佃农的人去当农业劳动者。"由于殖民资本主义的到来、商业农业的兴起，出现了去农民化的趋势，深刻地影响了这些不公平的土地关系。冯·申德尔和法拉伊兹（Faraizi, 1984）说明，虽然这一过程在19世纪末取得势头，但不一定会导致完全的征用或完全的剥夺，而是创造了一个依靠增加负债、佃农耕种和农业日工的农村生产积累体系。虽然去农民化通常不会导致绝对的无地可耕的情况（事实上许多农村劳动者还保留着分散的小块土地），但确实会促使人们将赚钱的手段多样化，并扩大到农业范畴之外（1984）。

如今，去农民化程度日益加剧，不仅是因为人口的增长，还受到生态和气候脆弱性的影响。尤其是河岸侵蚀，它是造成无地可耕以及人们寻找其他就业机会的巨大驱动力（FAO,

2011，5）。例如，前文讨论的老达卡的破旧旅店里的人，几乎都来自孟加拉国北部的河流沿岸地区，那里的河岸侵蚀情况非常普遍。很多人住在沙洲上，沙洲是河中间的沙岸，随着河流的断流和复流，沙洲消失、再次出现。据一位名叫阿卜杜勒（Abdul）的人力车车夫介绍，住在孟加拉国最大的河流之一的河漫滩，生活变幻莫测。起初，他的耕地被河水侵蚀，但7年后，这块土地再次出现在河中央，变成沙洲。然而他的新土地还不适合种植，因为那里的土壤几乎全是松散的沙子。

河岸侵蚀、洪水和龙卷风等生态脆弱性往往因为金融化的进程而加剧，法希姆的故事就是最典型的例子。在前文提到的小组讨论中，法希姆告诉我们，他曾设法在家乡创办一家小型 198
农场。某非政府组织给了他一大笔贷款，他用来种植土豆、辣椒和扁豆。然而受到暴雨的影响，所有的农作物都被水冲走了，导致他的商业计划陷入困境。法希姆远远不是唯一一位在某个生活阶段获得大笔贷款的人力车车夫，贷款用于做生意、购买人力车、移民国外、购买土地或是贿赂官员来购买一份“政府工作”。事实上，很多人力车车夫渴望拥有长期的工作计划，而这些计划都需要某类投资资本，因此导致债务增加。

过去，主要是有权有势的地主和当地的放债人控制贷款，而现在，这一角色越来越多地被小额信贷机构取代（Paprocki，2016，31）。这类组织存在的前提是，它们为穷人提供贷款，让他们变成“企业家”。然而，我在研究期间采访的人力车车夫解释说，即使人们没有能力偿还，很多小额信贷机构也会因为各种目的而发放贷款。[9]事实上，考尔（Kar，2013）已经说明，小额信贷机构在将穷人纳入金融化进程中，往往发挥着重要作用。此外，班纳吉和杰克逊（Banerjee and Jackson, 2017）发现，在孟加拉国农村，发放小额贷款往往不能产生有意义的就业机会，反而导致贫困群体的负债水平升高。此外，即使小额信贷机构为客户的最大利益着想，也会出现这样的问题：这样的举债创业活动在多大程度上提供了脱贫的途径。

在我的研究中，创业失败和投资不善是经常出现的话题，也是人们最初选择从事人力车行业的原因之一。贾迈勒在失去他的鱼产品库存后开始跑人力车。法希姆在暴雨中失去了他的庄稼。哈迪姆现在是人力车车夫，但他曾经经营着自己的人力车生意，直至4辆人力车被盗。阿杰穆尔（Ajmul）曾是街头小贩，在繁忙的交通枢纽出售新鲜橙汁，后来他的摊位遭到禁止，不允许上街。祖贝尔在孟加拉国独立战争时期失去了自己的小餐馆，而萨迪克（Sadiq）来到达卡是为了逃避还不上贷款的压力。萨迪克用这笔大约15万塔卡（1 770美元）的资金开办了一
199 家养禽场，但后来很多鸡因为感染病毒而死亡。由于还不上欠债，萨迪克决定和家人一起躲在达卡，同时自己去跑人力车。

这些例子都强调了与创业相伴的巨大风险（生态、政治、经济等方面），并强调了为什么贫穷的工人可能需要一个“稳定的庇护所”（Millar, 2014, 39）。对于那些愿意承担移民国外所需的高昂费用的人来说，这一点也许更为重要。例如，拉伊汉（Raihan）来达卡打工，希望以后能去意大利。为了实现目标，他向移民中介支付了85万塔卡（10 027美元），这位中介本该为他买机票、办理签证。然而，空等了11个月后，拉伊汉才意识

到，这个旅程不可能实现了，自己的钱打水漂了。在一位人力车机修工的帮助下，他买了一辆电动人力车，现在他每天都在跑车赚钱。哈基姆（Hakim）最初的移民尝试较为成功。他在迪拜做了三年的建筑工人，在新加坡做了一年建筑工人。然而，在回到孟加拉国看望家人后，他无法续签工作签证。他也曾设法移民马来西亚，但没能成功。在这个过程中，哈基姆在移民中介那里损失了60万塔卡（7 078美元），由于迫切需要“即时现金”，他选择进入人力车行业。

诸如此类的事例都强调了人力车劳动的可即性和有效性。这种可即性得益于车夫可以每天租车，而不必承担长期义务。这种灵活的安排让人力车车夫有可能在城市与乡村之间过上奔走两地的生活。这些工作条件也使得那些无法全年工作的农业劳动者能够不断返回故土。此外，跑人力车几乎不需要培训，也不需要财务资产，这使得人力车行业在物资匮乏和危机时期，成为可以暂避一时之所。正如我们所看到的，长期以来，贫困家庭一直努力使他们的谋生策略多样化，来应对没有土地和资源匮乏的状况，通常是同时拥有多种收入来源（Van Schendel, 1986; Toufique and Turton, 2002）。因此，跑人力车应该被理解为管理风险和分散收入的策略之一，与人力车车夫可用的替代性策略（如做生意、移居国外或获得土地）相比，跑人力车明显有着成本较低、财务风险较小等优势。在这些选择里，人力车行业发挥着稳定的庇护所的作用。然而，正如我们将在下一节中看到的，这种“稳定”正日益受到市政法规和 200
城市重建的威胁。

当车轮停止转动

我在达卡采访的大多数车夫都坚定地表示，自己不喜欢跑人力车的工作。因此认为跑人力车能带来一个既安全又稳定的就业模式是错误的。恰恰相反，这项工作对身体素质要求很高，对身体有害，而且很危险。尽管人力车工作不能提供长期的经济稳定，甚至不能带来经济稳定的前景，但我们已经看到，在政治、经济和生态危机的大背景下，它确实发挥了相对稳定的保障作用。这种作用的前提是人力车行业的可即性，以及它能让车夫"车轮滚滚赚小钱"。然而这种针对人力车工作的描述也意味着，"即时现金"的产生在很大程度上取决于"保持车轮转动"的能力。实际上，对于很多年纪大的人力车车夫来说，这最终会是个问题，因为他们不再能长时间地踩人力车踏板了。因此，他们的经历暗示了，城市基础设施的运转依赖于人们的生命和身体的退化（Doherty, 2017）。同时，车轮无法转动不仅是因为工作造成的伤害，也因为没有金钱收入。国家主导实施的法规也极大地破坏了人力车工作的相对灵活性和安全性。

在前文中，我反驳了无酬劳动是"剩余范畴"的概念。将没有工资的生活仅仅当作"匮乏的状况"（丹宁, 2010）来对待的倾向，除了给人们带来纯粹的贫困之外，对非正规劳动者或无酬劳动者几乎没有其他影响。此外，这种观点还假定，无偿劳动注定包含不稳定因素；然而这种观点忽视了一个事实，即许多非正规劳动力（包括人力车车夫）的工作变得不稳定，正是因为他们受到了管理和约束。国家在助推这些过程中发挥着重要作用，使得关于不稳定化的观点更为复杂，这种观点认为不稳定化形成了雇主—雇员关系的转变，并成为“雇主将风险和责任转移给工人的手段”（ILO, 2012, 27）。事实上，人力车车夫经历的与工作有关的脆弱性，并不一定是剥削性的雇主—雇员关系导致的结果，而是设法规范城市准入条件导致的结果。201
此外在南亚地区，这种城市规范的实施，越来越多地被建设世界顶尖城市的愿望所左右（Anand, 2006; Bariskav, 2006; Schindler, 2014; Ghertner, 2015）。

人力车在世界级城市的更大的美学框架中扮演着一个有争议的角色，并且经常被认为与这些强大的愿望背道而驰（Baviskav, 2011）。具体来看达卡，几乎自人力车被引入之初，广泛存在于达卡的大街小巷的人力车，就被认为妨碍了城市管理。人们不仅指责人力车是达卡无尽无休的交通堵塞的原因，而且“人们经常把它们看作低效率和落后的代表，是进步的阻碍，与现代城市的形象格格不入”（Rahman, D’Este and Bunker, 2009, 1）。早在1944年，人力车首次进入城市的6年后，禁止和取代人力车的讨论便开始了。此后不久，20世纪50年代初开始限制发放人力车许可证（Hasan, 2013, 19）。1979年，达卡城市公司完全停止发放人力车许可证，有许可证的人力车数量停留在79 554辆（Hasan, 2013, 27）。1986年，作为大赦政策的一部分，发放了额外的许可证，有许可证的人力车数量提高到9万辆（加拉格尔，1992, 93）。根据最新估计，目前达卡市只有不到11万辆的人力车在运营（Hasan and D’avila, 2018, 247）。

这种限制人力车存在的努力，越来越多地具有了审美和空间上的意义。2019年7月，北达卡的市长穆罕默德·阿提克·伊斯兰姆（Mohammed Atiqul Islam）郑重承诺：“两年内，达卡市的人力车将不复存在。”[10]同月，在他作出承诺之前，一系列限制人力车的新的措施开始实施。根据新的规定，禁止在城市的三条主干道上驾驶人力车。[11]2002年，达卡市政府启动了一项“分阶段实施计划”，首先在城市的主要路线和交叉口实施，禁止脚踏人力车通行。该计划是世界银行资助的达卡城市交通项目的一部分，建议分阶段在总长120公里的11条主干道上禁行人力车（Efroymson and Bari, 2005; Rahman, D'Este and Bunker, 2009; Hasan and Dávila, 2018）。这项计划的目的是通过分开快速机动车车道与慢速非机动车车道，来缓解交通拥堵状况。然而现实情况变了味，这种所谓的区分仅仅是禁止人力车通行，从而使这些道路成为贵宾之路。

202 阿里夫（Arif）是一位30岁的人力车车夫，他恰当地概括了上述对人力车的限制措施造成的影响：“人力车对贫民区的居民非常重要。如果我们在达卡没有人力车，就会陷入困境。但现在，达卡很多道路不允许人力车通行。”我在科拉尔（Korail）贫民区某人力车车库见到了阿里夫，那里是达卡最大的非正规居住区之一。科拉尔贫民区坐落在地势低洼的半岛上，垃圾和污水把科拉尔与达卡外交人员居住区的高层建筑物隔开。阿里夫14岁时第一次来到达卡，此后就一直待在这个车库里，在这里工作。然而，该地区实施了一系列限制人力车通行的新规定，他只好重新评估留在达卡的决定。新规定严重地限制了他每天跑人力车的行程，他的收入从每天500塔卡（5.90美元）减少到300塔卡（3.54美元），与他在迈门辛格（Mymensingh）做农业日工的收入大致相当。阿里夫强调，这些变化是最近才发生的。过去，他经常在城市各处奔波，向老达卡所在的南方走，然后到肖尼尔-阿克拉（Shonir Akhra）和杜尼亚（Duniya）等周边地区，而现在，他每天只是在同一条路上往返，路程1公里左右。

这种对阿里夫社会流动的严厉限制，只能部分地解释为贵宾通道的扩建。导致他的谋生变得更加复杂的另一个因素是，该地区人力车系统的重组。2016年8月，阿里夫居住的贫民区旁边的外交人员高档社区，为应对安全方面的担忧，引入了局部重组的且以社区为基础的人力车系统。构成“外交区”的4个住宅区分别是高尔杉区（Gulshan）、巴里达拉区（Baridhara）、巴纳尼区（Banani）和尼科坦区（Niketan）。自当地霍利工匠面包店（Holey Artisan Bakery cafe）发生致命的恐怖袭击后，外交区的住房协会成功地推动了当地人力车系统的改组。[12]新系统旨在保障（外籍）居民的安全，允许有许可证的“社区人力车”在该地区运营，这些人力车数量有限，并有彩色编码。[13]因此，该地区的人力车总数从大约1万辆骤降至仅仅1 230辆。[14]阿里夫与周边许多人力车车夫一样，没能拥有一辆有许可证的人力车，因此现在他的大部分行程都被限制在一条1公里长的路上。他的行程从该地区最近的贵宾通道开始，到“5号门”结束，“5号门”是外交区边界的警察检查站。

这种对人力车流动性的限制直接影响了车夫赚钱的能力。 203

在某种程度上，这些措施破坏了“车轮滚滚赚小钱”的模式。如今，当地许多车夫失去了“即时现金”，代之以债务累累。在外交区附近的一座当地人力车车库中，开展了一场非正式小组讨论，一位人力车车夫表达了自己的想法，对他们的困境总结如下：“如今，每个人都负债！”在场的几位车夫从本地小额信贷机构获得额外的贷款，以支付他们孩子的教育费用、意外发生的医疗费用，或仅仅是为了弥补自己的收入。然而，他们现在为了还上每周的分期付款，挣扎着生活。因此，“车轮滚滚赚小钱”本是车夫小心平衡生活的行为，却已经走至错误的方向，使得车夫更容易受到放债人和小额信贷机构的伤害。

最近实施的对人力车车夫的限制，导致车夫流离失所、负债累累，这是一种不稳定性的表现形式。然而，与其说这一过程是工人权利和保障遭到剥夺的结果，不如说是市政法规收紧助推了这一过程，反映了城市议程与城市优先权的不平等。更重要的是，有酬雇佣工作中剥削性的雇主—雇员关系，不能轻易地反映在人力车经营者与人力车车主之间的个性化的、互惠的关系之上。此外，近期的限制对经营者和车主都产生了不利的影响。在外交区的改革人力车的尝试中，这一点尤为明显。乍一看，严格监管的“社区人力车系统”好像对人力车车主有利，尤其是考虑到有许可证的社区人力车的日租金是普通人力车的4倍。[15]然而在研究过程中，与我交谈过的本地人力车车主对新制度都不满意。事实上，许多车主只有很少的许可证，当大部分人力车闲置并慢慢生锈时，车主们担心会彻底失去自己的生意。

在外交区附近地区的人力车车主中，马赫福兹（Mahfuz）

的案例最为典型。当我们在科拉尔贫民区见到马赫福兹时，他有20辆人力车，新的地方性限制措施出台后，他已经卖掉了8辆普通人力车。他解释说，只有拥有政界关系的本地车主才能顺利地获得足够的许可证。马赫福兹只有两张社区人力车许可证，第一张是由达卡北城公司颁发的；第二张是他从某个社区领袖（malik）那里买来的，价格高达9万塔卡（1 062美元），是 204
普通人力车价格的四倍之多。马赫福兹拥有的两辆有许可证的人力车，现在由三位车夫共同使用，他们既跑黄色的社区人力车，又跑普通的人力车。马赫福兹解释说，他手下的部分车夫仍然能把普通人力车跑到外交区内，但要在入口大门处，向守卫在此的本地交通警察行贿。然而，这种贿赂行为只能带来有限的保护，在某些情况下，人力车最终还是会被别的警察查获。当发生这种情况时，马赫福兹会与车夫一起承担600塔卡（7.08美元）的罚款。事实上，在我们遇到他的那天，马赫福兹的3辆人力车被警察扣押。

诸如此类的例子说明，与工作有关的脆弱性不是因为雇主与雇员关系的变化而造成的，而是因为塑造城市空间秩序的市政政策，包括贵宾通道的政策。安贾里亚（Anjaria，2006、2011）对孟买街头小贩的研究也暗示了城市政策在助长不稳定性中的重要性。他在这项研究中提到，不是空间限制导致小贩们陷入不稳定的生活，而是小贩们的法律地位被刻意保持在“不断变化的状态中”（2006，2145）。虽然达卡的人力车车夫确实直接受到贵宾通道的影响，但这些空间排斥的形式也与合法与否紧密相关。事实上，由于许可证发放数量有限，形成了不可避免的法律空白地带，人力车车夫们遭受了更多形式的空间排斥。

加拉格尔（Gallagher, 1992, 72）早就提出警告：“人为地给人力车许可证设置上限，必然会导致腐败的行为。”这种现象在外交区之外也存在，新的人力车系统与以社区为基础的许可证限制政策相结合。事实上，自从1986年达卡城市公司明确规定许可证分发的数量上限以来，各种政治协会（通常被误称为“工会”）已经开始颁发非官方的牌照（Suykens, 2018）。事实上，尽管达卡的路上行驶着大量未注册的人力车，但几乎没有一辆人力车的后面没有挂着某种许可证。从出售这些非官方许可证中而获利的所谓工会，远远没有动员“无产阶级工人”一并加入，而是倾向于与执政党建立直接的联系（Suykens, 2018, 432）。因此，许可证上限的制度所造成的法律空白，与其说是反映了国家角色的缺失，不如说是反映了国家“构建和
205 重建合法性和非法性类别”的权力（Roy, 2005, 149）。更重要的是，外交区的例子说明，某些空间限制（以秩序、安全和现代性的名义合法化）是如何与对合法与否的重新解释相结合的。正是这种重新划定的边界，而非雇主—雇员关系的转变，助长了人力车车夫所经历的不稳定性。

结论

在本章中，我设法通过学者对工作相关脆弱性的研究，令有关“工作”的词汇和想象多样化。虽然这种脆弱性在不同的

历史时刻、地理位置和社会地位中必然有所不同（Neilson and Rossiter, 2008），但往往被直观地解释为雇佣劳动的缺失或临时工制。这种对雇佣劳动的先入为主的分析，很容易让人联想到这样的假设：没有固定工资或非正规工作一直是不稳定的。这样的假设转移了人们的注意力，人们不再关注导致非正规工作陷入不稳定的那些政治活动和政策效果。在本章中，我已经说明，人力车车夫面临的脆弱性并不是临时工制或雇佣关系变化的结果，始作俑者是通过限制人力车车夫的流动性，进而限制他们的赚钱能力的法律规定。在达卡外交区实施的"社区人力车系统"的具体事例表明，这种空间干预远远不是直接的法律监管，而是对合法与否的重新解释。重新划分合法性与非法性之间的界限，具体是通过实施以社区为基础的许可证上限，使得人力车车夫容易受到就业流动与债务累积的影响。

我在本章中强调，这种不稳定的过程并不一定会剥夺人力车车夫安全稳定的工作，因为在与我交谈过的车夫中，没有一个人是按照这种思路看待自己的工作的。然而，这些不稳定的过程，破坏了人力车行业在生态、金融的非常时期，作为相对稳定的返回空间的功能。正如我们所看到的，当其他成本更高的劳动形式失败时，人力车工作为贫困劳动力提供了获得"即时现金"的机会。这种能获得"即时现金"的吸引力，加上这份工作能带来一定的独立性，解释了为什么这么多人宁愿跑人力车，也不愿意在工厂里工作赚工资。这并不是说跑人力车就一定能 206
永远跟着"车轮滚滚赚小钱"。事实上，如果车夫生病或年龄增长，人力车会停下或慢下来，这是无法避免的。然而，我想证明的是，人们摆脱贫困需要付出极大的努力和高昂的代价，而人力车行业在此过程中发挥着重要作用，它提供了一个空间，让人们能够应对生态的非常时期和投资失败。城市政策对流动性的限制阻碍了他们的努力，化作一根长棍，卡在人力车的车轮上，阻碍车夫前进。

致谢

如果没有我的研究助理亚辛·卡齐（Yasin Kazi）的帮助，本研究项目绝不可能完成，是他陪同我到达卡不同的人力车车库进行实地考察。同时感谢“为更好的孟加拉国而努力”（Work for Better Bangladesh，WBB）组织的支持与帮助，感谢他们在我实地考察期间提供的热情慷慨的接待。

注释

1　本章皆使用化名。

2　就孟加拉国而言，这类政治罢工或政治停摆通常是该国的某个（反对派）政党策划的。

3　孟加拉地区由印度的西孟加拉邦和如今的孟加拉国构成，后者在1947年印巴分治前被称为东孟加拉邦。

4　绝大多数人力车车夫都是租人力车。贝格姆、森（Begum and Sen 2005）发现，只有13%的人力车车夫拥有自己的人力车。孟加拉劳工研究机构（Bangladesh Institute of Labour Studies，BILS）报告的人力车拥有率更低，具体来说96%的车夫的人力车是租来的（Karim and Salam 2019, 51）。

5 2015年，孟加拉国高等法院裁定，禁止达卡城市公司自制的简易电动人力车。'HC Bans Battery-Run Rickshaw', *The Daily Star*, 8 March 2015, https:// www.thedailystar.net/ hc-bans-battery-run-rickshaw-31617.

6 官方说法是孟加拉国塔卡（Bangladeshi Taka, BDT）。

7 杰米拉在这里用英文短语"time-to-time duty"来描述固定时间的工作安排。

8 原文中的lakh是计量单位，1 lakh等于100 000。

9 孟加拉劳工研究机构的研究发现，53.5%的受访人力车车夫有贷款，其中85.8%的贷款是由非政府组织或类似的组织发放的（Karim and Salam, 2019, 37）。

10 这位市长的话源于《经济学人》(*The Economist*)的文章：*Three Wheels v Four. Bangladesh's Biggest City Plans to Ban Cycle Rickshaws*, 7 November 2019, https:// www.economist.com/asia/2019/11/07/bangladeshs-biggest-cityplans-to-ban-cycle-rickshaws。

11 Mizanur Rahman, '3 Major Routes to Ban Rickshaws 207
From Sunday', *The Dhaka Tribune*, 6 July 2019, https:// www.dhakatribune.com/bangladesh/dhaka/2019/07/06/3-major-routes-to-ban-rickshaws-from-sunday.

12 2016年7月2日，持枪歹徒袭击了高尔杉区的霍利工匠面包店。经过10个小时的封锁，孟加拉国的突击队成功解救了该建筑，但已经有20名人质死亡，其中主要是外籍人士。后来，“伊斯兰国”组织声称对这次袭击负责。

13 《达卡论坛报》（*The Dhaka Tribune*）也报道了人力车系统的这些变化。Sohel Mamum, ‘*Diplomatic Zone gets Special Rickshaws, Buses*’, 10 August 2016, https:// www.dhakatribune.com/uncategorized/2016/08/10/diplomatic-zone-gets-special-rickshaws-buses.

14 我在2017年9月22日访问巴纳尼住房协会时得知，巴纳尼区有560辆有许可证的人力车，高尔杉区有470辆，巴里达拉区有100辆，尼科坦区有100辆。其中包括230个残疾人人力车许可证。

15 普通人力车的租金为一天100塔卡（1.18美元），而社区人力车的租金为400塔卡（4.72美元）。因为租金上调，大多数社区人力车会由两三个车夫轮流驾驶。

参考文献

Anand, N. (2006) ‘Disconnecting experience: Making world-class Roads in Mumbai’, *Economic and Political Weekly,* 41(31): 3422–3429.

Anjaria, J.S. (2006) ‘Street hawkers and public space in Mumbai’, *Economic and Political Weekly,* 41(21): 2140–2146.

Anjaria, J.S. (2011) ‘Ordinary states: Everyday corruption and the politics of space in Mumbai’, *American Ethnologist,* 38(1): 58–72.

Banerjee, S.B. and Jackson, L. (2017) ‘Microfinance and the business of poverty reduction: Critical perspectives from rural Bangladesh’, *Human*

Relations, 70(1): 63–91.

Barchiesi, F. (2016) 'The violence of work: Revisiting South Africa's "labour question" through precarity and anti-Blackness', *Journal of Southern African Studies,* 42(5): 875–891.

Baviskar, A. (2006) 'Demolishing Delhi: World-class city in the making', *Mute, 2*(3): 88–95.

Baviskar, A. (2011) 'Cows, cars and cycle-rickshaws: Bourgeois environmentalists and the battle for Delhi's streets', in Baviskar, A. and Ray, R. (eds) *Elites and Everyman: The Cultural Politics of the Indian Middle Classes,* New Delhi: Routledge, pp 391–418.

Begum, S. and Sen, B. (2005) 'Pulling rickshaws in the city of Dhaka: A way out of poverty?, *Environment and Urbanization,* 17(2): 11–25.

Bhattacharya, S. (1998) 'Famine and the labouring poor: An unpublished manuscript of a Folk-Poet of Mid-19th Century Bengal', *Proceedings of the Indian History Congress,* 59: 561–565.

Bhattacharya, S. (2006) 'Introduction', in Behal, R.P. and van der Linden, 208
M. (eds) *Coolies, Capital and Colonialism: Studies in Indian Labour History,* Cambridge: Cambridge University Press, pp 7–20.

Das, V. and Randeria, S. (2015) 'Politics of the urban poor: Aesthetics, ethics, volatility, precarity. An introduction to Supplement 11', *Current Anthropology,* 56(S11): S3–S14.

De Haan, A. (1997a) 'Migration as family strategy: Rural-urban labor migration in India during the twentieth century', *The History of the Family,* 2(4): 481–505.

De Haan, A. (1997b) 'Unsettled settlers: Migrant workers and industrial capitalism in Calcutta', *Modern Asian Studies,* 31(4): 919–949.

Denning, M. (2010) 'Wageless life', *New Left Review,* 66: 79–97.

Doherty, J. (2017) 'Life (and limb) in the fast-lane: Disposable people as infrastructure in Kampala's boda boda industry', *Critical African Studies,* 9(2): 192–209.

Efroymson, D. and Bari, M.M. (2005) 'Improving Dhaka's traffic situation: Lessons from Mirpur Road', Prepared by WBB Trust, Dhaka.

FAO (2011) 'On Solid Ground: Addressing Land Tenure Issues Following Natural Disasters (Bangladesh)', http:// www.fao.org/ 3/ i1255b/ i1255b03. pdf.

Ferguson, J. and Li, T. (2018) 'Beyond the "proper job": Politicaleconomic analysis after the century of labouring man', *Working Paper 51.* PLAAS, UWC: Cape Town.

Gallagher, R. (1992) *The Rickshaws of Bangladesh,* Dhaka: University Press Limited.

Gardner, K. (2012) *Discordant Development: Global Capitalism and the Struggle for Connection in Bangladesh,* London: Pluto Press.

Ghertner, D.A. (2015) *Rule by Aesthetics: World-class City Making in Delhi,* Oxford: Oxford University Press.

Gidwani, V. and Maringanti, A. (2016) 'The Waste-value dialectic: Lumpen urbanization in contemporary India', *Comparative Studies of South Asia, Africa and the Middle East,* 36(1): 112–133.

Hasan, M.M.U. (2013) 'Unjust mobilities: The case of rickshaw bans and restrictions in Dhaka', PhD Dissertation, Development Planning Unit, University College London.

Hasan, M.M.U. and Dávila, J.D. (2018) 'The politics of (im) mobility: Rickshaw bans in Dhaka, Bangladesh', *Journal of Transport Geography,* 70: 246–255.

ILO (2012) 'From precarious work to decent work', Proceedings of the Workers' Symposium on Policies and Regulations to Combat Precarious Employment, Geneva, Switzerland, 4–7 October 2011.

Kar, S. (2013) 'Recovering debts: Microfinance loan officers and the work of 209
"proxy-creditors" in India', *American Ethnologist,* 40(3): 480–493.

Karim, R.M. and Salam, K.A. (2019) 'Organizing the informal economy workers: A study of rickshaw pullers in Dhaka City', prepared for the Bangladesh Institute of Labour Studies-BILS.

Kibria, N. (1995) 'Culture, social class, and income control in the lives of women garment workers in Bangladesh', *Gender and Society,* 9(3): 289–309.

Magdoff, F. and Magdoff, H. (2004) 'Disposable workers', *Monthly Review,* 55(11): 18–35.

Millar, K. (2008) 'Making trash into treasure: Struggles for autonomy on a Brazilian garbage dump', *Anthropology of Work Review,* 29(2): 25–34.

Millar, K. (2014) 'The precarious present: Wageless labor and disrupted life in Rio de Janeiro, Brazil', *Cultural Anthropology,* 29(1): 32–53.

Millar, K. (2017) 'Toward a critical politics of precarity', *Sociology Compass,* 11(6): e12483.

Millar, K. (2018) *Reclaiming the Discarded. Life and Labor on Rio's Garbage Dump,* Durham, NC: Duke University Press.

Millar, K. (2019) 'Decentering wage labor as a new class politics', *Dialectical Anthropology,* 44 (83–85): 1–3.

Muehlebach, A. and Shoshan, N. (2012) 'Post-Fordist aff ect: Introduction', *Anthropological Quarterly,* 85(2): 317–343.

Munck, R. (2013) 'The precariat: A view from the South', *Third World Quarterly,* 34(5): 747–762.

Narotzky, S. (2018) 'Rethinking the concept of labour', *Journal of the Royal Anthropological Institute,* 24(S1): 29–43.

Neilson, B. and Rossiter, N. (2008) 'Precarity as a political concept, or, Fordism as exception', *Theory, Culture & Society,* 25(7–8): 51–72.

Paprocki, K. (2016) ' "Selling our own skin": Social dispossession through microcredit in rural Bangladesh', *Geoforum,* 74: 29–38.

Pettinger, L. (2019) *What's Wrong With Work?* Bristol: Bristol University Press.

Rahman, M.M, D'Este, G.M. and Bunker, J. (2009) 'Is there a future for non-motorized public transport in Asia?' Proceedings of the 8th International Conference of the Eastern Asia Society for Transportation Studies (EASTS), Surabaya, Indonesia, 16–19 November.

RAJUK (2015) 'Dhaka Structure Plan (2016–2035), Draft', prepared under the City Region Development Project (CRDP) for the Ministry of Housing and Public Works.

Roy, A. (2005) 'Urban informality: Toward an epistemology of planning',

Journal of the American Planning Association, 71(2): 147–158.

Samson, M. (2015) 'Accumulation by dispossession and the informal economy –Struggles over knowledge, being and waste at a Soweto garbage dump', *Environment and Planning D: Society and Space,* 33(5): 813–830. 210

Schindler, S. (2014) 'The making of "world-class" Delhi: Relations between street hawkers and the new middle class', *Antipode,* 46(2): 557–573.

Scully, B. (2016) 'Precarity North and South: A Southern Critique of Guy Standing', *Global Labour Journal,* 7(2): 160–173.

Sen, S. (1997) 'Gendered exclusion: Domesticity and dependence in Bengal', *International Review of Social History,* 42(S5): 65–86.

Sopranzetti, C. (2017) 'Framed by freedom: Emancipation and oppression in post-Fordist Thailand', *Cultural Anthropology,* 32(1): 68–92.

Standing, G. (2011) *The Precariat: The New Dangerous Class,* London: Bloomsbury.

Suykens, B. (2018) 'The mimicry of the state as a state practice: The regulation of rickshaw licenses in Dhaka (Bangladesh)', *Critical Asian Studies*, 50(3): 422–441.

Toufique, K.A. and Turton, C. (2002) 'Hands not land: How livelihoods are changing in rural Bangladesh', prepared for the Bangladesh Institute of Development Studies (BIDS) and the Department for International Development (DFID).

Van Schendel, W. (1986) 'Self-rescue and survival: The rural poor in Bangladesh', *South Asia: Journal of South Asian Studies,* 9(1): 41–59.

Van Schendel, W. (2006) 'Stretching labour historiography: Pointers from

South Asia', *International Review of Social History,* 51(S14): 229–261.

Van Schendel, W. and Faraizi, A.H. (1984) *Rural Labourers in Bengal, 1880 to 1980,* Rotterdam: Comparative Asian Studies Program (CASP) 12.

Wilson, T.D. (2019) 'Precarization, informalization, and Marx', *Review of Radical Political Economics,* 52(3): 1–17.

9 是否加入Gojek平台？雅加达摩的行业的工作与经济之分歧

梅希特希尔德·冯·瓦卡诺

2015年初，首都雅加达最为拥堵的街道上出现了一位新的道路使用者。几周内，数以千计戴着绿色头盔、身穿黑绿相间夹克的摩托车骑手涌现在雅加达的街头。这些穿着制服的骑手是平台经济进入印度尼西亚摩的行业的标志。印度尼西亚创业公司Gojek是首个将数字“共享”平台的全球商业模式应用于印度尼西亚的双轮出租车市场的企业，紧随其后的是Grab公司，其总部设在新加坡。在斋月期间，Gojek用优惠的推广计划吸引消费者，掌控了市场。同年7月，Gojek已经成为人们每日茶余饭后的话题。公司的名字原是将方言“ojek”（摩托车出租车）与英语动词“to go”（去）相结合的文字游戏，现在成为印度尼西亚叫车服务应用的代名词，公司的一抹明亮的绿色成为雅加达街头生活的鲜明特征。

传统的摩的骑手（按照非数字的既定服务模式运营的骑

手）对这种新型商业模式的迅速扩张持反对态度，反对其在他们习惯的地方对等级制度［“潘卡兰”系统（pangkalan）］
212 的破坏。他们在城市各处拉起横幅，上面写着“禁止Gojek和Grab进入这片区域”。新闻媒体曾报道过几起传统的摩的骑手暴力攻击穿Gojek制服的摩托车骑手的事件。这场冲突被称为“ojek对阵Gojek”，引发公众热议。乍一看，这场冲突似乎与全世界其他大都市对“叫车”平台的强势扩张的反应相似。正如纽约和新德里的出租车司机动员奋起反对Uber一样，雅加达的摩的骑手也在抗议新数字竞品的出现。然而有一个明显的不同之处：虽然人们指控像Uber这样的四轮叫车平台削弱了正规出租车行业的严格规定（Kenney and Zysman，2016，67），但Gojek正在成为印度尼西亚运输部门的分支，它从未被承认是公共交通工具，也不受印度尼西亚法律的监管。换言之，传统摩的骑手和对应的数字竞品之间的冲突不能用传统的安全工作与不稳定工作，或正规经济与非正规经济的叙述来解释，而是“标准”有酬雇佣就业以外的两种不同工作模式之间的冲突。

在本章中，我追溯了印度尼西亚平台先驱Gojek的崛起过程，然后将其与基于“潘卡兰”系统的原有摩的系统进行深入比较。本案例的研究基于2014年至2015年在雅加达南部社区进行的民族志研究，研究关于主体性和工作的更广泛的主题，辅以对当地媒体报道的分析，加上2016年、2018年两次后续短期访问的数据。本实证分析以对非正规/正规工作范式的解构性解读为基础，通过对“标准”就业、国家监管和官僚程序等霸权主义概念的质疑，打破“形式”这一模糊却规范的概念。

通过这个框架，我把焦点从工作的结构性条件转移到社会经济组织的基本模式，以及这些模式带来的价值（多为隐性价值）。我通过研究骑行路程分配、劳动力市场准入规则和定价等问题，设法识别、区分传统和基于平台的摩的服务的基本原则。然后转而关注数字骑手的组织，最后对比较进行简要概述。我认为，了解传统摩的与数字竞品之间的冲突，既能让我们思考工作的社会逻辑及其分配，还能理解生活权力的道德意义。

非正式部门遇见平台资本主义：超越薪酬的工作形式 213

在很多南半球国家的城市，摩的往往是公共交通不可或缺的特征（Doherty, 2017; Sopranzetti, 2017; Agbiboa, 2019）。20世纪70年代，摩的开始出现在雅加达，并在20世纪90年代末亚洲金融危机期间呈现爆发式增长（Lee, 2018）。摩的出行价格优惠，行动快速，而且随叫随到，深受大众喜爱。随着雅加达成长为拥有3 000多万居民的大都市，雅加达的居民已然学会欣赏两轮车的能力，能在雅加达著名的交通堵塞中穿梭，或挤过街区的狭窄小巷。从理论上看，摩的一直没有法律监管，因为与普通的出租车不同，《印度尼西亚陆路交通运输法》（第22/2009号）认为摩的是“计划外的公共交通”，是非法的出行方式。地方行政和执法部门最初企图禁止摩的，但是之后便开始容忍它们，以致其成为城市交通经济中不灭的特征。

在数字平台出现之前，印度尼西亚摩的行业提供了各种经济活动的教科书式案例，启发了基思·哈特（1973）、国际劳工组织肯尼亚报告（1972）的作者，创造了“非正式部门”的概念。就像其他地方的商业摩托车骑手一样（Doherty, 2017, 195），传统的摩的骑手是南半球国家自雇性“城市穷人”的典型代表，他们在政府监管之外的经济活动中谋生，颇具创造性。摩的骑手是通过地方等级的系统组织起来的，策略性地分布在城市的各个角落，包括火车站、公共汽车站、人行天桥或住宅区的重要路口等。这些“潘卡兰”骑手很容易辨认，他们是一群皮肤晒得黝黑的男人，身穿印度尼西亚风格的摩托车用具（包括露脸头盔、无指手套和抵挡寒风[1]的泡沫塑料背心），在街头等待客户，尤其是在出行高峰期。如果空间允许，通过观察供骑手休息和等待的地方，也能分辨骑手的等级。在Gojek出现之前，传统摩的骑手的工作可以带来中等甚至可观的收入，其取决于运营的区域。我进行实地考察的地点附近，属于雅加
214 达南部的某个中下阶层社区，那里的“潘卡兰”骑手平均月收入略高于当时的地区最低工资270万印尼盾（约合200美元），这个法定最低工资只适用于正式员工，即签订劳动合同的劳动者，2016年，他们占全国非农业劳动力的21.5%（ILO, 2019）。在我实地考察的地点，骑手的平均收入能够达到这个标准，而在商业区或新中产阶级住宅区附近的骑手，收入可以达到该数字的两倍（Yusuf, 2015）。但一批头戴绿头盔的新摩托车手涌入城市，给这些骑手的生计带来威胁。

基于应用程序的摩的的崛起始于一个简单但大胆的想法，即把全球流行的叫车平台的商业模式运用在印度尼西亚当地的运输业，当然包括摩的服务。从这个意义上看，Gojek是“平

台资本主义”的典型范例（Srnicek, 2017）。实际上，该公司作为技术中介，提供了一个在线平台来匹配独立的摩的骑手和潜在客户。Gojek正式注册为一家科技企业，受到印度尼西亚政府的监管和征税。然而作为平台供应商，Gojek没有雇佣骑手，而是坚持发挥纯粹的中介功能，并收取20%的“服务费”。因此，骑手们签订的不是劳动合同，而是商业合同，他们的身份定位是平台的“合作伙伴”。尽管骑手们从Gojek公司得到制服、客户和每一笔付款，但他们是“自雇”劳动者。与备受热议的Uber案例类似（Davies et al, 2017），Gojek是一位“伪雇主”（Ford and Honan, 2017, 283）。骑手们发现自己处于一种独立的“自我雇佣”地位，在结构上类似于工业外包工的地位（Kenney and Zysman, 2016）。他们受到平台单方面设定的条件约束（如平台的服务规则和定价方案），同时自己承担运营的全部经济风险。

从分析角度来看，我们可以将这两种工作模式映射到正规/非正规工作范式的历史轨迹上。传统摩的工作的自我组织模式与早期的“非正式部门”活动概念相对应，后者被视为南半球国家发展的过渡阶段，预计将随着工业化的发展而消失（Breman and van der Linden, 2014）。相比之下，Gojek的（自我）就业模式与后来更广泛的“非正规就业”概念相对应，
其特点是假性自我就业、临时工和分包劳动，以及在其他注册 215
企业中的其他“标准以下”的劳动条件（ILO, 2002; Breman and van der Linden, 2014）。这种用来描述全球现象的非正规工作概念，是新自由主义时代资本主义固有的（Sassen,

1994)，尽管新马克思主义批评家已经表明这两种模式如何在实践中一直共存和重叠（Breman, 1976）。

作为非正规性的两个变体——用“非正规行业”“非正规就业”的框架，来衡量印度尼西亚传统和基于平台的摩的服务的组织，似乎是质疑了源自工业化欧洲的正规就业的标准化理解。这使得“非正规”本身变成一个范围广泛但定义不充分的剩余范畴（Burchardt et al, 2013），无法区分“潘卡兰”系统的自我组织结构与Gojek这样的商业叫车平台的公司结构，也无法区分传统摩托车服务的法律地位与平台经济试图规避监管的法律性质。因此，它抹去了不同工作模式之间的重要差异，而重点关注它们与福特主义下受法律保护的稳定就业理想的偏差。

我对“ojek对阵Gojek”的案例分析，将先从一个无害的问题开始，即“形式”究竟是由什么构成的，以及我们该如何阐明“非正规工作/正规工作”这一二元概念中隐含的规范性假设，并将其去中心化。这些问题提供了框架，来分析印度尼西亚摩的行业有争议的工作愿景。然而，它们也为研究工作的全部形式（固定薪酬/非固定薪酬），提供了有益的出发点。

简言之，在关于“正规工作/非正规工作”的文献中，可以确定三种主要的“形式”概念。国际劳工组织（2002）对“非正规就业”的定义可能是关于“形式”的最具体的概念，其将“正规就业”定义为一种具体的劳动标准，有规律的、社会保障的工资，并受官方劳动法保护。这种关于“形式”的规范性概念根植于福特主义的有酬雇佣观念，它呈现了一种“驯服”资本主义后工作的愿景。它把我们的注意力引向就业的结构特性，引向安全/不安全和独立/依赖的社会经验，引向更广泛的生产关系。第二种也是得到最多认同的“形式”概念，即将形式与（有效的）国家监管联系起来（Meagher, 2010, 14; Portes, 2010, 133），既强调了“形式”的司法监管方面，也延续了以国家为中心的规范，这往往忽视了非政府机构的监管作用。最后，也就是第三种“形式”概念是基思·哈特（2006）强调的“形式” 216
的官僚特性。与关于（形式）的合理化的韦伯论述相呼应，这种概念强调了承认存在多元的监管秩序和监管机构的做法和价值。

那么，摩的服务的传统形式和数字形式应该如何定性？“潘卡兰”系统和数字平台的运作原则、监管机制是什么？它们又是由哪些理性因素决定的？

“独角兽”企业的承诺：Gojek的崛起和吸引力

尽管自2010年以来，Gojek一直为摩的提供呼叫中心服务，但该公司真正的成功是从2015年1月在大雅加达地区推出摩的数字应用程序开始的。该应用程序是印度尼西亚此类别下的首个应用程序，因给印度尼西亚运输业带来了一场“印度尼西亚式革命”而备受赞誉（Suryarandika, 2016）。

几个月内，Gojek就迎来了新对手，即由马来西亚支持并成立于新加坡的Grab平台。尽管早期有不少对手（规模较小）也加入了市场份额的争夺战，但是Gojek平台和Grab平台在打车领域占据主导地位。新平台的服务模式，在精通智能手机的雅加达民众中产生了巨大反响，平台的促销活动刺激了他们对数字创新的渴望。Gojek的重大突破来自2015年的斋月促销活动——25公里以内的打车费用只要5万印尼盾（约合75美分）。相比之下，传统摩的骑手短途旅程的起步价为5 000印尼盾，而10公里的旅程通常要收取5万印尼盾。在Gojek与Grab之间激烈的市场竞争的刺激下，类似的促销活动接踵而至。

这些促销活动吸引了大量顾客，同时也吸引了骑手，因为Gojek的新骑手每公里有4 000印尼盾的普通票价补偿。这种极低的消费价格与极高的骑手费用相结合，产生了几乎不可思议的收入：骑手表示每月有高达800万印尼盾的收入，大约是固定工作最低工资的3倍（Al Azhari et al, 2016）。这样的前景吸引了新群体加入摩的骑手业务。如果说基于“潘卡兰”系统的服务一直是男性专属，是他们的主要收入来源（Lee, 2018），并且骑行群体由具有中下阶层背景的中老年人构成，那
217 么数字化的版本也吸引了受过教育的办公室职员、家庭主妇和学生，其中许多人开始把摩的驾驶当作自己的副业。

在正面竞争中，Gojek和Grab都将业务扩展到了印度尼西亚众多岛屿上的城市中心；而Gojek则采取了补充性的扩张战略，将其服务范围扩大到了送餐、快递、购物、按摩、美容、家政和房屋搬迁等服务。到2016年3月，在全国范围内，已有21万名骑手在Gojek注册，Gojek应用程序下载量超1 300万次[2]（Suryarandika, 2016年），于2016年8月成为印度尼西亚首个“独角兽”科技公司（指估值超过10亿美元）（Pratama, 2016

年）。看到Gojek和Grab惊人的增长率，全球巨头Uber自然不想错过这个令人兴奋的新市场，2016年4月，Uber推出了摩的服务的应用程序。然而仅仅两年后，Uber就向两个地区性竞争对手认输，彻底退出东南亚市场，并将全部业务出售给Grab公司。

Gojek作为该领域的国内先驱，注定要成为印度尼西亚数字创新的代言人。平台的管理层决心利用其潜力，让营销战略适应国家发展的基调。平台的发展包含了现代性和技术进步的论述，让自己成为雅加达城市拥堵和公共交通危机的创新解决方案。Gojek将自己描述为“面向社会的技术公司，目标是改善印度尼西亚各种非正规行业员工的福利”[3]，从而强调了这种行为的社会动机。Gojek自我标榜为“合作伙伴”提供福利手段，并宣传将为他们提供健康和其他类型的社会保险，这一说法与2014年在印度尼西亚全国启动的“全民健康保险覆盖”一致。然而相关细则却写道，Gojek平台只是代理这些保险，必须以个人名义购买。但这些小细节被赋予个人经济权力的更大承诺所掩盖，这一承诺与新自由主义通过（微型）创业实现“发展”的论调完全一致，经常被应用于南半球国家的平台经济（Pollio, 2019, 761）。

Gojek向客户承诺，会提供新潮的摩的体验，其不仅暗指速度、可靠性和安全性的服务价值方面，也包括舒适和卫生等方面。通过一些小细节，如增加为长发的顾客提供免费的发夹、为乘客的头盔消毒等服务方式，Gojek平台想获得好名声，让摩的的形象现代化。虽然随着时间的推移，这些细节已不复存在，但标志着一种习惯上的区别，有助于塑造公众对Gojek的 218

看法，即Gojek是一个以服务为导向的企业，与“潘卡兰”摩的骑手粗糙无礼的形象形成对比。然而，Gojek平台小心翼翼地避免自己与传统摩的骑手之间的直接对立，反之采用了包容性的说辞。Gojek声称要给予支持的主要劳动群体是摩的骑手，向他们提供找到客户的更有效的新方法，减少非生产性的“等待时间”。正如公司代表所建议的，所有摩的骑手都应该加入Gojek平台，享受新商业模式带来的好处。

这种被社会良知软化的技术力量形象，受到当地精英的广泛支持。决策者和媒体都将Gojek平台誉为印度尼西亚数字创业文化真正的佼佼者。然而，大多数“潘卡兰”骑手依旧不以为然，他们对Gojek提供支持的家长式说辞抱有极大的怀疑态度。许多人因为不想放弃自己的独立性，拒绝与数字平台“合作”，秉持拒绝“为他人工作”的原则，拒绝分享自己的劳动成果，即使这意味着放弃增加收入的机会（Freischlad，2015）。此外，他们认为平台的快速扩张是对自己生计的重大威胁。从传统骑手的角度来看，这些平台破坏了“潘卡兰”系统中既定的商业规则，人为地造成过多的骑手涌入整个行业，同时通过压低价格来扭曲这个行业。为了应对新的竞争，雅加达各地的“潘卡兰”骑手拉起横幅，禁止Gojek和Grab“在这片区域接客”，甚至不能“进入这片区域”。除禁令外，还出现了暴力威胁，新闻媒体曾报道过多起身穿绿色制服的Gojek骑手被当地骑手袭击的事件。

从表面上看，冲突双方似乎是在争夺客户，是绝望的在职者为抵御市场上强大的新对手而作出的最后一搏。然而，冲突的层次更深，因为平台商业模式挑战的不仅仅是个别骑手的生计，而是整个“潘卡兰”系统，以及它所维持的生活形式和劳动形式。

“潘卡兰”系统对阵“平台”：备受争议的摩的工作愿景

传统的摩的骑手不仅仅是按照等待地域划分等级，他们也是所谓的非正规运输人员自我管理的合作组织的最好例 219
证（Cervero and Golubb, 2007, 449），尤其是商业摩托车骑手（Doherty, 2017; Ibrahim and Bize, 2018; Agbiboa, 2019）。我通常所说的“潘卡兰”系统是一张由共存的基层组织编织的巨网，每个基层组织构成了受地域限制的、有自主权的骑手合作社。虽然这些基层组织缺少任何形式的上级组织，但它们通过共同的商业规则相互连接（CDIA, 2011, 36）。这种去中心化的系统以邻里组织的联系为基础，几十年来一直规范着摩的行业。然而，数字平台的到来破坏了这一系统。

传统摩的骑手与数字平台摩的骑手之间的冲突归结为一个基本问题，即应该如何管理摩的行业。是否应该对这个行业进行监管？由谁来监管？行业应该根据什么样的经济原理运作？关于两类骑手的公众争论围绕着骑行路程分配、劳动力市场准入规则和定价展开。在下文中，我将以这三个问题为出发点，进行深入分析，视“潘卡兰”系统与平台系统为两种不同的经济秩序，由两套不同的价值观和原则管理。

骑行分配

由于人们认为Gojek新的订单系统打破了共存的规则，“潘卡兰”与数字平台之间的冲突引发了骑行路程的分配问题。每个“潘卡兰”组织负责一片特定区域，并拥有获得从这片区域出发的全部行程的特权。数以千计的基层组织形成了一张密集的服务网，分布在城市各个战略交通枢纽，从大型火车站的出口，到小型货车驶入住宅区时经过的小街角。共存的商业规则规定，如果骑手进入另一块区域，乘客下车后骑手应该立即返回自己所属的区域，并且在到达之前，不再接载新客。如果乘客的目的地靠近另一个“潘卡兰”组织的区域，骑手甚至不可以提供返程服务，而应让“他们的”乘客自己安排返程，另找当地的骑手。这些规则确保了乘客和收入机会在各地区和各基层组织之间平均分配，以及乘客在同一地区的骑手中轮流分配。因此，整个系统是围绕着收入分配原则而组织的，从而保证骑手的生计优先于总利润和效率。

220 然而，平台系统无视这一原则，通过自己的算法分配订单。任何人从任何特定地点都可以叫到数字平台的骑手。客户可以用全球定位系统（GPS）追踪，在应用程序中查看附近空闲的Gojek骑手，并查看价格，预估时间。然后，叫车请求会转发给附近的注册骑手，他们可以通过一个辅助应用程序接受或拒绝这份订单。这个系统把非人格化的数字平台作为新的中介，取代了扎根于特定地域的“潘卡兰”组织，去除了分配过程的地域化，但服务本身仍然受到地点的限制（Johnston, 2020, 26）。

同时，平台用竞争性的结构取代了“潘卡兰”组织的合作、分配原则，该结构通过就近、及时的择优措施和个人表现得分来分配订单。后者似乎倾向于找更积极的骑手，尽管骑手只能对实际的分配过程有探索式的理解，因为参数的具体性质和权重仍然不明确。这些算法还伴有复杂的奖金计划，激励Gojek的“合作伙伴”尽可能多地接单。这些激励措施突出了平台的积累逻辑，它将摩的骑手视为个体企业家，鼓励他们最大限度地提高个人收入，同时也提高了平台收益。

劳动力市场准入规则

通过规避“潘卡兰”组织，Gojek平台不仅破坏了既定的乘客分配系统，而且也破坏了劳动力市场的准入规则。在Gojek出现之前，各个“潘卡兰”组织限制成员数量，进而控制了摩的骑手的总数，同时能够维持最低水平的收入。由于摩的骑手只需要一辆摩托车和驾驶技术，长期以来，它是被剥夺经济权利的人的重要就业选择。然而，这项工作的经济活力取决于足够的订单量，以使每个骑手获得足够的收入。两者的主张相反（经济参与权与保护主义排斥权），但都源自同样的谋生道德权利。

为了解决这个难题，我进行实地考察的南雅加达地区的基层组织已经确定了固定的骑手数量，虽然只有十几个人，但足以满足当地的需求。新骑手只能接任离职骑手的位置。即将离职的骑手有权提名他们的继任者，只要此人是大家族里的成员。由于所有现任骑手都与该地区的“传统”家庭有亲属关系， 221

家庭原则确保了“潘卡兰”组织留在与邻里社区和非正规权力结构有密切联系的男性手中（Wilson, 2011, 251）。因此，“潘卡兰”系统是一种社会性很强的工作组织模式，在不同的地域内，用面对面沟通的社会联系方式进行管理。

这些原则倾向于歧视新人和社区以外的人，尽管从“潘卡兰”组织成员的角度来看，他们个人与工作社区的联系只是巩固了“潘卡兰”组织原则带给自己的地域归属感。相比之下，在Gojek平台注册既不需要亲属关系，也不需要社区联系，但需要一系列的官僚主义文件作为证明，包括身份证、当地居住证明、驾驶执照和道路税缴纳证明等。在数字商业模式中，注册是正式程序，也就是官僚程序，在此期间，骑手与平台建立了合同关系，尽管平台合同规定两者是“合作伙伴协议”，而不是雇佣关系。Gojek还要求“合作伙伴”身心健康，并具备足够的文化知识能操作Gojek智能手机。最初，公司规定骑手的最大年龄为55岁，但从2019年7月起，这一要求已经放宽，允许17岁~65岁的人申请。[4]

这些要求旨在规范平台的服务质量，提高客户信赖度（Langley and Leyshon, 2017, 19-20）。同时，注册过程中的官僚主义特性被认为是令摩的劳动力市场“民主化”。Gojek的设想是，无论申请人的人际关系、性别、年龄或居民身份如何，只要满足所有的要求，每个人都有同等机会成为Gojek骑手。Gojek小心翼翼地培养这种“民主”的形象，例如，它的宣传广告突出了穿着绿色制服的年轻女性的形象（Frey, 2020, 41），展现了当代美丽标准的图谱（棕色长发或时尚的功能性头巾）。

然而，尽管该平台声称要让摩的行业民主化，但实际上，它的要求导致许多“潘卡兰”组织的骑手没有资格注册，这与Gojek的公开声明——传统骑手应该停止抗议，并加入Gojek平台——相矛盾。许多“潘卡兰”组织的骑手要么超过了公司的年龄限制，要么不符合健康标准或（数字）文化标准。抑或他们 222
没有公司要求的官僚主义文件：有的人从未获得过驾驶执照，也没有缴纳过车辆税，少数人没有办理正式的身份证明，借此规避随之而来的昂贵且耗时的官僚主义要求。

从这个意义上说，该平台的民主化效果与自由主义的平等理念有关。Gojek背后的招聘过程援引了个人权利和机会的抽象原则，有效地忽略了现有的结构性不平等现象，这类不平等现象只让城市里受过教育的年轻骑手有资格报名，而把证件不全的、识字不多的大龄人士排除在外。摩的行业为这些人提供了谋生的空间，但是只有男性可以参与。相比之下，Gojek吸引了新的群体，包括妇女和大量兼职骑手，他们希望能利用其他工作收入弥补主要收入，这种趋势已经出现在世界其他地区的平台经济中（Schor and Attwood-Charles，2017）。卡利巴塔市（Kalibata City）的一位年轻骑手说道：“Gojek和Grab的一些骑手只是为了在日常工作之外获得额外的收入，而我们这样做是为了生存。”（Budiari，2015）这令传统骑手觉得很难接受。新人为了用其他工作收入弥补主要收入的做法剥夺了传统骑手们的生计，后者认为这种想法违反了公平分配意识。人们认为这是对谋生机会的不当积累，侵犯了每个人谋生的道德权利。

由于Gojek的积极扩张战略，导致这些紧张关系加剧。特别是在最初注册骑手的数量激增时，Gojek公司似乎对数量没有任何限制。因为只要公众的看法被高收入的Gojek骑手的传奇故事所塑造，公司就不关心骑手的个人福利，也不关心骑手涌入市场，造成劳动力过剩。看起来数量庞大的“伙伴”骑手只会助长Gojek的炒作行为。对于公司的投资者来说，这些数字是增长成功的指标，就像那些身着绿衣的摩托车骑手的照片提高了平台的公众知名度一样。

定价

在传统的服务模式与基于平台的服务模式之间，另一个关键区别与定价有关。一般来说，“潘卡兰”组织骑手对常去的全
223 部目的地都有固定的定价方案，以此为基础，对不常去的目的地按照距离的相对比例进行估价。然而，这些固定价格并不以任何书面形式存在，通常是为本地客户和固定客户保留的，而偶然遇到的客户则必须与骑手讨价还价。在这些谈判中，报价不仅取决于距离，还取决于天气状况、交通状况、是否有替代性交通工具，更重要的是取决于对客户经济能力的预判。看起来属于中上阶层的印度尼西亚人和外国白人（比如我）想要支付“标准”价，就必须努力地讨价还价，而且还不能保证成功，特别是在其他定价因素适用的情况下。这种双重定价系统包含了两种关系逻辑：熟人与陌生人之间的区别，以及那些“有钱的人”和那些“没钱的人”之间的区别。这两种区分都与自由主义关于抽象平等的理想相联系，这种理想规定定价是由市

场这只“无形的手”决定的非个人化的过程。相反，“潘卡兰”组织的关系逻辑将定价视为平衡不平等现象的社会实践（von Vacano, 2019）。它建立在承认经济不平等的道德观之上，坚持对公平的过程性理解。市场伦理下的定价对个别经济主体的条件视而不见，相比之下，“潘卡兰”组织的定价恰恰是面向交易伙伴的不同“能力和需求”（Graeber, 2014）。

Gojek尝试引入通用的定价系统。这种新的定价模式严格，不够人性化，因为车费不再由骑手决定，而是由平台应用程序根据地理距离和一天中的不同时间段计算得出。然而，尽管Gojek宣称其定价系统拥有以技术驱动的透明度，但它旨在削弱其他供应商的推广计划。这些促销方案在吸引客户使用数字服务方面发挥了关键作用。它们压低了“潘卡兰”组织的价格（往往十分显著），并形成了平台竞争对手之间激烈的价格战的基础（Schor and Attwood-Charles, 2017）。

这一战略需要大量的初始资本投资，因为必须补偿（极低的）客户价格与（起初很高的）骑手收入之间的差价。例如，据说仅在2015年10月至2016年3月的6个月内，Gojek就花费了7 300万美元来维持运营（Al Azhai et al, 2016）。大量资金被投入争夺市场领导地位的过程。来自谷歌、淡马锡控股（Temasek）和滴滴出行等全球大型企业的风险投资持续涌入，助长并维 224
持了这种态势（Wright, 2017）。按照风险投资的逻辑，这些投资者准备把“增长放在盈利之前”（Srnicek, 2017, 119），甚至持续几年时间，因为他们投资的最终目标是，当平台到达垄断地位后，可以获得巨额盈利（Langley and Leyshon, 2017,

25）。

在这种金融化的商业模式下，价格完全脱离了劳动力的实际成本，削弱了传统骑手（没有海外投资者支持）的竞争能力。平台的补贴性扩张引起了“潘卡兰”组织骑手的巨大担忧，他们指责平台不公平竞争，谴责他们的促销优惠价格无法持续。这一论点与Gojek所宣称的要赋予骑手竞争能力的目标形成鲜明的对比。然而，传统骑手的谴责很难进入公众的视野，公众只关注争论的地域性特征，把其看作“地盘争夺战”（Gokkon，2015）。传统骑手经常被指责“缺乏竞争精神”，嫉妒Gojek的专业性（《雅加达邮报》上的读者评论，2015）。

随着价格下降，经济压力增加，越来越多的传统骑手感觉必须加入这类平台。这使得剩下的“潘卡兰”组织的骑手必须适应新的形势，并缩小成员规模。到2016年底，经过一年半的对抗和争论，大多数“潘卡兰”组织骑手都认输了，并摘下了抗议横幅。雅加达的摩的行业过渡到新的共存阶段，余下的传统骑手继续遵从“潘卡兰”组织原则工作，而人们认识到，Gojek是在由平台设定的算法代码制定的原则下工作。

挪用平台劳动：骑手的反击

随着传统骑手与数字骑手之间的冲突逐渐平息，新的对立情绪浮出水面，Grab、Gojek的骑手们开始不顾自己“合作伙伴”的身份，用劳动力需求对抗各自的平台。早在2015年11月，当Gojek管理层将骑手的酬劳从每公里4 000印尼盾降至3 000

印尼盾，即从30美分降至23美分时，骑手就开始行动了。这只是
一系列Gojek薪酬计划恶化的开始。由于红利遭到持续削减，
2016年7月，骑手酬劳降至1 500印尼盾（11美分），不到最初的
一半。按照平台资本主义的国际剧本（Schor and Attwood- 225
Charles，2017，9），一旦大量骑手受到吸引加入Gojek，他们
就会成为平台节约成本的对象，因为削减他们的劳动成本是
Gojek维持补贴性推广计划的唯一途径。但是，随着每一次收
入遭到削减，数字骑手们有组织的抗议活动似乎在增加，且时
不时地会在平台的绩效评估和奖励计划等细节方面取得小小
的胜利。然而，Gojek的骑手花了两年时间向平台施压，将费用
提高到2 220印尼盾（16美分），三个月前，Grab骑手取得了类似
的成功。

这种与虚拟雇主直接谈判的策略得到了要求法律保护的配合。印度尼西亚立法机构对四轮出租车行业的监管给数字摩的骑手带来了希望。数字摩的骑手要求法律承认，摩的是一种公共交通方式。一群Gojek骑手甚至成功地让最高法院就此事举行听证会，但法院最终驳回了他们的申请，理由是摩托车客运不安全。然而此时骑手协会已经成功地通过施加足够大的政治压力，从而引起交通部立法委员的兴趣。交通部以“公共利益”为由，发布了一项关于“保护摩托车用户安全”的法规（第12/2019号）。该法规对标准费用、客户安全条款，以及骑手雇佣和暂停营业的透明程序等作出规定。作为对该法律框架的补充，第348/2019号部长令确定了区域性价格的门槛和上限，雅加达都市区每公里收费2 000印尼盾~2 500印尼盾。

这些价格上限远远不能满足骑手们的要求，而且很多规定在实践中难以执行。然而，数字摩托车骑手的全面动员无疑是成功的，因为它打破了平台骑手的结构性分裂状态（Ford and Honan, 2019）。最初，自我组织的目的并不是针对平台，而是面对当地愤怒的“潘卡兰”组织成员，数字骑手需要保护自己（Frey, 2020, 44）。然而，随着时间的推移，这些联盟在当地的基层社区扎下了根，开始模仿“潘卡兰”组织系统，并拥有了一个固定的会面地点（Ford and Honan, 2019, 529），尽管尚不具备基层组织的任何调节功能。这些地方团体通过数字通信形式进行
226 协调，这是平台劳动力最常用的组织方式（Johnston, 2020）。在网络论坛和聊天群中，骑手们分享了各自平台不断变化的服务准则和薪酬计划的最新消息（Ford and Honan, 2019, 539-540）。这些数字草根网络进一步成为紧急援助的安全网，例如为在道路事故中受伤的成员提供帮助（Ford and Honan, 2019, 539）。然而，为了动员更多的骑手，并迫使平台和政府坐到谈判桌前，这些组织需要更集中、更有层次的组织结构，包括与现有工会建立联系（Ford and Honan, 2019）。与受“潘卡兰”组织启发的基层社区不同，这些较大的组织结构由一部分新骑手创建和维持，他们曾在工业部门工作，并把正规劳工组织的经验带到了摩的行业。

结论

在本章中，我调查了印度尼西亚摩的行业中不断变化和备

受争议的工作模式。通过对正规/非正规范式的解构性解读，
我分析了不同的社会经济组织形式以及这些工作模式的不同
价值。我进行的民族志分析表明，雅加达的运输工作平台模式
是如何将本地化、社会化的摩的骑手系统标准化和去人格化
的。与分散的“潘卡兰”组织相比，Gojek主要在国家治理的范
围内运作。Gojek作为一家需要缴税的注册企业，至少在2019
年之前设法利用了印度尼西亚运输法的监管漏洞。Gojek为印
度尼西亚摩的行业引入了“更有条理的雇佣关系”（Ford and
Honan，2017，287）；它产生了一种新的、矛盾的自主创业立
场，即坚决拒绝给他人打工的原则（许多留下的“潘卡兰”组织
骑手都坚持这一立场），并试图将新的依赖性转化为劳动力需
求的论述（一群新加入Gojek的劳动者推动了这一回应）。

我在比较中将Gojek当作平台资本主义的主要案例，它证
明了个人创业、基于市场的“自由”竞争和英才教育制度的重要
性，同时在风险资本“不惜一切代价的增长”的要求下，追求积
极扩张的战略。我已经进一步说明了，建立在一系列自由民主
价值观基础上的平台的官僚特质，是如何被用于将这种商业模
式合法化，如何将社会与技术“现代化”的承诺结合起来。这 227
种金融化的商业模式并不关心当前骑手的生计或福利，而是由
冷漠的未来积累的逻辑所驱动，一旦获得市场垄断地位后，便
会获得巨额收益，从而导致经济发展的停滞（Srnicek，2017，
120-121）。然而，我认为这个系统没有产生它所提倡的创业主
体利润最大化；相反，Gojek骑手依然描绘了与工作相关的亲缘
和合作关系图景，重新创建“潘卡兰”组织的社会结构，以便将

平台嵌入城市的社会政治结构。

“潘卡兰”组织并不是由股东的利益主导的，而是受到工人需求的迫切性、分配的互补价值和保护谋生机会驱动的。我已经说明，摩的骑手群体的合作结构扎根在社会公平意识中，而不是自由（经济）的公平意识。它产生了自己的包容和排斥机制，优先考虑亲属关系和邻里关系等地方关系。它的关系定价策略是一种务实的方法，用来应对现实生活中的不平等现象，削弱了自由主义对客观平等的诉求。

因此，“ojek对阵Gojek”的故事挑战了对正规/非正规工作和稳定/不稳定工作的二元理解，指出了工作作为日常谋生活动和“经济行为”的世俗特性和本质特性。此外，它说明了雅加达街头的劳动者是如何解释和驯化平台资本主义的逻辑和形式，让基于“简单化的趋同假设”（见本书引言）的对未来工作的描述变得复杂。

致谢

感谢德国学术交流中心（the German Academic Exchange Service, DAAD）对我2014年10月至2015年9月在雅加达实地考察的资助，还要感谢本书各位编辑的热心反馈。

注释

1 这种出于保护的目的涉及方言中的风（anging），风是引发疾病的原因。

2　很难找到可以用来比较的Grab车队规模数据，因为Grab公司规定不公布任何国家的车队规模的具体数字。

3　这个愿景宣言多年来一直在改进。2016年的版本是我查看公司网站后翻译的版本，网站是www.go-jek.com/（2016年7月17日访问）。

4　弗雷施拉德（Freischlad 2015）报告的年龄限制为55岁，而 228
福特和霍南（Ford and Honan，2017，282）所引用的最高年龄为50岁。最新的年龄范围引自该公司的网页：www.go-jek.com/faq/mitra/bergabung-menjadi-mitrakami/ #bergabung-menjadi-mitra-go-ride（2019年7月18日访问）。

参考文献

Agbiboa, D.E. (2019) 'State law as a means of resistance: Okada riders versus the Lagos State government', in Agbiboa, D.E. (ed) *Transport, Transgression and Politics in African Cities: The Rhythm of Chaos.* Cities and Society, Abingdon, New York, NY: Routledge, pp.147–171.

Al Azhari, M., Diela, T. and Siniwi, R.M. (2016) 'Go-Jek Burns Cash on Hefty Subsidies, While Grab Gains Traction', *Jakarta Globe,* 18 July, http:// jakartaglobe.id/ business/ go-jek-burns-cash-hefty-subsidies-grab-gains-traction/.

Breman, J. (1976 'A dualistic labour system? A critique of the "informal sector" concept: I: the informal sector', *Economic and Political Weekly,*

11(48): 1870–1876.

Breman, J. and van der Linden, M. (2014) 'Informalizing the economy: The return of the social question at a global level', *Development and Change,* 45(5): 920–940.

Budiari, I. (2015) 'Ojek drivers struggle to survive amid rapid urban change', *Jakarta Post,* 15 July, https:// www.thejakartapost.com/ news/ 2015/ 07/ 15/ ojek-drivers-struggle-survive-amid-rapid-urbanchange. html.

Burchardt, H.-J., Peters, S. and Weinmann, N. (2013) 'Prekarität und Informalität–eine Annäherung in globaler Perspektive', in Burchardt, H.-J., Peters, S. and Weinmann, N. (eds) *Arbeit in globaler Perspektive: Facetten informeller Beschätigung,* Frankfurt a. Main, New York, NY: Campus, pp.9–28.

Cervero, R. and Golubb, A. (2007) 'Informal transport: A global perspective', *Transport Policy,* 14(6): 445–457.

Cities Development Initiative for Asia (CDIA) (2011) 'Informal public transportation networks in three Indonesian cities, Manila', https:// cdia. asia/ publication/ informal-public-transportation-networks-inthree-indonesian-cities/.

Davies, A.R., Donald, B., Gray, M. and Knox-Hayes, J. (2017) 'Sharing economies: moving beyond binaries in a digital age', *Cambridge Journal of Regions, Economy and Society,* 10(2): 209–230.

Doherty, J. (2017) 'Life (and limb) in the fast-lane: Disposable people as infrastructure in Kampala's boda boda industry', *Critical African Studies 9*(2): 192–209.

Ford, M. and Honan, V. (2017) 'The Go-Jek eff ect', in Jurriës, W. (ed) *Digital Indonesia: Connectivity and divergence,* Singapore: ISEAS, pp.275–288. 229

Ford, M. and Honan, V. (2019) 'The limits of mutual aid: Emerging forms of collectivity among app-based transport workers in Indonesia', *Journal of Industrial Relations,* 61(4): 528–548.

Freischlad, N. (2015) 'Why motorcycle taxi drivers are ganging up against on-demand ride apps in Indonesia', *Tech in Asia,* 15 July, https:// www. techinasia.com/ startups-in-indonesia-indonesiamotorcycle-hailing-taxi-apps-jakarta-gojek.

Frey, B. (2020) 'Platform labor and in/ formality. Organization among motorcycle taxi drivers in Bandung, Indonesia', *Anthropology of Work Review,* 41(1): 36–49.

Gokkon, B. (2015) 'Go-Jek Navigates "Turf Wars" Amid Industry Shake-Up', *Jakarta Globe,* 2 July, https:// jakartaglobe.id/ news/ go-jek-navigates-turf-wars-amid-industry-shake/.

Graeber, D. (2014) 'On the moral grounds of economic relations: A Maussian approach', *Journal of Classical Sociology,* 14(1): 65–77.

Hart, K. (1973) 'Informal income opportunities and urban employment in Ghana', *Journal of Modern African Studies,* 11(1): 61–89.

Hart, K. (2006) 'Bureaucratic form and the informal economy', in Guha-Khasnobis, B., Kanbur, R. and Ostrom, E. (eds) *Linking the Formal and Informal Economy,* Oxford: Oxford University Press, pp.21–35.

Ibrahim, B. and Bize, A. (2018) 'Waiting together: The motorcycle taxi stand as Nairobi infrastructure', *Africa Today,* 65(2): 73–91.

International Labour Office (ILO) (1972) *Employment, incomes and equality: A strategy for increasing productive employment in Kenya,* Geneva.

International Labour Office (ILO) (2002) *Women and men in the informal economy: A statistical picture,* Geneva.

International Labour Organization (ILO) (2019) *ILOSTAT* [data base], https:// ilostat.ilo.org/ (accessed August 14, 2019).

Jakarta Post readers' comments (2015) 'Go-Jek fearing violence from traditional ojek, *Jakarta Post,* 18 June.

Johnston, H. (2020) 'Labour geographies of the platform economy: Understanding collective organizing strategies in the context of digitally mediated work', *International Labour Review,* 159(1): 25–45.

Kenney, M. and Zysman, J. (2016) 'The rise of the platform economy', *Issues in Science and Technology,* 32(3): 61–69.

230 Langley, P. and Leyshon, A. (2017) 'Platform capitalism: The intermediation and capitalisation of digital economic circulation', *Finance and Society,* 3(1): 11–31.

Lee, D. (2018) 'How Ojek Became Go-Jek: Disruptive Technologies and the Infrastructure of Urban Citizenship in Indonesia', *International Journal of Urban and Regional Research,* https:// www.ijurr.org/ spotlight-on/ disruptive-urban-technologies/ how-ojek-becamego-jek-disruptive-technologies-and-the-infrastructure-of-urbancitizenship-in-indonesia/.

Meagher, K. (2010) *Identity Economics: Social Networks and the Informal*

Economy in Nigeria, Woodbridge : Boydell and Brewer.

Pollio, A. (2019) 'Forefronts of the sharing economy: Uber in Cape Town', *International Journal of Urban and Regional Research,* 43(4): 760–775.

Portes, A. (2010) *Economic Sociology,* Princeton, NJ: Princeton University Press.

Pratama, A.H. (2016) 'Go-Jek: A unicorn's journey', *Tech in Asia,* 13 August, https:// www.techinasia.com/ how-go-jek-became-unicorn.

Sassen, S. (1994) 'The informal economy: Between new developments and old regulations', *Yale Law Journal,* 103: 2289–2304.

Schor, J.B. and Attwood-Charles, W. (2017) 'The "sharing" economy: Labor, inequality, and social connection on for-profit platforms', *Sociology Compass,* 11(8): e12493.

Sopranzetti, C. (2017) *Owners of the map. Motorcycle Taxi Drivers, mobility, and politics in Bangkok,* Berkeley, CA : University of California Press.

Srnicek, N. (2017) *Platform capitalism,* Cambridge, Malden, MA: Polity.

Suryarandika, R. (2016) 'Nadiem Makarim, Pendiri dan CEO Gojek Indonesia: Membangkitkan Gairah Usaha Tukang Ojek', *Republika,* 16 March, https:// www.republika.co.id/ berita/ koran/ halaman-1/ 16/ 03/ 16/ o44e4715-nadiem-makarim-pendiri-dan-ceo-gojekindonesia-membangkitkan-gairah-usaha-tukang-ojek.

von Vacano, M. (2017) '"Sharing economy" versus "informal sector": Jakarta's motorbike taxi industry in turmoil', *ANUAC,* 2(2): 97–101.

von Vacano, M. (2019) 'Reciprocity reconsidered: Toward a research ethic of economic participation', in Stodulka, T., Dinkelaker, S. and Thajib, F. (eds) *Affective Dimensions of Fieldwork and Ethnography,* Cham: Springer, pp.123–134.

Wilson, I.D. (2011) 'Reconfiguring rackets: Racket regimes, protection and the state in post-New Order Jakarta', in Aspinall, E. and van Klinken, G. (eds) *The State and Illegality in Indonesia,* Leiden: KITLV, pp.239–259.

231 Wright, C. (2017) 'Grab, AirAsia and Go-Jek lead Asean corporate charge into payments', *Euromoney,* 1 June, https:// link.gale.com/ apps/ doc/ A534788525/ ITOF?u=fub&sid=ITOF&xid=f1f77c03.

Yusuf, H.A. (2015) 'Pengemudi Go-Jek dipukul oleh tukang ojek', *Koran Tempo,* 27 July, https:// koran.tempo.co/ read/ 378360/ pengemudi-go-jek-dipukul-tukang-ojek.

10 “我选博索纳罗当总统”：巴西贝洛奥里藏特的地摊和劳工代表的危机

玛拉·诺盖拉

2019年7月1日，星期日，我和30名街头小贩乘坐一辆大巴抵达米纳斯吉拉斯州（Minas Gerais）的普拉杜斯镇（Prados）。我们赶在半夜抵达，以便小贩们能抢占最佳的摊位。他们向参加礼拜的天主教教徒出售水果、电子镊子等产品。安娜是一名从业40多年的街头小贩[1]，和儿子戴维一起坐这辆大巴。我和她聊了很久，最后我们谈到了政治。我问她，上次总统选举她投了谁。她回答：“我把票投给了博索纳罗。”接着我问她为什么投票给博索纳罗。她说：“因为我讨厌皮门特尔。”费尔南多·皮门特尔（Fernando Pimentel）是一名政治家，是巴西历史最悠久的左派政党劳工党（Workers' Party，PT）的成员，他在2001年至2009年担任贝洛奥里藏特市市长。在他任职期间，曾把街头小贩从公共区域驱逐，以此作为“振兴计划”的一部分。虽然一些街头小贩被重新安置在热门的购物中心，但法律规定街头贩卖属于犯罪，对那些设法留在街头的人实行“零容忍”政策。

234 安娜描述了自己在那个时期的痛苦经历；和她一起摆摊子的人里，有的生病了，有的甚至自杀了。“有的人一生都在做某件事，突然，他们再也不能做这件事了，真让人唏嘘。”她强调说。许多支持劳工党的人都是瘾君子，而且政府对待像她侄子那样的毒贩还不错。“但劳工党从来没有为街头小贩做过实事，就连卢拉[2]也没有。”我从米纳斯吉拉斯州的其他街头小贩那里听到了类似的回答。安娜对博索纳罗的支持源于对劳工党的反对。在劳工党的地方行政管理下，人们依旧因为遭到驱逐而倍感受伤。一些小贩强调，劳工党没能改善他们的生活，也没能维护全国街头小贩的利益。

街头小贩与劳工党之间关系的破裂，表明传统劳工组织面临着更广泛的危机。在世界各地，那些基于“工人”理念建立的政党正设法利用工人阶级的传统论述，来调动选民的支持。巴西劳工党时期宪法中“工人”的象征性概念，依旧会唤起人们头脑中福特主义时代男性工人的老旧思想，这种观念与安娜等街头小贩的经历和愿望越来越脱节。在本章中，我将展示为何街头小贩会在2018年的全国大选中给劳工党投反对票，这必须与更广泛的劳工危机及其在城市环境中的影响联系起来理解。继夏尔马和古普塔（Sharma and Gupta 2009, 4）之后，我认为“新兴的跨国经济秩序不仅重塑了全球劳动力的分布，而且还在多个层面上改变了公民身份、民族认同感与国家之间的关系”。

自20世纪80年代以来，劳动关系的灵活化加剧了世界各地工人的不稳定性，缩小了南半球与北半球之间工作经历的差异。然而，世界各地采取了各种各样的政策来应对这场危机。例如，崛起中的“全球无产阶级”（global precariat）的概念（Standing, 2014），源于北半球国家后工业社会工人的经历，其隐藏了世界上其他地区工人的政治和历史，而在那些地区，正规有酬雇佣模式从来不是常态（Munck, 2013; Breman and Linden, 2014; Ferguson and Li, 2018）。在这样的背景下，传统工人阶级组织的作用和意义必须受到严格考察，而不是想当然地假设。在巴西的政治史上，尤其是在20世纪80年代的民主斗争期间，工会扮演着重要的角色。然而，工会总是与工人阶 235
级的“精英群体”联系在一起（Tyler, 1982），而把大量不受劳动法保护的工人排除在外。巴西国家地理与统计局（Brazilian Institute of Geography and Statistics, IBGE, 2019）估计，总劳动力（3 800万人）的41.1%在非正规经济中就业。这种趋势在巴西街头随处可见，许多社会地位低下的工人用摆地摊来糊口度日，随着正规工作机会不断减少，他们面临的竞争越发激烈。

2018年，经5 750万巴西民众投票，雅伊尔·博索纳罗（Jair Bolsonaro）当选新总统，震惊全球。博索纳罗是极右翼的保守派政治家，多以激进言论和极端观点而闻名。他公开仇视同性恋，歧视女性，放开枪支管制“以枪制暴”，还支持破坏巴西的雨林。此次选举的结果是巴西传统左翼劳工党大败，从2002年开始一直到2016年迪尔玛·罗塞夫（Dilma Roussef）被弹劾，巴西总统都来自劳工党。人们曾经认为劳工党“道德良好并富有执政经验”（Samuels，2004，1000），但在此次选举中被诸多选民厌恶，他们认为劳工党是由罪犯主导的腐败党派（Richmond，2018）。在竞选过程中，博索纳罗从由少数极端保守派巴西人支持的边缘候选人，摇身一变成为大部分低收入非白人公民的选择（Richmond，2018）。

本章探讨了博索纳罗的胜利与巴西的雇佣劳动危机、劳工政治危机之间的关系。我提出了两个关键论点：第一，我认为，劳工党的衰落必须结合巴西在全球资本主义中的边缘地位来理解，更具体地说，是因为巴西历史上的工会运动将非雇佣工人及其利益排除在外（Breman and van der Linden，2014；Chun and Agarwala，2016）。第二，我认为这种衰落在地方层面上因劳工党的“卫生保健政策”（Garmany and Richmond，2020）而加剧，该政策旨在重现世界一流城市中纪律严明、穿着制服、有文件记录、有“秩序”的有酬雇佣工人的理念，但会对像安娜这样的街头小贩造成伤害。

除了上述内容，本章还有5个部分。在下一个部分里，我将追溯巴西新工会运动的兴起和20世纪80年代劳工党的诞生，并对劳工党成立时含有的“工人”这一象征性概念，以及这一概念含有的排外形式进行评价。接着，我研究了劳工党在贝洛奥里藏特市的发展轨迹，进而考察了劳工党的城市政策如何剥夺了街头小贩的若干权利并致其流离失所，这样的经历形成了街头
236 小贩的政治话语。本章使用了2018年至2019年4个月的实地调查收集的定性数据，辅以选举活动期间我与街头小贩的交谈内容进行分析。

巴西劳工党的兴衰

依附于资本主义的工会主义

拉丁美洲进入工业化晚期是冷战背景下国际层面根本性变化引发的结果，其中，北半球发达资本主义国家设法将自己的“发展”模式传播到世界其他地区也是原因之一（Hart, 2010）。一些拉丁美洲国家从产业和投资的转移中受益，尤其是巴西。西尔弗（Silver, 2003, 5-6）在评论这一转移过程时强调，虽然工业化国家的生产性资本外流减少了传统劳动力的流动，但也导致世界其他地区出现了“源于大规模生产工业扩张的、影响力巨大的新劳工运动”。这些运动不仅成功地改善了工资和工作条件，也是20世纪末民主传播背后的关键“主体”（Silver, 2003, 5-6）。

在独裁统治时期（1964—1985），巴西的劳工运动受到严重镇压。这一时期的特点是经济快速增长，被誉为“巴西经济奇迹”，1969年至1973年，年平均增长率达到10%。这种增长是由国家驱动的工业化主导的，它在很大程度上依赖跨国公司的存在，并催生了一个新的工业无产阶级。工业增长集中于圣保罗的ABC地区[3]，汽车和冶金工业在此得到了发展（Antunes and Santana, 2014）。虽然经济增长和生活水平的提高为军事独裁统治披上了合法性的外衣，但1973年石油危机后的经济衰退和通货膨胀的急剧上升削弱了对该政权的支持。面对日益增长的不满情绪，军方开始促进改革，使国家控制的社团主义联合运动中逐渐形成了一个反对派（Tyler, 1982）。

路易斯·伊纳西奥·达席尔瓦（Luis Inácio da Silva）于1978年当选为圣保罗州冶金工人工会主席，其任务是在通货膨胀的情况下积极争取更好的工作条件和更高的工资（Antunes
237 and Santana, 2014）。萨博-斯堪尼亚（Saab-Scania）公司的工人决定在1978年5月12日进行罢工。这场运动迅速蔓延到该地区的其他工厂，直到ABC地区有45 000名工人参加罢工（Humphrey, 1979）。这些事件催生了一种新的工会主义，开始积极反对军事政权。正如泰勒（Tyler, 1982, 316）所主张的：

> 1978年的罢工是围绕工资问题进行的，毕竟他们是行业精英：如果他们受雇于大型跨国公司，他们的工资是法定最低工资的三倍左右或更多。但在工资问题的背后隐藏着更深层次的政治影响。车间的新代表拒绝被动地接受巴西经济财富的不平等分配。

因此，工会成员在巴西劳动力中仅占一个相当有限的比例：工业有酬雇佣工人。这些工人被1930年代热图利奥·瓦加斯（Getúlio Vargas）执政期间制定的劳动法所覆盖，并能够通过工会组织进行集体谈判。这些法律有效地将社会权利扩大到正规的雇佣工人，加深了已经存在的种族、性别和阶级的不平等，并强化了公民身份有别的制度（Holston, 2008）。巴尔基耶西（2011, 7）描述了南非后种族隔离时期的类似情况，认为"挣工资决定了包容与排斥、特权与边缘化、繁荣与贫穷之间的界限。社会公民身份似乎是一条清晰的界线，将正常就业者与未充分就业者、失业者分开”。在巴西，这种由国家支持的社会公民体系将大量的城市工人排除在外，特别是第三产业的工人，如建筑工人、擦鞋匠和街头小贩（Holston, 2008）。这些工人不是与资本积累无关的“过剩人口”（Ferguson and Li, 2018），而是向工业化无产阶级提供低成本的服务，在资本主义的边缘地带发挥了关键性作用（Olivera, 2003）。

有组织的城市工业化无产阶级激发了1980年成立的劳工党所固有的“工人”的象征性概念。该党成为一股重要的政治力量，推动了重新民主化和国家经济模式的重新定位。卢拉等工会领袖成为国家舞台上的重要角色。在领导冶金工人罢工十二年后，卢拉在1989年的巴西总统竞选中名列第二（Antunes and Santana, 2014, 15）。

劳工党的出现应该与独裁政权的瓦解及其重要的进口替 238
代工业化政策联系起来理解。全球化工业生产外包为巴西的劳工政治以及劳工政治家的新时代扫清了道路。虽然该党的支持者成分复杂，但“1970年代末巴西新工会主义”运动的领导人不仅组成了劳工党创始小组的核心，而且随着该党的发展继续发挥关键作用（Samuels, 2004, 1006）。然而，巴西的工会运动不仅过去是，现在仍然只限于工人阶级中的少数人（Alves, 2000）。工会持续关注正规有酬雇佣工人，而忽视了很大一部分劳动人口。正如布雷曼和冯·德尔·林登（van der Linden）所说（2014, 934）：

> 在这些［南方］国家成立的工会，主要从大工业部门和

> 公共部门招募会员。他们争取的劳工权利和社会保障福利仍然只限于总劳动力的一小部分，而当信息化浪潮开始高涨时，这个优先群体所享有的正式就业条件被废除了。

巴西在20世纪90年代初经历了一次经济衰退，其特点是失业率和通货膨胀率上升，可支配收入减少（Amann and Baer, 2002; Duarte, 2013）。工业部门的工资就业人数开始下降，非正式工人在总劳动力中所占的比例从1991年的28%上升到20世纪90年代末的38%（Ulyssea, 2005）。来自不同行业的工会适应了新的不利的经济秩序，试图通过谈判而不是公开对抗来减少部分部门的损失（Boito, 1994; Alves, 2000）。为了应对政治格局的不断变化，受到日益丰富的地方政府行政经验的影响，劳工党以务实的方法来调和其社会主义的愿望（Samuels, 2004; Loureiro and Sand-Filho, 2019）。在三次全国选举失利后，卢拉和劳工党试图获得大多数人的认可，以便在2002年当选总统。尽管非正规劳动者和无酬劳动者以间接的方式受益，[4]但我认为，劳工党的协商政治忽视了不断变化的劳工世界的新挑战。针对有酬雇员的政策（如提高最低工资和强化劳动法），仍然将巴
239 西大部分劳动力排除在国家管辖范围之外。这些工人是工业化和城市化成功的基础，却没有享受到工业化和城市化带来的福利。

边缘化的工人和应有的城市权利

巴西工业中心的城市化，部分是由边缘化打工者的努力创

造的，他们通过主张自己从零开始建设城市的权利，来对抗对自己的排斥（Fischer et al, 2014）。这场公民的“起义”运动诞生于城市外围和贫民窟（Holston, 2008），为参与式民主的试验开辟了新的道路（Caldeira and Holston, 2015）。在重新民主化的过程中，住房方面的社会运动也在不断壮大，这构成了劳工党的另一个支持基础。受住房运动的影响，巴西劳工党控制的地方政府在20世纪80年代和90年代实施了创新的城市政策，这些政策后来在该党执掌国家政权后被联邦化（Friendly, 2013）。然而，尽管巴西的城市改革取得了进展，但新自由主义的兴起对该国城市政策的演进产生了巨大的影响（Rolnik, 2013）。此外，政策改革主要集中在住房问题与参与性规划，忽略了在城市公共空间摆摊售卖对于像安娜这样的无薪工人的生计越来越重要的问题（Nogueira, 2019）。

城市公共空间的生产已经成为当代资本主义资本积累的主要引擎之一（Brenner, 2004）。因此，存在着一场持久的“地域之争”（Rolnik, 2015），在这场战争中，城市越来越依赖房地产再开发和城市复兴项目来吸引投资和实现收入最大化。这些项目被吸引到具有价值潜力的被低估的地区，往往会导致弱势人群流离失所，这个问题在有关中产阶层化（Lee et al, 2016）和驱逐的研究（Atkinson, 2015）中被广泛讨论。然而，这些研究倾向于将“家庭”作为城市归属感的核心，而忽略了在城市的永久宜居性也是进入工作场所要面对的问题（Schindler, 2014）。然而，工作场所的变动往往会产生类似的失落感，这种失落感是由社交网络受到破坏引起的（Nogueira, 2019），影响了“依靠这些场所进行物质和精神再生产的边缘化人群”的生活（Crossa, 2009, 299）。

尽管非正规经济持续增长，但几乎没有关于非正规劳动者和
240 无酬劳动者为确保获得工作场所而进行斗争的报道（Brown, 2015）。许多城市有严格的规定，禁止街头小贩的活动。因此，为了生存，街头小贩往往被迫接受地方当局的临时安排，但这些安排并不能保证提供任何形式的社会保障或安全的工作场所（Itikawa, 2016）。他们也有能力反抗、挑战和颠覆新自由主义创业战略，这一战略禁止他们出现在都市环境中（Crossa, 2009）。然而，这些能力并没有转化为社会保障，在巴西，社会保障仍然只保护正规的有酬雇佣劳动力。对于像安娜这样的街头小贩来说，工作的权利与拥有工作场所的权利没有区别，而新自由主义的城市改革往往会破坏这一权利。

在下一节中，我将讨论贝洛奥里藏特的街头小贩案例，在1993年赢得地方选举后，巴西劳工党实施了创新的城市政策（Bedê and de Moura Costa, 2006）。我认为，尽管在住房领域取得了进展，但当地的城市政策一直在限制街头小贩的工作权和空间权。这样一来，我证明了全球劳工危机与巴西城市的地方性治理危机之间的联系。

贝洛奥里藏特街头小贩简史

“camelôs”代表了巴西城市中心街头小贩的一种历史类型，他们贩卖供国内消费的低价值产品（如食品、糖果、香烟

等)。自1897年贝洛奥里藏特建成以来,“camelôs”和其他类型的街头小贩就一直存在。贝洛奥里藏特作为巴西首个规划建设的城市,被建成米纳斯吉拉斯的新首府,在最初的几年里,饱受供应不足的困扰。当时街头小贩作为生活用品的供应商,在经济中起着至关重要的作用,而无执照商贩则挨家挨户地销售制成品。然而,地方当局认为后者的做法形成了对当地正规企业的不公平竞争。这种矛盾导致了1908年政府开始对有执照的小贩征税,对无执照的小贩罚款(Jayme and Neves, 2010)。历史上,街头小贩存在于城市的郊区,通过20世纪60年代的“普及”过程,他们在市中心变得很常见,并在随后的几十年里不断深入城市生活。尽管多年来经济和人口相对衰退和减少,但市中心仍然是一个重要的空间,主要为来自周边地区的工人阶级提供服务,他们要么在市中心工作,要么在日常通勤中会经过这里(Vilela, 2006)。 241

20世纪90年代的失业危机促使在市中心经营的街头小贩的数量增加。一种新型的街头“商人”进入传统街头小贩群体,他们是由失业的工业工人组成的,他们把遣散费投资于高质量的商品(如电子产品),然后在街上出售(Sandoval, 2007)。在贸易自由化的影响下,进口商品更加便宜,这群新的街头小贩在巴西所有大城市的街道上随处可见,成为当地零售商店面对的一种新的竞争形式。零售商业协会和商业工人工会的领导人的回应是要求政府对非正规的街头售货进行监管。街头小贩对公共空间的占用,使他们与商店老板和城市公共空间的日常使用者经常发生冲突,给市政管理造成了困难(Zambelli, 2006)。

20世纪90年代，在推动限量小贩注册登记的尝试受挫后，地方政府决定投资于一个“最终”解决方案，即建设受欢迎的购物中心，以便重新安置持照街头小贩。

2003年，当地政府制定了一项新的城市空间管理法规，时任市长费尔南多·皮门特尔（劳工党）将其称为“城市生活法规”，旨在“调节共存”城市中不同的人群（Vilela，2006）。2004年颁布的《安置规定》规定，禁止在没有适用的许可证的情况下将公共空间用于商业。同年，市中心“复兴计划”启动。这些政策的目标是“清理”街道上由街头小贩造成的“混乱”，同时促进他们的“正规化”，将他们赶入新建的购物中心。地方政府战略性地利用了“非正规性”的话语，使工人的流离失所合法化（Crossa，2016）。在当地媒体的支持下，街头小贩被描述成麻烦制造者，这些举措旨在约束无薪工人，将他们转变为正规店主，同时培养新的创业主体（Carrieri and Murta，2011；Kopper，2015）。这些普遍存在的购物中心的新创业者被要求支付租金和公共事业费用。他们中的许多人无法履行这些新的财务承诺，于是回到街头，在那里，等待他们的是一个更为恶劣的环境（Zambelli，2006）。对小贩而言，市政当局的主要目标
242 是清理街道。完成搬迁后，当局便终止了对商场的日常管理。

巴西经济得益于有利的外部条件，在随后的几年里进入一个新的增长周期。从2003年起，在经济增长的大背景下，巴西劳工党政府实施了旨在降低失业率、改变不平等和贫穷状况的社会政策（de Andrade Baltar et al，2010）。然而，巴西在21世纪最初十年的“成功”归结为执行务实政策，它们只在

一系列具体条件下可行（Loureiro and Saad-Filho, 2019）。当有利环境改变，经济收益便迅速丧失，对劳工党的支持也随之消失，劳工党还卷入数起贪污丑闻。正如马沙多和斯卡尔科（Machado and Scalco, 2020）认为，边缘化打工者对社会流动的渴望破灭了，被出卖感油然而生。面对不断恶化的生活水平和不断被定罪的威胁，选民对劳工党失去信任，觉得他们既没有能力又道德败坏。2013年，随着最近一次经济危机的影响逐渐显现，越来越多的人走上街头，以摆地摊为生（以街头小贩的身份谋生）。这种对贝洛奥里藏特市中心的"悄悄[再]侵占"（Bayat, 2000），导致关于城市空间用途的冲突再次出现，以及2017年新一轮的"城市复兴"。在下一节中，我将探讨这一政策是如何进一步加剧小贩对劳工党的反对，为极右翼国会议员雅伊尔·博索纳罗创造机会的。

街头小贩和城市政策

"他认为应该工作的时候才会工作"

2017年，贝洛奥里藏特任命了一位新市长，他负责解决市中心的"非正规"贸易问题。《贝洛奥里藏特核心地带行动计划》旨在将在公共场所经营的街头摊贩迁移到大众购物中心，该计划得到了市政法律的批准，雇佣了大量检查人员来管理使用公共场所。正如街头小贩、社会活动家埃琳娜（Elena）指出："[前市长]拉塞尔达（Lacerda）也派检查人员追捕我们，但没有现在这么多。现在这些人满街都是。”那些试图留在街上的小贩遭遇了更加频繁的骚扰。

市政当局认为这项政策是为了促进“街头小贩的社会和生产的包容性”，并给他们提供小商铺，前三个月的租金补贴为20
243 巴西雷亚尔（约合3.51英镑），此后将定期调整租金。[5]然而对于许多小贩来说，这是“换汤不换药”的政策，既限制他们的活动，还让他们欠店主的债。这项政策扰乱了为无薪工人提供重要生计的充满生机活力的大众经济。正如埃琳娜所指出：“那些习惯在街头工作的人不想被困在商场里。”

虽然商场对于街头小贩来说代表了自主性和流动性的丧失，但对于城市管理者来说，它代表了一种纪律和职业道德。我问这项计划的负责人——市政监管局规划负责人卢西奥（Lucio），为什么该政策遭到了街头小贩的反对。对此，他认为：

> 有些人不适应，因为商场有规则，有营业时间，有他们不能销售的产品清单，例如走私香烟。而且他们没有我们的职业道德……我说职业道德，不是在说对与错。我说的是，我们每天在同一时间起床，从上午9点到下午6点工作。他不是这样，他在自己认为该工作的时间工作。当他认为不该工作的时候，他就不工作！……因此他更喜欢充满活力的街头，而不是商场。

卢西奥试图通过解释与正规雇佣就业相关的“职业道德”和时间纪律的执行，为该政策辩护。正如米勒（2018）所指出的，低端有酬工作的常规节奏，往往与城市贫困人口每日忙碌无常的生活相矛盾。街头小贩的生活方式创造了与国家管理格格不入的时空状态。厄休拉（Ursula，负责城市监管的副主任）解释了这种搭配不当的情况："这一切都非常复杂，因为小贩对公共空间的要求非常随机。小贩要在街道哪处摆摊，与人流量、天色等条件有关，是吧？"那么对于厄休拉来说，街头小贩的"随机性"扰乱了城市的"空间秩序"（Roy，2012）。然而摊贩的移动很有规律。而且这种规律在时间和空间层面皆有体现，是对城市经济起伏的极佳的战略性反应：在城市四处走动，以便在一天中的特定时间找到顾客并售卖特定的产品，同时避免遭到检查人员的骚扰，并平衡照顾家庭和繁殖的责任。因此，搬到购物中心让街头小贩与城市的节奏脱节。

正如反对派——社会主义与自由党的女议员伊莎贝拉·贡 244
萨尔维斯（Isabella Gonçalves）解释的："街头贩卖是一个城市问题，是为城市空间的使用权利而斗争的问题，是与城市空间有关的阶级斗争。"她曾与街头小贩密切合作，阐明了与政府接触的新形式。当我问到街头小贩是否感觉自己被纳入与劳工党相关的"工人"类别时，她回答说：

> 街头小贩历来被排除在"工人"类别之外。我们正在争取让他们从权利的角度，从劳工权利的角度，而不是从刑法的角度来接近［国家］。它可能是检查机构，但仍然是从惩罚的角度设立的。因此，国家不承认他们是工人，劳动法也不承认，甚至工会也不承认。

重要的是，伊莎贝拉将城市空间的问题与之前讨论的合法“工人”的问题相联系。对于她来说，街头小贩被排除在国家对“工人”的理解之外，使得他们在工作概念与公民权利（以及相应的国家保障）紧密纠缠的情况下，容易遭到定罪和驱逐。事实上，抱怨遭到国家骚扰的小贩们提出的一个主要观点是，他们是工人，努力谋生养家糊口。在这种情况下，什么算“工作”和谁算“工人”不是学术问题，对于那些在城市经济边缘谋生的人来说，是一个生死攸关的问题。

在布拉沃伊（Burawoy, 1982）关于芝加哥机械师的开创性研究工作中，他展示了小店铺如何生产资本主义大规模生产良好运转的必需品。他的论述提供了一个经验性的理解，即劳动是如何产生特殊主体的过程。米勒（2018）的新书探讨了在不同条件下形成的主体性，描述了在里约热内卢垃圾场谋生的拾荒者的“生活形式”。她以最近对非正规性概念的批评为基础，强调其在福特主义工厂创造的官僚形式是例外，而在非规范的情况下，非正式性是多余的。在米勒工作的基础上，我认为贝洛奥里藏特的街头小贩的政治主体性，与构成劳工党群众基
245 础的工会工人的主体性不同。重要的是，市政当局一直试图使那些工人群体正规化——对于这些工人群体来说，正规化往往代表着失去自主性和流动性。在这个过程中，这种主体性一再被市政当局误解。

本章开头介绍的街头小贩安娜告诉我，虽然她成功接受了护士培训，但她从未寻找过一份正规的工作；相反，她已经习惯了街头小贩的生活，并享受其带来的流动性和旅行的感觉。对

于许多工人来说，这种相对的自主性是平衡工作与维护社交网络、关心他人的关键，也是获得享受社会政策、使用其他公共基础设施所需的时间的关键。然而，他们“生活形式”的关键与市政府的政治优先事项相冲突。

“劳工党背叛了街头小贩！”

《贝洛奥里藏特核心地带行动计划》成功地将许多小贩赶进了大众商场，但销售额不足以让他们支付租金和维持生计。作为反击，街头和商场里的小贩开始组织起来，争取更好的工作条件。2018年6月到9月，我跟随他们参加会议和抗议活动，并参访了大众购物中心。正是在这段时间，我认识了法比奥，一个在街头工作且激进的（积极投身于政治）水果摊贩。他拉我加入了两个群聊，小贩们用这两个群聊来传递信息、计划行动，但主要用于闲聊，互相保持联系。

当巴西全国大选开始时，许多街头小贩都表示支持博索纳罗，这令我感到惊讶。我之所以惊讶，是因为博索纳罗的竞选活动是围绕着对犯罪行为的“零容忍”态度展开的，而这一议程可能会转化为对无证街头小贩的进一步压制。尽管如此，街头小贩还是在博索纳罗身上看到了改变的可能性。正如另一个小贩卢卡斯所说：

> 指望劳工党政府进行变革是没有意义的。如果它在这些年里没有成功，那么在未来四年里也不会成功。这是我的

> 看法。即使博索纳罗表现不好，他仍然会带来一些改变……劳工党若再次胜选将不会带来任何改变，只意味着接受灾难。

现状是一场“灾难”，因此任何形式的变革都显得更为可
246 取——即便这种变革将带来独裁统治。在地方和国家层面上，许多街头小贩历来被劳工党的政策所边缘化，他们觉得自己已经没有什么可失去的了。这种情况与世界各地近期的其他选举类似，这些选举使右派民粹主义以各种不同的形式崛起。和安娜一样，卢卡斯认为劳工党政府没有给他的生活带来什么积极的变化。相反，它的政策被认为是一种背叛，“劳工党非常喜欢工人，它给我们建了一个小盒子，告诉大家，街头小贩拥有商店。劳工党背叛了街头小贩！”他的话表明了地方政策是如何影响全国选举结果的。在先前提到的伊莎贝拉·贡萨尔维斯的办公室担任顾问的街头小贩尚海（Shanghai）也赞同卢卡斯对劳工党的看法：

> ［在成为社会活动家之前］我看不出政治能给我们［街头小贩］带来什么好处。以至于劳工党开始将街头小贩驱逐出街道。对于我们来说，这是一场巨大的骗局，因为我们知道那些所谓“代表”工人的人其实在严重地伤害我们。

尚海的话进一步说明了街头小贩的幻灭感，他们被一个“本该代表工人利益的”政党驱逐。这一现象挑战了该党名称

中所引用的“工人”的狭隘观念，以及该党对街头小贩的排斥。其他成员将当前危机的根源追溯到21世纪初皮门特尔的政府。“伙计们，这很简单。将街头小贩赶出市中心的人是皮门特尔，他是劳工党的人。因此，在周日（选举日）好好想想吧。”

因此，皮门特尔的政府被视为贝洛奥里藏特街头小贩命运的转折点。尽管当局的骚扰早已成为他们日常生活的一部分，但是《安置规定》的颁布意味着将他们的工作完全定为犯罪，并剥夺了他们的生计。最近一轮的“复兴”和搬迁唤起了一种集体创伤感，这种创伤感可以追溯到皮门特尔政府时期。我认为，这种创伤感的根源，以及许多街头小贩最终选择支持博索纳罗的决定，可以追溯到1980年劳动党成立时所运用的狭隘的“工人”概念。

结论 247

正如世界上大部分地区一样，巴西的非正规工人历来被排除在工会运动之外（Chun and Agarwala, 2016）。这种排斥，再加上经济的日益信息化（Nitahara, 2019）和城市空间的商品化（Klink and Denaldi, 2016），对街头小贩的工作、生活产生了特别有害的影响。由于缺乏正式工人享有的保障，街头小贩深受经济危机的影响，而地方当局试图以“复兴”城市空间和吸引投资的名义，将他们在城市中的存在定为犯罪（Crossa, 2009; Costa and Magalhães, 2011; Itikawa, 2016），令他们的状况更为恶化。虽然巴西承认“城市的权利”是一项集体权利，也因为这项进步的城市政策而受到国际赞誉（Fernandes，2007），但却忽略了街头小贩在城市中谋生的权利（Nogueira，2019）。

我已经说明，“劳工危机”是一个多层面的危机，它表现在地方和国家政治的交叉点上。随着全球市场的重组持续改变国家、民族身份与公民身份（权利）之间的关系（Sharma and Gupta，2009），城市成为这一危机被谈判协商和争论的主舞台，进而引发了关于进入和使用城市空间的持续争议。因此，城市既是一个给边缘化工人带来不确定性和威胁的投机场所，也是一个潜在的竞技场，其通过在被排除于工会运动之外的新兴政治组织的各种形式之间展开竞争（Chun and Agarwala，2016；Ferguson and Li，2018）。在贝洛奥里藏特，被驱逐的工人最近创建了街头摊贩支持中心（Centro de Apoio ao Trabalhador Ambulante），正在为受疫情影响的小贩提供支持。

在世界各地，建立在工业雇佣工人组织基础上的政党正在努力动员选民，而极右翼民粹主义正在崛起。至此，我认为，街头小贩的政治话语（其长期以来被排除在传统劳工组织之外），阐明了更具包容性的工人阶级政治模式。街头小贩的政治主体性并非形成于20世纪70年代和80年代的巴西福特主义的工厂中，而是自20世纪最初十年以来在贝洛奥里藏特等城市的街头。只有关注这些人的主体性，包括他们的（工作、生活）
248 节奏及其带来的“生活形式”（米勒，2018），我们才可能达成一种能够克服全球劳工危机的更具包容性的政治。

致谢

感谢当地的受访者，尤其是街头小贩和街头摊贩支持中心的工作人员，感谢他们友好地分享了自己的时间和见解。

注释

1　巴西一种常见的街头小贩职业的方言表述，他们通常在公共场所使用摊位或桌子销售产品（Richmond, 2020）。

2　路易斯·伊纳西奥·达席尔瓦，也就是人们口中的卢拉，曾于2003年至2010年担任巴西总统，是巴西劳工党最具影响力的政治家。

3　ABC地区是一个由大圣保罗区的三个城市组成的工业地区——圣安德烈（Santo André）、圣贝尔纳多-杜坎普（São Bernardo do Campo）和南圣卡埃塔诺（São Caetano do Sul）。

4　然而我们必须认识到政策的直接和间接影响，如家庭援助金计划（Bolsa Família），这是一项有附加条件的现金转移计划，巴西劳工党政府因此得到了国际认可。尽管结果是积极的，但家庭援助金应被理解为一项社会政策，以“补偿经济［新自由主义］改革的不对称冲击”（Saad-Filho, 2015, 1232）。

5　在最初的三个月里，租金被定在36雷亚尔（6.32英镑），此后逐年增加为56雷亚尔（9.83英镑）、105雷亚尔（18.44英镑）和208雷亚尔（36.53英镑）。五年以后，租金将不再由政府补贴，改由按市场水平来确定。

参考文献

Abers, R. (1996) 'From ideas to practice: The Partido dos Trabalhadores and participatory governance in Brazil', *Latin American Perspectives,* 23(4): 35–53.

Abers, R. (2001) 'Learning democratic practice: Distributing government resources through popular participation in Porto Alegre, Brazil', in Freire, M. and Stren, R. (eds) *The Challenge of Urban government: Policies and Practices,* Washington DC: World Bank Group, 129–143.

Alves, G. (2000) 'Do "novo sindicalismo" à "concertação social": Ascensão (e crise) do sindicalismo no Brasil (1978–1998)', *Revista de Sociologia e Política,* 15: 111–124.

Amann, E. and Baer, W. (2002) 'Neoliberalism and its consequences in Brazil', *Journal of Latin American Studies,* 34: 945–959.

249 Antunes, R. and Santana, M.A. (2014) 'The dilemmas of the new unionism in Brazil: Breaks and continuities', *Latin American Perspectives,* 41(5): 10–21.

Arantes, P.F. (2009) 'Em busca do urbano: marxistas e a cidade de São Paulo nos anos de 1970', *Novos Estudos CEBRAP,* 83: 103–127.

Atkinson, R. (2015) 'Losing one's place: Narratives of neighbourhood change, market injustice and symbolic displacement', *Housing, Theory and Society,* 32 (4): 373–388.

Barchiesi, F. (2011) *Precarious Liberation: Workers, the State, and Contested Social Citizenship in Postapartheid South Africa,* Albany: Suny

Press.

Bayat, A. (2000) 'From "dangerous classes" to "quiet rebels": Politics of the urban subaltern in the global south', *International Sociology,* 15 (3): 533–557.

Bedê, M.M.C. (2005) 'Trajetória da formulação e implantação da política habitacional de Belo Horizonte na gestão da Frente BH Popular 1993–1996', unpublished Masters dissertation, UFMG Belo Horizonte.

Bedê, M.M.C. and de Moura Costa, H.S. (2006) 'Entre as idéias eo contexto: Uma discussão sobre a política municipal de habitação na gestão da Frente BH Popular (1993–1996)', *Revista Geografias,* 2: 56–73.

Boito, A. (1994) 'De volta para o novo corporativismo: A trajetória política do sindicalismo brasileiro', *São Paulo em Perspectiva,* 8: 23–28.

Breman, J. and Linden, M. (2014) 'Informalizing the economy: The return of the social question at a global level', *Development and Change,* 45(5): 920–940.

Brenner, N. (2004) *New State Spaces: Urban Governance and the Rescaling of Statehood,* Oxford: Oxford University Press.

Bretas, P.R.P. (1996) 'Participative budgeting in Belo Horizonte: Democratization and citizenship', *Environment and Urbanization,* 8(1): 213–222.

Brown, A. (2015) 'Claiming the streets: Property rights and legal empowerment in the urban informal economy', *World Development,* 76 : 238–248.

Burawoy, M. (1982) *Manufacturing Consent: Changes in the Labor Process under Monopoly Capitalism,* Chicago, IL: University of Chicago Press.

Caldeira, T. and Holston, J. (2015) 'Participatory urban planning in Brazil', *Urban Studies,* 52 (11): 2001–2017.

Cardoso, F.H. and Faletto, E. (1979) *Dependency and Development in Latin America* [*Dependencia y desarrollo en América Latina*], Berkeley, CA: University of California Press.

250 Carrieri, A.P. and Murta, I.B.D. (2011) 'Cleaning up the city: A study on the removal of street vendors from downtown Belo Horizonte, Brazil', *Canadian Journal of Administrative Sciences/ Revue Canadienne des Sciences de l'Administration,* 28 (2): 217–225.

Castells, M. (1973) *Imperialismo y urbanización en América Latina,* Barcelona: Editorial Gustavo Gili.

Chun, J.J. and Agarwala, R. (2016) 'Global labour politics in informal and precarious jobs', in Edgell, S., Gottfried, H., & Granter, E. (eds) *SAGE Handbook of the Socioliogy of Work and Employment,* Los Angeles, CA: Sage Publications Ltd, pp.634–650.

Costa, G.M. and Magalhães, F.N. (2011) 'Processos sociospaciais nas metrópoles de países de industrializaçaõ periférica', *Revista Brasileira de Estudos Urbanos e Regionais,* 13(1): 9–25.

Crossa, V. (2009) 'Resisting the entrepreneurial city: Street vendors' struggle in Mexico City's historic center', *International Journal of Urban and Regional Research,* 33(1): 43–63.

Crossa, V. (2016) 'Reading for diff erence on the street: De-homogenising street vending in Mexico City', *Urban Studies,* 53 (2): 287–301.

de Andrade Baltar, P.E., dos Santos, A.L., Krein, J.D., Leone, E., Weishaupt Proni, M., Moretto, A., Gori Maia, A. and Salas, C. (2010) 'Moving towards decent work. Labour in the Lula government: refl ections on recent Brazilian experience', Global Labour University Working Paper.

de Oliveira, F. (2003) *Crítica à Razão Dualistao/O Ornitorrinco,* São Paulo: Boitempo.

Duarte, P.H.E. (2013) 'Structural unemployment in Brazil in the neoliberal era', *World Review of Political Economy,* 4(2): 192–217.

Erickson, K.P. and Peppe, P.V. (1976) 'Dependent capitalist development, US foreign policy, and repression of the working class in Chile and Brazil', *Latin American Perspectives,* 3(1): 19–44.

Ferguson, J. and Li, T.M. (2018) 'Beyond the "proper job": Politicaleconomic analysis after the century of labouring man' Working Paper No. 51. Cape Town: PLAAS, University of the Western Cape.

Fernandes, E. (2007) 'Implementing the urban reform agenda in Brazil', *Environment and Urbanization,* 19(1): 177–189.

Fischer, B., McCann, B. and Auyero, J. (eds) (2014) *Cities from Scratch: Poverty and Informality in Urban Latin America,* Durham, NC: Duke University Press.

Fox, S. (2014) 'The political economy of slums: Theory and evidence from Sub-Saharan Africa', *World Development,* 54: 191–203.

Friendly, A. (2013) 'The right to the city: Theory and practice in Brazil', *Planning Theory & Practice,* 14 (2): 158–179.

Garmany, J. and Richmond, M.A. (2020) 'Hygienisation, gentrification, and 251 urban displacement in Brazil', *Antipode,* 52(1): 124–144.

Goul Andersen, J. and Jensen, P.H. (2002) *Changing Labour Markets, Welfare Policies and Citizenship,* Bristol: Policy Press.

Hart, G. (2010) 'D/ developments after the Meltdown', *Antipode,* 41(sl): 117–141.

Holston, J. (2008) *Insurgent Citizenship: Disjunctions of Democracy and Modernity in Brazil,* Princeton, NJ: Princeton University Press.

Humphrey, J. (1979) 'Auto workers and the working class in Brazil', *Latin American Perspectives,* 6 (4): 71–89.

IBGE (2019). PNAD Contíntua. *Agência IBGE Notícias.* Available at https:// agenciadenoticias.ibge.gov.br/ agencia-noticias/ 2012-agenciade-noticias/ noticias/ 26741-desemprego-cai-para-11-9-na-media-de-2019-informalidade-e-a-maior-em-4-anos.

Itikawa, L.F. (2016) 'Women on the periphery of urbanism: Subordinate informality, disarticulated autonomy and resistance in São Paulo, Mumbai and Durban', *Revista Brasileira de Estudos Urbanos e Regionais,* 18: 51–70.

Jayme, J.G. and Neves, M.D.A. (2010) 'Cidade e espaço público: política de revitalização urbana em Belo Horizonte', *Caderno CRH,* 23 (60): 605–617.

Jenkins, J.C. and Leicht, K. (1997) *Class Analysis and Social Movements: A Critique and Reformulation,* Ithaca, NJ: Cornell University Press.

Klink, J. and Denaldi, R. (2016) 'On urban reform, rights and planning challenges in the Brazilian metropolis', *Planning Theory,* 15(4): 402–417.

Koonings, K. (2004) 'Strengthening citizenship in Brazil's democracy:

Local participatory governance in Porto Alegre', *Bulletin of Latin American Research,* 23(1): 79–99.

Kopper, M. (2015) 'DE CAMELÔS A LOJISTAS: a transição do mercado de rua para um shopping em Porto Alegre', *Caderno CRH,* 28 (75): 591–605.

Lewis, W.A. (1954) 'Economic development with unlimited supplies of labour', *Manchester School,* 22: 139–191.

Loureiro, P.M. and Saad-Filho, A. (2019) 'The limits of pragmatism: The rise and fall of the Brazilian Workers' Party (2002–2016)', *Latin American Perspectives,* 46(1): 66–84.

Machado, R.P. and Scalco, L.M. (2020) 'From hope to hate: The rise of conservative subjectivity in Brazil', *HAU: Journal of Ethnographic Theory,* 10 (1): 21–31.

Maram, S.L. (1977) 'Labor and the Left in Brazil, 1890–1921: A movement aborted', *Hispanic American Historical Review,* 57(2): 254–272.

Maricato, E. (1979) *A produÇão capitalista da casa (e da cidade) no Brasil* 252
industrial, São Paulo: Editora Alfa-Omega.

Millar, K.M. (2018) *Reclaiming the Discarded: Life and Labor on Rio's Garbage Dump,* Durham, NC: Duke University Press.

Munck, R. (2013) 'The precariat: A view from the South', *Third World Quarterly,* 34 (5): 747–762.

Navarro, R.G. and de Lacerda Godinho, M.H. (2002) 'Movimentos sociais (populares), Conselho Municipal e órgão gestor na defi nição e implementação da política habitacional em Belo Horizonte–década de

1990', *Cadernos Metrópole,* 7: 59–74.

Nitahara, A. (2019) 'Informalidade no mercado de trabalho é recorde, aponta IBGE', Agência Brasil, available at https:// agenciabrasil.ebc.com. br/ ublishe/ noticia/ 2019-10/ informalidade-no-mercado-de-trabalho-e-recorde-aponta-ibge.

Nogueira, M. (2019) 'Displacing informality: Rights and legitimacy in Belo Horizonte Brazil', *International Journal of Urban and Regional Research,* 43(3): 517–534.

Nylen, W.R. (2002) 'Testing the empowerment thesis: The participatory budget in Belo Horizonte and Betim, Brazil', *Comparative Politics,* 34(2): 127–145.

Polanyi, K. (1944) *The Great Transformation,* New York, NY: Rinehart.

Reis, E.P. (2000) 'Modernization, citizenship, and stratifi cation: Historical processes and recent changes in Brazil', *Daedalus,* 129: 171–194.

Richmond, M.A. (2018) 'Bolsonaro's conservative revolution, Jacobin, 8 March. Available at https:// jacobinmag.com/ 2018/ 10/ brazil-election-bolsonaro-evangelicals-security.

Richmond, M.A. (2020) 'Narratives of crisis in the periphery of São Paulo: Place and political articulation during Brazil's rightward turn', *Journal of Latin American Studies,* 52(2): 241–267.

Rolnik, R. (2013) 'Ten years of the City Statute in Brazil: From the struggle for urban reform to the World Cup cities', *International Journal of Urban Sustainable Development*, 5(1): 54–64.

Rolnik, R. (2019) *Urban Warfare,* London: Verso.

Roy, A. (2012) 'Why the middle class matters: Commentary on Victoria Lawson with Middle Class Poverty Politics Research Group's "Decentring poverty studies: middle class alliances and the social construction of poverty" ', *Singapore Journal of Tropical Geography,* 33 (1): 25–28.

Saad-Filho, A. (2015) 'Social policy for neoliberalism: The Bolsa Família programme in Brazil', *Development and Change,* 46(6): 1227–1252.

Samuels, D. (2004) 'From socialism to social democracy: Party organization 253
and the transformation of the workers' party in Brazil', *Comparative Political Studies,* 37(9): 999–1024.

Sandoval, S.A. (2007) 'Alternative forms of working-class organization and the mobilization of informal-sector workers in Brazil in the era of neoliberalism', *International Labor and Working-Class History,* 72: 63–89.

Schindler, S. (2014) 'Producing and contesting the formal/ informal divide: Regulating street hawking in Delhi, India', *Urban Studies,* 51(12): 2596–2612.

Sharma, A. and Gupta, A. (2009) *The Anthropology of the State: A Reader,* Hoboken, NJ: John Wiley & Sons.

Siegmann, K.A. and Schiphorst, F. (2016) 'Understanding the globalizing precariat: From informal sector to precarious work', *Progress in Development Studies,* 16(2): 111–123.

Silver, B.J. (2003) *Forces of Labor: Workers' Movements and Globalization since 1870,* Cambridge: Cambridge University Press.

Standing, G. (2014) 'Understanding the precariat through labour and work',

Development and Change, 45 (5): 963–980.

Tyler, C. (1982) 'Trade unionism in Brazil', *Third World Quarterly,* 4(2): 312–320.

Ulyssea, G. (2005) 'Informalidade no mercado de trabalho brasileiro: uma resenha da literatura', *Brazilian Journal of Political Economy,* 26(4): 596–618.

Vilela, N.M. (2006) 'Hipercentro de Belo Horizonte: movimentos e transformações espaciais recentes', unpublished PhD thesis, UFMG Belo Horizonte.

Zambelli, P.H.L. (2006) 'O trabalho informal dos Camelôs da Região Central de Belo Horizonte e a transferência para os shoppings populares', unpublished dissertation (Masters in social science) Pontifícia Universidade Católica de Minas Gerais, Belo Horizonte.

第四部分　机遇

11 非同寻常：没有工作的伦敦社会——危机、慈善与照料并存

多拉-奥利维亚·维科尔

引言

马塞尔（Marcel）和10个罗马尼亚人一起住在大伦敦郊区某套三居室的房子里。其中7个男人每天从早到晚在洗车场工作，每隔11个小时换班，轮流负责冲洗、擦洗车辆，城市中的摩天大楼的阴影笼罩着他们。这项工作十分艰苦：工人若是想吃午餐，就必须利用前一辆汽车离开与下一辆汽车预备驶入之间的短暂间隔偷偷来吃，还要时刻准备好投入工作。但这算一份工作，而马塞尔已经连续做了四年的洗车工，其他人还在伦敦与罗马尼亚两地间往返，不停地更换新的工作，希望能在其他行业"功成名就"。洗车工作虽然有自身的缺点，却能给人带来尊严。它带来正常工作的感觉，让员工知道，自己头顶有屋檐遮风避雨，有所保障，而且明天的工作可能会比今天轻松一点。从

很多方面看，洗车工作确实是一份普通工作。[1]

2020年3月，伦敦暴发新型冠状病毒肺炎疫情，和很多北半球国家一样，伦敦的生活陷入停滞，洗车工的工作也因此突然中断。马塞尔和同事们突然都遭解雇，没有接到任何通知或补偿，只有企业断然的拒绝，好像他们与企业毫无瓜葛。他们的积蓄微薄，无法在失业期间找到其他工作，为了吃饱饭要拼
258 命努力，更别说交房租了。正在这时，他们联系了工作权利中心（这是一家小型工作权利慈善机构，我有幸从2016年开始成为他们中的一员），那里有一个社会工作者小组，为人们提供关于公正就业问题的免费咨询。

多年以来，马塞尔和他的同事们一直是临时工，他们联系工作权利中心的举动，说明他们迫切需要帮助。他们意识到，从前遇到危机时，凭借自己的适应能力，总能找到其他工作，但是与以往不同，这次的工作机会少之又少。另外，在慈善机构的顾问看来，马塞尔等人的情况只是个开端，接下来还会有更多其他情况。这些案例既说明了疫情之下个人的经历大相径庭，还表明了需要投入巨大的精力才能管理没有工作机会的社会。

本章探讨了全球危机下的慈善工作，这种工作的从事者和服务对象同为有酬雇佣之外的劳动者。通过借鉴新型冠状病毒肺炎疫情封控期间展开的研究，加上与工作权利中心合作四年获得的支持，我认为，一线社会工作者已经自力更生，填补了政府留下的政策空白。这次疫情危机证明，需要对最弱势群体进行彻底的再次分配和保护。然而，英国政府对此的反应依然是赋予工资工作者特权，把休假的安全网罩在有保障的就业者身

上，让临时工、自雇型劳动力和零工经济群体在不断萎缩的福利系统中跋涉。我在本章中写道：在这种情况下，慈善工作是服务，也是关怀。慈善工作是专业服务，致力于转变分层式再分配系统中的财政补助，在此系统中，每项国家补助都需要提交某项详尽的电子申请。但慈善工作也是一项个人化的关怀服务，在不稳定时期重建人文关怀，常常利用悲喜剧来颠覆主导的权力关系。

我首先简要回顾了封控的措施，以及这些以工资为中心的再分配形式如何被赋予特权。然后把重点集中于慈善顾问的工作，记录一线工作中持续出现的解读、幽默和共享。虽然这些关怀的作用有限，虽然它们的存在转瞬即逝，但是我认为，它们的存在反映了工资经济边缘领域中的另一种社会再生产项目。

陷入停滞

马塞尔和同事们居住的社区是伦敦城里移民人数最多的社区。罗马尼亚移民聚集在伦敦的北郊和东郊，因为那里租房更便宜，跨国网络也很完善。2007年罗马尼亚加入欧盟时，伦敦的罗马尼亚移民人数为1.1万，2018年增加到14.8万人之多，259
成为仅次于英国人的第二大民族（APS，2018）。很多罗马尼亚移民在伦敦的知识经济中找到工作，进入英国大学学习。但更多的罗马尼亚移民在伦敦的建筑业、清洁业、酒店业和快递业找到了工作——在服务于这座全球性都市的二线行业中工作（May et al，2007）。

罗马尼亚移民的经历仅是伦敦社会流动的漫长历史中的一个插曲（Panayi, 2020）。在伦敦这座大都市里，每天有500万名乘客在迷宫般的地铁网络中推挤，在这座城市中穿梭。在地面上，可以看见建筑工地上高高的起重机，展示了土地、材料、资本和人员的频繁流动，正是他们用一个多世纪的时间改造了伦敦城。20世纪50年代，来自加勒比海地区和印度次大陆的移民来到这里，帮助重建“二战”期间被摧毁且人口稀少的伦敦城。还有那些受到迫害而去英国寻求庇护的人，例如20世纪70年代为逃离乌干达总统阿明（Idi Amin Dada）独裁统治的亚裔乌干达难民，以及21世纪为远离伊拉克和阿富汗战争，而前往伦敦寻求庇护的人（Spencer, 2011）。历史上，种族化的边境制度限制了南半球国家的人进入伦敦，同时让像马塞尔这样的欧洲移民能够来到伦敦（Fox et al, 2012）。更多人来到伦敦，是为了追求工作、学业、家庭，实现个人抱负。正如史蒂文·沃托维克（Steve Vertovec, 2007）所说，伦敦是一座“超级多元化的”大都市，每9位伦敦居民中就有2位是移民（APS, 2018）。这种情况一直持续到伦敦“陷入停滞”之时。

2020年3月23日晚，英国实施全面封锁。在唐宁街10号，英国保守党首相鲍里斯·约翰逊（Boris Johnson）坐在书桌后，神色凝重，呼吁商店停业，让员工回家。SARS-Cov-2，也就是人们所说的新型冠状病毒的病原体，已经在意大利、伊朗和西班牙等国夺走数千条生命。经过几个月的漠视和延误，伦敦终于宣布停业封锁。除了出门购买生活必需品、找医生看病、外出锻炼或前往必要的工作地点等理由，警方有权对因其他原因离开家的人罚款。根据指示，能源和食品生产、交通运输和英国国家医疗服务体系（National Health Service, NHS）等“重要部门”的雇主，需要调整工作场所规定来应对疫情，商店货架上的洗手液、口罩和“两米安全距离”的标志等早已售空。只要可能，知识经济领域的工人带上笔记本电脑，在家里的临时办公室安营扎寨。然而对于其他人来说，封锁引发了一场实时危机，260
并与英国以工资为中心的再分配政策产生了尖锐的矛盾。

“破天荒”的政府干预

英国正式封锁前三天，近期被任命的财政大臣里希·苏纳克（Rishi Sunak）宣布，英国政府将给因封锁措施而无法工作的雇员发工资。按照“新型冠状病毒工作保留计划”（Coronavirus Job Retention Scheme, CJRS），政府同意为雇主保留的雇员支付80%的工资，每月最多2 500英镑，约等于英国2019年的薪资中值。政府能提供的金额将没有上限。财政大臣宣布，政府“将拨款支持尽可能多的工作”（2020）。

对于曾经实施过财政紧缩政策的保守党行政部门来说（见本书斯特朗的论述），封锁是破天荒的举措。代表雇主利益的英国工业联合会（Confederation of British Industry, CBI）对这一举措表示欢迎，认为它是“前所未有的企业与政府共同努力的结果，来帮助我国以最小的损失走出危机”（CBI, 2020）。英国媒体对此的描述是“激进的举措，旨在保护民众的工作”（BBC News, 2020），对于防止企业破产或裁员来说意义重大。某观察员指出，该计划的主要优点是，能阻止失业率提高到2007年至2009年金融危机期间的水平（*The Economist*, 2020a）。然而，尽管该举措得到众多民众的支持，但仍然存在很多不足之处。

右翼批评者首先指出了这些政治措施导致的经济方面的意外后果。根据第一组规则，“新型冠状病毒工作保留计划”是二元的。资本家雇主可以选择维持员工疫情前的工资水平，或选择让他们回家休假（无薪），这就形成了一种匪夷所思的激励机制——完全停止而不是调整生产活动（Standing, 2020）。[2]政府计划中固有的“全有或全无”的方法也受到批评，因为它限制了劳动力市场的流动性。《经济学人》（2020a）的某项分析指出，那些在家休假的工人，工资是从前的80%，感染新冠病毒的风险较低，用于旅行和照顾孩子的费用也较低，因此他们没有多少理由继续留在原来的部门工作。

但是在我看来，该计划还有更深层次的、更严重的局限性。越来越多的英国人从事不符合标准雇佣关系的工作，而该
261 计划在很大程度上没能意识到也没能照顾到这些人的利益。在卓越的说辞之外，英国政府“破天荒”的救援计划不过是再现了雇佣劳动者与无酬劳动者之间根深蒂固的差异罢了。

对非正规就业工人和临时工的排斥

尽管民众展现出宽宏大量的气度，但不是每个人都有权休假。关键是，政府的资助只面向雇主开放申请，而非雇员。民众

不断问及如何才能“申请休假”，几乎要把工作权利中心的顾问给问烦了。现实情况是，对于民众来说，申请休假从来不是一种选择。有些公司资源充足，足以申请政府计划，那些公司里的雇员能在休假时享受原工资金额的80%，在某些情况下，甚至雇主会弥补剩下的20%雇员工资。2020年5月3日，实施封锁不到两个月，多达80万家公司（雇佣了约630万名工人）已经申请了政府的休假计划，政府的相应支出几乎与每个月的英国国家医疗服务体系费用持平（*The Economist*, 2020b）。然而对于很多人来说，选择是有限的。

像马塞尔这样的人用现金交易，没有签署任何书面条款，客户付他的钱还达不到英国最低工资（自2020年4月起定为8.72英镑）的一半，自然被排除在外。几个小时的电话沟通后，社会工作者得知，在过去几年里，马塞尔和他的同事们通过“互相支持”，得以在伦敦生存。他们住在一起，每周6天并肩工作。在他们当中，只有一个人在税务机关——英国税务及海关总署（HMRC）——的账簿上被登记为“兼职”工作者，但他的实际工作时间被严重低估。某些雇主（如马塞尔的老板）会突然打电话给英国税务及海关总署，登记自己的雇员，承认自己逃税多年，并要求政府拨款，对此，政府自然不会同意。

但是，你不必经历个别雇主的虐待性行为，就能够跌出安全网。以工资为中心的休假也巧妙地避开了整个正规却不稳定的劳动力市场的部门。英国的就业状况将雇员（employee）与工作者（worker）进行区分，前者享受最高级别的保护，后者缺乏与长期稳定性有关的部分权利，包括获得遣散费。几乎

有100万英国人（其中13%是移民）按临时工合同工作（ONS，
262 2020a）。从理论上讲，这样的工作者也有资格休假。然而实际情况是，能否休假完全取决于他们雇主的意愿。除非有法定义务，否则没有什么能阻止贪得无厌的企业解雇零时工人。因为他们的就业状况十分灵活，所以他们常常被算作可有可无的劳动力。

类似的无力感在自雇人士中也很明显，2020年3月，自雇人士超过500万人（ONS，2020b）。从中我们可以看出，首先，在英国独立工作者联盟（Independent Workers Union of Great Britain）威胁要对财政大臣提出诉讼后，原先拨给劳动者的直接援助类型才扩展到自雇人士（Booth，2020）。三天后，也就是2020年3月26日，英国财政部（Treasury or HM Treasury）宣布了另一项“世界领先的”政府干预措施（Right Hon Rishi Sunak MP，2020）。“自雇收入支持计划”（Self-Employed Income Support Scheme，SEISS）承诺，支付给独资经营承包人过去三年里登记的平均收入的80%，但谨记，政府网站上那行“如何申请”的标题颇具迷惑性，因为有小字清楚地写道，“不存在申请程序”。如果候选人被认为是满足条件的，英国税务及海关总署会给他们打电话。在最初几个月里，唯一能做的事情就是等待。[3]对于近期才成为自雇人士的15.1万人来说，情况看起来更加无望（ONS，2020c）。鉴于该计划是基于过去的纳税申报单，原则上纳税申报单只能在一个财政年度结束后的10个月内提交，任何自2019年4月起成为自雇人士且尚未提交纳税申报单的人都无法参与“自雇收入支持计划”。

皮埃尔·布尔迪厄（Pierre Bourdieu）在著作《帕斯卡尔

式的沉思》中写道,“迫使人们等待……拖延,同时不去摧毁希望”,是统治不可或缺的部分(Auyero, 2011)。由于疫情导致的封锁,突然间,数百万名工作者只能充当沉默的旁观者,看着政府给别人慷慨解囊。身为旁观者的工作者,只能眼巴巴地看着政府许诺用国库拨款实施特殊救济,自己却没有办法获得。与这7名罗马尼亚洗车工一样的劳动者们,由于雇主把他们放在黑市中,放在一个迫使穷人几乎无法在法庭上与之抗争的制度中,因此他们不具备申领资格。[4]自雇人士被那些不可触及的救济取笑,而临时工则任由企业摆布,因为解雇他们意味着零损失。在每一种情况中,政府实施的疫情应对策略都忽视了在理 263
想化有酬雇佣模式以外就业的劳动者,他们被留在日渐萎缩的福利系统里任人摆布。保守党政府在2013年推出的通用福利金,表面上是为了精简以往一系列分散的福利金,以简化管理,并尽量减少诈骗行为(Gov.uk, 2013)。而实际情况是,这种系统强迫申请人在情况有变时,立即要向政府报告,否则就有可能失去自己的福利(见本书斯特朗的论述)。对于那些非英语母语的人和数字文盲来说,通用福利金简直就是折磨,他们对在线报告系统避之唯恐不及,而且通用福利金限制了特困人口的流动性。在“新型冠状病毒工作保留计划”和“自雇收入支持计划”中,赚得越多就越有资格申请,而在通用福利金制度中,赚得越多得到的就越少,因为获得的金额取决于收入与支出之间的差额。此外,官僚逻辑中存在一个莫大的讽刺——特困申请者由于无法按正式方式付租金,只能用现金支付,所以无法证明自己的支出情况,导致他们获得的金额较少。当政府准备好承担休假职工每月高达2 500英镑的工资时，像马塞尔这样与另外10个人住在一套转租的房屋中的人，政府每月只给410英镑。如果他结婚了，就有资格获得594英镑，如果他是四口之家中的父亲，则每月可以获得1 100英镑。

在过去三十年里，经济学家和社会理论学家强调了各个北半球国家就业保障制度的衰败以及福利制度的退化（Beck, 2014; Standing, 2014）。尽管出现了国家干预主义的话语，以及精心设计的针对人们要在危机中团结的呼吁，英国政府在疫情封锁期间采取的“破天荒”措施，再现了安全的有酬雇佣劳动与不安全的流众之间的常见分歧，也再现了对赚工资之人的赞美，以及对失业和不稳定就业之人的诋毁。截至目前，这些话语依然很熟悉。然而人们很少关注像马塞尔这样的人在疫情期间是如何度过的，以及在已经成为现状的基于工资的再分配系统之外，是否还存在援助、团结和希望的可能性。

在赚工资之外过活

> 如果世界上所有的问题都得到解决，我们就会有永久的和平，没有剥削，所有疾病都能被治愈，有文化，还有知识，我们就不再需要慈善机构。抑或，我们将焕然一新。但我们
> 264 之所以存在，正是因为这个世界还不够完美……如果我们的世界没有慈善机构，是很可怕的。
>
> 工作权利中心的服务提供者，拉卢卡·埃内斯库（Raluca Enescu）

2016年，我与一群年轻女性共同成立了工作权利中心，当时的她们大多还是大学生，对社会流动与社会僵化问题有兴趣，并且有亲历的经验。我还记得最初几个月在咖啡馆开会时她们的兴奋劲头，当时我们在想方设法确定项目的轮廓。一个月后，我们有了书面的任务和目标，又过了一个月，我们有了慈善账户。不到一年，工作权利中心就成为注册组织，有章程，有管理委员会，还有少数愿意在此工作的志愿者。

我们最初在伦敦布伦特区（Borough of Brent）的温布利图书馆（Wembley Library）免费提供就业权利咨询服务，因为那时没有资金租办公室。事实上，当时我们仅有600英镑，还是其中一位创始成员捐赠的。我们的核心资产之一，是我们与图书馆工作人员的约定。在图书馆某个安静的角落里预留两张桌子，每周六从早11点到闭馆，供给我们中心的顾问使用。一开始，与我们会面的是相识的人——我在伦敦开展博士田野调查时认识的人，或是被慈善机构的亮黄色横幅吸引而来的路人。他们中的大多数是罗马尼亚移民。如今，工作权利中心已经有充足的资金，在伦敦租有一间办公室，聘用了更多员工，还有一支生机勃勃的多语种志愿者团队，并在曼彻斯特为英格兰北部的人提供服务。工作权利中心的发展既反映了工作权利中心职员的付出和承诺，又反映了英国社会保障体系的不公正待遇和结构性缺陷，很多来我们中心咨询的人的生活都深受其害。

斯蒂芬·巴布（Stephen Bubb, 2017）在其撰写的简史中提到，我们现在看来，一千多年来英国慈善机构所提供的服务其实是国家的责任。在中世纪封建制度下，唯一存在的社会契约是用土地换取忠诚，不自由的农奴占总人口中的最多数。对穷人、病人、乞丐和老人等的援助要么来自亲属，要么来自慈善。1601年《慈善用途法》（*Charitable Uses Act*）出台后，明确规定了建立感化院、“贫穷侍女”的婚姻、帮助商人以及修复桥梁和港口等措施。自然，慈善组织的道德法律结构已经发生了很大变化。如今，很少有慈善机构会用中世纪那一套虔诚的修辞
265 来描述自己的工作。另外，如1853年英国慈善委员会（Charity Commission）的成立等法律变化，也使得慈善组织的结构和义务正规化。1855年《有限责任法案》（*Limited Company Act*）出台，使得19世纪的慈善机构规模更大、资金更充裕，并站在了法律改革运动的最前沿，比如“十小时工作制”或“废除虐待动物和儿童的习俗”。然而，如今大多数人期盼从国家获得的服务，在英国大部分历史时期里，都是由慈善机构提供的。20世纪标志着一场短暂的变革。巴布（2017, 25）指出，第一次世界大战结束后引入养老金，第二次世界大战结束后建立英国国民健康服务制度（National Insurance），由于在战后的正统观念中，社会慈善是辅助性的，所以慈善组织将专注于宣传，让国家承担福利供给。看看如今的工作权利中心，上述雄心壮志似乎是公共服务历史中转瞬即逝的人为产物。

在撰写本文时，工作权利中心已经处理了超过1 800份案例，与从事不稳定体力工作的罗马尼亚人、保加利亚人、意大利人、英国人等若干人士会面（Vicol and Enescu, 2020）。在他们当中，三分之一的人没有签订书面就业文件，二分之一的人没有租房协议。同时，机构中的大多数职工是兼职，他们都具

有拉卢卡早先描述过的责任感，他们把剩余的时间花在抚养子女、学习、打零工以及做毫无关联、朝九晚五的工作上。中心的大部分经费来自政府拨款，时间跨度从三个月到两年不等，东拼西凑了本慈善机构的年度预算。每次委员会开会，都会提醒还有几个月的经费可用，并审核储备金和申请计划，好似举行一场驱除自身脆弱性的宗教仪式。在本慈善机构短暂的历史中，我们为从事无酬工作的人提供支持，自己却没有工资。当封锁开始时，我们发现自己在支持那些没有工作的人。

解读国家政策

在疫情暴发的最初几个星期里，社会工作感觉像在不停地作解释。起初，它关注新事物的管理和陷入困境的不确定性。几天后，顾问们的电话响个不停。和马塞尔等洗车工一样，与我们沟通过的许多人都被雇主解雇，在某些情况下，他们清楚地知道其他同事还在工作，自己却遭到解雇。客户再三询问我们的团队，为什么有的人被允许“休假”，而自己却被解雇？老板只是试图解决老员工的问题，这是不是歧视？还是仅仅因为自 266
己是新来的，所以更容易被解雇？猜疑声此起彼伏。在其他案例中，当零时工人知道自己被允许休假后，发现拿到的钱仅够将就着维持生计，而公司此前从未向他们出示过这些计算结果。同时，在其他案例中，那些被告知继续工作的人担心工作场所不安全，但不明白如何，甚至不知道是否可以改变这些工作条件。

我们疯了似地查阅政府建议，端详着变幻莫测的工作保留计划和自雇人士支持计划，设法在客户焦虑之前，关注他们遇到的问题。我们制定方案，用信息图表公布答案，将之翻译成我们能说的每一种语言，然后在讲罗马尼亚语、保加利亚语、俄语和西班牙语的社交媒体群体中不懈地推广，我们与他们的言论和跨越国籍身份的行动保持一致。

人们普遍认为，沟通是管理不确定性的手段。我们认为，自己有责任去了解，去分享，尽管我们都很清楚，政府建议可能会在一夜之间改变，而且每天我们都在重温亚里士多德那老套的说辞，“我们知道的越多，才发现自己不知道的也越多”。政府提出的以工资为中心的再分配政策存有漏洞，比如，工作者可以用什么理由拒绝前往他们认为不安全的工作场所？他们如何检查雇主是否已经令他们休假？最重要的是，在一个没有工作的社会里，人们该如何养活自己？

我们设法在英国法律的语境中解释客户们的应得权益，从而填补上述漏洞。但是在非常时期，分享知识不仅是根据事实进行解读，也是在积极寻找希望、展现希望。阿德利娜（Adelina）是工作权利中心的创始人兼顾问，正如她所言：“我们成长之地，希望终将破灭。曾经真的有人这么说过，是我们的客户之一阿迪。她哭着说，我们出生时头顶幸运和希望。如果失去了它们，我们就完了。她休假后，每月能拿到300英镑。”我们决定去寻找并提供赚钱的渠道，这个决定十分明智，即便那时力量失衡异常。不可否认的是，没有工作的社会对生计构成的威胁与通用福利金提供的支持之间存在差距。顾问们都很清楚通用福利金的局限性，疫情发生后的第二个月，他们

已经开始研究如何找到关键部门的工作机会。尽管通用福利金
数额少、申请速度慢，难以维系生活，但它提供了一种方向感。 267
阿德利娜和这位客户谈到的希望，并不是政治宣言中的希望，因为政治宣言号召从根本上摒弃工作。这是一种小型策略性的“作为方法的希望”（Miyazaki, 2006）；一种对知识的再定位，试图摆脱“对某事的倾向性”（Bloch, 1986, 18），以及当前陷入不确定旋涡的时期，培养对未来可能性认识的方式。对于那些失业后向慈善机构求助的人来说，通用福利金不是对每个人都公平的。通用福利金是形成这种关系的第一步，即从国家的财政补助开始，而后发展为关于个人忍耐力和适应性的谈话。

解读的方法

另一层解读是，在有意进行数字化的国家与依然挣扎于提高数字素养的社群之间架起桥梁。有一种不公平的现象被长期记录在案，即官僚机构，又称“规则的乌托邦”（Graeber, 2015），声称要给所有人提供公平的竞争环境，却偏袒那些有幸从小学习如何进行数字化生活的人。自2000年以来，英国政府一直朝着公民信息数字化的目标缓慢前进。从2001年推出的英国政府门户网站（ukonline portal），到后来的英国政府直通车官网（Directgov），再到现在的英国政府网（Gov.uk），政府已经扩大了可以在线访问的信息服务范围，以至于实体办公室几乎变成明日黄花。对于具备一定信息技术知识、会说英语的公民来说，福利、缴税和公民身份申请都可以在网上进行，

甚至可以在网上完成全部流程，大大节省了时间。然而对于那些在上述技能方面有所欠缺的人来说，无论是从获取重要资源的务实角度，还是从福柯的自我建构理论角度来看（Foucanlt, 1988），服务数字化都是一项重大的技术壁垒。某政府出版物显示，超过一半的申请人（54%）独立完成通用福利金的申请，没有获得额外帮助（英国就业及退休保障部，DWP, 2018）。报告称，超过十分之四的人（43%）提交申请时需要额外帮助，另外十分之三的人（31%）在使用数字账户时全程需要帮助（2018, 3）。

服务提供商可以列举无数种场景，在这些场景中引导客户填写官僚主义的表格。例如，在申请通用福利金时，常见的
268 陷阱是有关居住的问题。在问及是否“现在（曾经）与他人同居”时，合租房间的申请人由于无法或不愿意单独支付居住的费用，便回答“是”，结果发现平台将之解读为需要分担房租费用。在这种情况下，顾问的作用就是在以核心家庭为前提的官僚主义想象和普通事实之间进行协调，即只有3%的慈善机构受益者是独居人士，大多数人的生活状况与马塞尔及其洗车工朋友相似。在其他情况下，社会工作者向客户介绍日常使用的移动应用程序，比如谷歌地图，甚至是电邮地址等。比较常见的是帮助那些在农民家庭长大的移民创建电子邮件地址，还有英国老年人，但后者我们见得少。

因此，技术性解读既是访问数字界面的门槛（Ash et al, 2018），也是向客户介绍数字自我制造的方法。掌握公民身份的数字转向不仅是拥有硬件的问题，也是构建数字角色的问

题，吉尔·德勒兹（Giles Deleuze，1992）有预见性地称之为“数字个体”。穷人要想申请福利金，就必须在英国就业及退休保障部门（Department for Work and Pensions，DWP）的账本上显示出自己贫穷的身份；同样，普通工作者要想获得有关经济活动的保护，就必须成为英国税务及海关总署账本上的纳税人（Vicol，2020）。这是个体的可审计性，是利用财政分类进行自我表达的老旧方式，是新自由主义治理的核心（Power，1997），也是疫情期间获得福利的中介。

人类学家玛丽琳·斯特拉森（Marilyn Strathern，2000）在她的著作《审计文化》（*Audit Cultures*）的导言中指出，在道德意义上，会计责任日渐沦为由金融量化语言激发的会计学问题。玛丽琳·斯特拉森认为，将道德价值束缚在财务会计的范畴内，“审计文化”（2003，5）冒着粉碎他们声称要捍卫的道德的风险，要求填表人将自己的生活挤压入财务范畴，而不去质疑表格的僵化。同样，与政府所说的无条件帮助相比，在日常实践中，通用福利金是在测验人们的数字素养和财务知识。

名副其实的“草根”（Lipsky，1980）顾问市场早已出现，以满足对个人可审计性的需求。比如“移民行业”的“律师……调解者和经纪人”（Cohen，2008，163），会计顾问把为移民管理英国税务部门账户当作商机，赚得盆满钵满，这是对在 269
没有工作的社会里，移民管理福利账户的需求的迅速回应。他们在社交媒体上发布广告，或通过移民网络私下传播信息，即只要获得酬金，他们就会负责所有与国家有关的事务（Vicol，2020）。他们为穷人和受教育程度低的人提供服务。因为许多顾问其实都曾有移民的经历，所以他们跨越了商业与友谊之间的界限。然而问题在于，尽管顾问们声称可以提供帮助，但这种咨询建立在不平衡的权力关系基础之上——移民不仅要支付费用，而且还把宝贵的个人信息委托给他们的帮手。

因此，慈善机构解读的技术往往意味着要修复以往顾问错误或恶意造成的损害。在封锁期间，慈善机构遇到了几个案例，移民委托顾问申请通用福利金或自雇收入支持计划，顾问却把他们的资料搞丢了，甚至在少数条例中，移民的资料被偷了。在情况最简单的案例中，顾问会花上几个小时，帮助受益人找回其他人创建的账户的凭证，并指导他们操作保存数字记录。在情况最严重的案例里，顾问得知受益人的身份遭到盗窃，身为受害者，他们曾经满怀信任提供的资料，却被别人盗用了。解读是一项缓慢耗时的工作，也是管理分歧的工作，要确保受益人不会被申请数字福利的行话绊倒。但解读也是自我表现的工作，是对具有价值的数据的管理——顾问们管理申请人的账户；违规者在黑市中买卖国民健康保险号码；并且在与国家的关系中，要求申请任何形式援助的申请人，都是登记在册的。

重塑自我

封锁的第一天我在家里工作，接到了很多电话。新老客户都有打来，当时所有人都在打电话，他们丢了工作，有的是清洁工，有的在建筑行业工作，有的曾在餐馆工作，什么行业都有，哪里都有！那天非常黑暗，真可怕……我知道全部

> 行业都暂停了，都歇业了。他们没办法回去再去找另一份工
> 作，比如说去建筑行业找。他们必须离开自己已经习惯了十
> 年或十五年的行业……我们开始查看他们的简历，看一封封 270
> 求职信，然后说“也许你可以去超市工作”。但有时他们听
> 不进去，他们希望这是暂时的……是一次冲击。
>
> 伦敦服务提供者，洛拉·塔巴科瓦（Lora Tabakova）

封锁期间，由于社会没有工作机会，很多慈善机构的受益者受到打击，自加入欧盟以来，东欧移民被纳入经济服务机构框架，因此他们遭受了更严重的打击。2004年，波兰等东欧国家加入欧盟时，新工党政府热情地欢迎来自东方的移民，将其视为源源不断的劳动力资源，那时的英国经济呈增长态势，需要社会再生产的最低投资，而这些劳动力能对此提供帮助（Spencer, 2011）。与过往几代英联邦移民相似，波兰建筑工人和罗马尼亚摘水果工人成为勤劳的代表，受到雇主的追捧（MacKenzie and Forde, 2009; Anderson and Ruhs, 2012）；因付出比得到的多，他们为国家财政作出了独特的贡献（Dustmann et al, 2010）；同时，有些民众对他们厌恶至极，因为他们抢走了“英国人的工作”（Vicol and Allen, 2014）。

很多文献已经剖析过这种框架，即利用勤勉工作的比喻，吸引东欧移民。安德森和鲁斯（Anderson and Rush, 2012）解构了“勤劳的移民”与“懒惰的英国人”之间的讽刺的对立，而这种对立是雇主为低工资和反社会的工作条件辩解的理由。事实上，一些出版物记录了辛勤工作的日常不稳定性（Jayaweera and Anderson, 2008; MacKenzie and Forde, 2009）。另有一些学者已经解构了利用繁重工作来排斥南半球国家移民的常规方式，而且隐含地将移民政治种族化（Fox et al, 2012）。然而这些文献很少探讨，“辛勤工作”不只是关于移民问题的争论的产物，它也是从移民内部发展起来的，移民们努力工作，来证明自己的能动潜力。

罗马尼亚的罗姆人（Roma）无论在祖国还是目的地国都长期蒙受污名，之前我采访时，受访者描述日常工作的言辞充满激情，他们用这种方式来反击“异己”的说辞，声称自己是“普通人”（Anderson et al, 2018, 20）。在这种情况下，工作是一种政治行为，既获得了自给自足政体中的归属权，也挑战了由种族与阶级坐标轴构成的“异类”整体政体。同时，工作也是
271 一种道德品质。我实地调查罗马尼亚移民时，也在追踪他们不稳定的就业历程。在采访中，几乎所有受访者都认为，尽管工作条件恶劣，但他们都为自己的“辛勤工作”感到自豪。通常来说，在聊过自己的工作经历后（其间发生过拿不到工资、被成为赞助人的朋友欺骗或者背叛的插曲），受访者们还是会谈到“辛勤工作，总是向前看”或是“用手画十字，永不绝望”，一个个好似经历丰富的人生导师。去工作，是为了主宰自己的生活。工作能够证明一个人坚持不懈并抱有希望的力量，尽管当下的生活并不令人满意。某位接受采访的罗姆人认为工作是一种途径，或者用他的话说，工作是一种“自己做事”的能力，这与他所知的乞丐形象大有不同，不是无所事事，也没有放弃自我。他继续说：“你偷拿了什么，至少证明你在做事，在努力，在冒风险！但

那些人（乞丐）什么也不做。”（Anderson et al, 2018, 20）。

在工作权利中心工作、研究时遇到的工作概念，让我想起了汉娜·阿伦特（Hannah Arendt）关于积极生活（vita activa）的论述。在《人的境况》（*Human Condition*）一书中，阿伦特（2013）将做“事”的行动和能力，称为人类的决定性特征。与维持生存的“劳动”以及她所说的人类社会再生产的“工作”不同，“行动”是表达个人有创造自由，并被承认是创造者的方式。同样，本书的其他作者记录了对有意义工作的渴望，如鲍姆·埃斯科巴尔对加泰罗尼亚合作社的描述，又如斯特劳斯对“断裂”的职场的描述——对工作的尊重看起来只不过是剥削。

疫情和随之产生的封锁举措，引发了一项出乎意料的黑暗且自然而生的试验，去了解没有工作的社会的轮廓，或者至少说，有偿工作机会减少的社会。在最初几周里，曾发生过这样的事情：受益者打电话向顾问哭诉，快要崩溃，用洛拉的话说就是无法接受生活暂停的现实。因此，做社会工作不仅是提供调解服务，也是情感劳动，即“管理心灵”（Hochschild, 2012）。同时顾问成为知识、希望和关怀的源头，若有可能，还会是幽默的来源。“你知道老师和村里的牧师是什么样的，”拉卢卡说，“你能向他们寻求建议。我觉得我现在和他们有点像。就像别人说的那般，我是村里的女巫。”

米哈伊尔·巴赫金（Mikhail Bakhtin, 1984）在他关于狂欢化的论文中，描述了狂欢中固有的象征性的政治学，即小丑扮演“一日国王”的形象，世界天翻地覆的讽刺漫画，用无礼的 272
想象力来揭示当下不公正的现象。同样，工作权利中心的工作人员在“haz de necaz”（罗马尼亚语直译为“不幸的乐趣”）中找到了小小的慰藉。我们发现，自己正在品味这些又悲又喜的微小时刻，例如，那群罗马尼亚洗车工发现，自己不仅被解雇了，有的人的身份证明文件还被偷了，而小偷正利用这些证件在建筑行业工作。从方方面面来讲，这是一连串悲惨的事件。但是马塞尔淡定地说：“谁知道呢？我一直以为自己是洗车工，但原来我是一位工程师！”话音刚落，他和社会工作人员都忍不住笑出声来。

不过，幽默不能重新调整再分配的问题。同时，以工资为中心的补助方案无法给边缘工人带来公平待遇，以及在这荒谬的福利制度之下，生活最不稳定的申请人只能获得少量补助，只因他们无法证明自己贫困。对此，幽默也无计可施。当时的状况不仅事关生计，且人们全部的自我意识都因为工作内部的崩溃，而陷入不确定的状态，但幽默确实创造了一个小空间，用来容纳人性、关怀和想象力。自嘲是一种小小的抵抗行为，是试图重新取得自己在世界中的位置（即使只是在想象中）。同样，与他人一同欢笑是构筑团结的手段，是在面对数字化国家的冷漠形象时，体会伦理共同体观念（工资之外的移民和工作者从共同的经验中产生的亲密感）的尝试。

结论

撰写本文时，伦敦正逐步走出瘫痪的状态。马塞尔在超市找到了工作，工作权利中心的慈善顾问帮助马塞尔和他的同事们申请并拿到了最低金额的通用福利金。洗车场重新开业后，他们中的一些人又立刻回到那里工作。

疫情引发的几个月的封锁是非同寻常的，为了解没有工作的社会的改善可能性和危害打开了一扇窗。本章以工作权利中心为视角，关注了顾问们为了能让人们在没有工作的伦敦社会里生活度日，提供的服务与关怀。我已经剖析了解读国家政策的过程，也剖析了让移民在数字账簿上清晰可见的罪恶行为。
接着，我反思了重新获得自我意识的情绪劳动，其中，工作在移 273
民获得尊严感、归属感和自我掌控中发挥着重要作用。

最后，我不想将那些工资之外的人的生活，以及我们对他们的支持浪漫化。慈善机构被要求填补国家福利制度的空白，而且很多人是在不稳定的情况下这么做的，这种做法并不公平。尽管能从悲喜交加的时刻里找到些许慰藉，但无法否认的是，管理情绪也需要付出代价。有些顾问会在管理会议上、在与其他顾问沟通时，卸下情绪的重担，并把之变成一种仪式。有些人则表示，自己会策略性地保持情感上的距离，并坚持自己设下的边界。而我选择了写作。

如果有哪件事需要考虑，并继续进行理论研究，那就是细微关怀行为的价值，比如花时间去倾听，去开玩笑，去提供情感支持和建议，而不仅仅是解决问题。有些活动家和社会理论家呼吁彻底消灭工作，号召普遍再分配的全新政治策略。我在这里回顾的福利与以工资为中心的补助金之间的不平等，至少声援了该主张的第二部分。然而在那天到来之前，正是由于洛拉和拉卢卡这样的服务提供者的日常工作，才让当下的生活更有意义。

致谢

我向工作权利中心的所有同事深表感谢。正是他们孜孜不倦的工作，以及我们之间的同志般的友谊，慈善机构才得以发展，也正是他们的真知灼见，使本章得以完成。若有任何缺陷，都是我的原因。

注释

1 有关马塞尔等洗车工的更多细节信息，请见我与安娜-玛丽亚·塞斯蒂娅（Ana-Maria Cirstea）共同撰写的案例研究，文章发表在工作权利中心网站上（Cirstea and Vicol, 2020）。

2 从2020年8月开始更新，允许雇主将员工的工作时间和休假时间分开。

3 该情况在5月13日得到改变，自雇人士可以积极申请政府的支持。

4 上一届保守党政府削减就业案例的法律援助之后，提交给就业法庭的案件数量急剧下降。

参考文献

Anderson, B. and Ruhs, M. (2012) 'Reliance on migrant labour: Inevitability or policy choice?' *Journal of Poverty and Social Justice,* 20: 23–30.

274 Anderson, B., Vicol, D.-O., Dupont, P.-L. and Morris, J. (2018) *Political*

representation and experienced recognition among Roma in the UK, ETHOS –Towards a European Theory of Justice, University of Bristol. Available at https://www.ethos-europe.eu/sites/default fi les/5.3_uk_replacement_for_d5.2.pdf.

APS (2018) Population by Country of Birth. London Datastore, https:/ data.london.gov.uk dataset country-of-birth (accessed 6 September 2020).

Arendt, H. (2013) *The Human Condition,* Chicago, IL: University of Chicago Press.

Ash, J., Anderson, B., Gordon, R. and Langley, P. (2018) 'Digital interface design and power: Friction, threshold, transition', *Environment and Planning D: Society and Space,* 36: 1136–1153.

Auyero, J. (2011) 'Patients of the state: An ethnographic account of poor people's waiting', *Latin American Research Review,* 46: 5–29.

Bakhtin, M. (1984) *Rabelais and His World,* Bloomington, IN: Indiana University Press.

BBC News (2020) 'UK to pay wages for workers facing job losses', BBC News, available at https://www.bbc.com/news business-51982005, accessed 25 May 2020.

Beck, U. (2014) *The Brave New World of Work,* Cambridge: Polity.

Bloch, E. (1986) *The Principle of Hope* vol.1. Cambridge, MA: The MIT Press.

Booth, R. (2020) 'Rishi Sunak faces legal action from gig economy workers', The Guardian, available at https://www.theguardian.com politics/2020/mar/22/rishi-sunak-under-pressure-to-bail-out-selfemployed, accessed 14 June 2020.

Bubb, S. (2017) *The History of British Charity* (Lecture), Oxford: Charity Futures.

CBI (2020) *CBI responds to the Chancellor's latest support measures.* CBI, available at https://www.cbi.org.uk/media-centre/articles/cbi-respondsto-the-chancellors-latest-support-measures/, accessed 14 June 2020.

Cirstea, A.M. and Vicol, D.-O. (2020) 'The Carwashers'. Work Rights Centre, available at https://www.workrightscentre.org/case-studies the-carwashers, accessed 25 June 2020.

Cohen, R. (2008) *Global Diasporas: An Introduction,* London: Routledge.

Deleuze, G. (1992) 'Postscript on the Societies of Control', *October*, 59: 3–7.

Dustmann, C., Frattini, T. and Halls, C. (2010) 'Assessing the fi scal costs and benefi ts of A8 migration to the UK', *Fiscal Studies,* 31: 1–41.

DWP (2018) *Universal credit full service survey,* Department for Work and Pensions.

275 Foucault, M. (1988) *Technologies of the Self: A Seminar with Michel Foucault,* Amherst, CA: University of Massachusetts Press.

Fox, J., Morosanu, L. and Szilassy, E. (2012) 'The racialization of the new European migration to the UK', *Sociology,* 46: 680–695.

Garapich, M. (2008) 'The migration industry and civil society: Polish immigrants in the United Kingdom before and after EU enlargement', *Journal of Ethnic and Migration Studies,* 34: 735–752.

Gov.uk (2013) 'An introduction to Universal Credit' [WWW Document], available at https:/ assets.publishing.service.gov.uk government uploads system uploads attachment_ data fi le 263960 universal-credit-an-introduction.pdf.

Graeber, D. (2015) *The Utopia of rules: On Technology, Stupidity, and the Secret Joys of Bureaucracy,* Brooklyn, NY: Melville House.

HM Treasury, Right Hon Rishi Sunak MP (2020) 'Chancellor gives support to millions of self-employed individuals', available at https:/ www.gov. uk government news chancellor-gives-support-to-millions-ofself-employed-individuals.

Hochschild, A.R. (2012) *The Managed Heart: Commercialization of Human Feeling,* Berkeley, CA: University of California Press.

Jayaweera, H. and Anderson, B. (2008) 'Migrant workers and vulnerable employment: A review of existing data', Centre on Migration, Policy and Society, Oxford University.

Lipsky, M. (1980) *Street Level Bureaucracy. Dilemmas of the Individual in Public Services,* New York, NY: Russell Sage Foundation.

MacKenzie, R. and Forde, C. (2009) 'The rhetoric of the "good worker" versus the realities of employers' use and the experiences of migrant workers', *Work, Employment & Society,* 23: 142–159.

May, J., Wills, J., Datta, K., Evans, Y., Herbert, J. and McIlwaine, C. (2007) 'Keeping London working: Global cities, the British state and London's new migrant division of labour', *Transactions of the Institute of British Geographers,* 32: 151–167.

Miyazaki, H. (2006) *The Method of Hope: Anthropology, Philosophy, and Fijian Knowledge,* Stanford, CA: Stanford University Press.

276 ONS (2020a) 'EMP17: People in employment on zero hours contracts –Office for National Statistics, available at https://www.ons.gov.uk/employmentandlabourmarket/peopleinwork/employmentandemployeetypes/datasets/emp17peopleinemploymentonzerohourscontracts.

ONS (2020b) 'Employment in the UK –Offi ce for National Statistics, available at https://www.ons.gov.uk/employmentandlabourmarket/peopleinwork/employmentandemployeetypes/bulletins/employmentintheuk march2020.

ONS (2020c) 'Coronavirus and self-employment in the UK', Office for National Statistics, available at https://www.ons. gov.uk/employmentandlabourmarket/peopleinwork/employmentandemployeetypes/articles/coronavirusandselfemploy mentintheuk 2020-04-24.

Panayi, P. (2020) *Migrant City: A New History of London,* New Haven, CT: Yale University Press.

Power, M. (1997) *The Audit Society: Rituals of Verifi cation,* Oxford: Oxford University Press.

Spencer, S. (2011) *The Migration Debate,* Bristol: Policy Press.

Standing, G. (2014) *A Precariat Charter: From Denizens to Citizens,* London: Bloomsbury.

Standing, G. (2020) 'Why the UK's job retention scheme makes no sense', *Financial Times*, available at http:// ftalphaville. ft.com/ 2020/ 04/ 16/ 1587025923000/ Why-the-UK-s-job-retention-scheme-makes-no-sense/.

Strathern, M. (2000) 'Introduction: New accountabilities: Anthropological studies in audit, ethics and the academy', in *Audit Cultures,* London: Routledge, pp.1–19.

Sunak, R. (2020) 'The Chancellor Rishi Sunak provides an updated statement on coronavirus', available at https://www.gov.uk/government/speeches/the-chancellor-rishi-sunak-provides-anupdated-statement-on-coronavirus.

The Economist (2020a) 'Labour market –The jobs retention scheme's unintended consequences', 26 March, The Economist, available at https://www.economist.com/britain/2020/03/26/the-jobs-retention-schemes-unintended-consequences.

The Economist (2020b) 'Who bears risk –people or government?' The Economist, available at https://www.economist.com/britain/2020/06/11/who-bears-risk-people-or-government, accessed 14 June 2020.

Vertovec, S. (2007) 'Super-diversity and its implications', *Ethnic and Racial Studies,* 30: 1024–1054.

Vicol, D.-O. (2020) 'Into and out of Citizenship, through personal tax payments: Romanian migrants' leveraging of British selfemployment', *Social Analysis,* 64: 101–119.

Vicol, D.-O. and Allen, W. (2014) 'Bulgarians and Romanians in the British national press', The Migration Observatory, University of Oxford.

Vicol, D.-O. and Enescu, R. (2020) 'Our work in numbers Q3 2016–Q1 2020', Work Rights Centre, London.

277

12 保卫薪资：纳米比亚的工作与分配之愿景

E.富克斯曼

全世界都在推行这种理论：给人们钱，没有任何附加条件，只为保证最低的生活水平。在过去十年里，联合国和国际劳工组织不断推动全民社会保障体系的理念。老派的社会安全网保护那些经济失败的人，与之相比，全民社会保障体系是一条基线，通常以现金的形式提供给需要的人（通常与医疗保健等公共产品一起）（ILO, 2012）。2016年，瑞士关于建立全民基本收入保障的全民公投（一笔定期支付给每位居民的无条件保障金，也称为基本收入补助、负所得税或社会红利）在全世界范围内得到大量媒体关注，尽管77%的瑞士选民对该提案持反对态度。芬兰、荷兰、苏格兰、肯尼亚和美国都是近期才开始进行或是计划进行通用基本收入补助金试验的，有些由国家政府资助，有些由市政府或省政府资助，有些由私人慈善团体资助。

同时，有条件的现金转让和无条件的现金转让是基本收入补助金政策的配套政策，两项政策已经发展成为国际常用的干预措施。原先，现金转让是非政府组织和大学负责的试验，现在转变为政府的福利计划，[1]获得了大型主流发展机构的支持。2015年，为促进全民社会保障的发展，世界银行行长金墉（Jim Yong Kim）和国际劳工组织总干事盖伊·赖德（Guy Ryder）共同撰写了关于发展全民社会保障的联合任务兼行动计划，“给所有人提供收入保障和收入支持……任何需要社会保障的人都能够获得”（这是我的研究重点；ILO and World Bank，2015）。 278

这些建议的根源是根本性的新事物出现的可能性：部分劳动的非商品化，基本生计与雇佣劳动分离。随着全世界越来越多的人变成“过剩人口”，劳动力市场不再需要他们，他们也得不到土地来维持自己的生计（Li，2010、2013）。雇佣劳动看起来无法作为维持收入保障的唯一来源。

北半球国家和南半球国家对普及社会保障政策的兴趣激增，有学者对此表示热烈欢迎，詹姆斯·弗格森就将其称为“新分配政治”的曙光（2015，80），而汉隆等人（Hanlon et al，2010）称其是悄悄进行的“南半球革命”。但这些建议究竟有多少新意？自从托马斯·潘恩（Thomas Paine）在《土地的正义》（*Agrarian Justice*）中建议土地税应由全民承担以来，不同形式的基本收入补助金作为政策建议，已经存在了220年（Paine，1796；Birnbnum，2016）。还有某些历史瞬间，全民再分配处在现实的边缘，例如，在“二战”发生前几年的英国、20世纪70年代的美国、21世纪初的非洲南部等（Widerquist，

2017）。在所有这些案例中，政策制定者最终都拒绝采纳全民再分配制度，他们往往会选择采纳令因为身体原因无法从事雇佣劳动的人（如儿童、老人、残疾人）受益的福利计划或公共工作方案。这是为什么呢？

答案很明显：因为精英利益。经济精英们和政策精英们认为，穷人滥用自己的福利金，因此他们不值得存在（见斯特朗在本书中的论述）。政客们坚持认为，钱必须从工作中获得，担心穷人懒惰。用海因·马雷（Hein Marais）的话说，各地的福利制度和社会保障制度往往以“对于社会上大多数人来说，雇佣工作和创业热情将是他们幸福的坚实基础”（2018，84）这种想法为支点。人们认定，这种想法和制度是政策制定者和有政治影响力的精英的产物。

但是，那些能从全民收入保障中获益最多的人，又持有什么样的态度？这些人代表着不太明显且更加反直觉的阻力源，妨碍社会保障的普及。基于对纳米比亚两个农村地区的采访，
279 本章指出，政治家、经济精英甚至连中产阶级都不愿意将收入与雇佣劳动分离，同时他们坚持“就业是为求职者提供的，雇佣工作可以确保幸福感”（Marais，2018，86）的想法。相反，我的研究表明，那些无法获得雇佣工作或不足以依靠其抵御贫困、克服困难的人，依然依恋雇佣劳动，认为它是获得资源的主要合法来源。与其说这种依恋是精英阶层强加的，不如说是那些被当前的工作福利制度所抛弃的人所持有的观念。

本章研究了基层对全民社会保障政策的抵触心理，尤其关注失业的贫困群体和就业不足群体。根据对纳米比亚长期失业

者的采访（也参考了近期在南非城市的实地考察），我强调了一种根深蒂固的抵触心理，即对不工作就有国家给的收入（或通过国家获得收入）的抵触，甚至那些依靠社会补助金和其他政府转移支付才能生存的人都有这种心理。我认为，抵触背后的逻辑根植于对雇佣劳动三种形式的依恋：对雇佣劳动的道德依恋是价值感和正当性的来源，对雇佣劳动的心理和生理依恋是心理健康和身体健康的来源，对雇佣劳动的社会依恋是团结和社会关系的来源。

若要实现一种新的分配政治，就必须理解和挑战人们普遍持有的对雇佣劳动的依恋背后的逻辑。虽然政府和经济学家声称，财政无法实现社会保障的普及，社会也不想要这份保障（Barchiesi, 2011），但学者一直专注剖析反对普及全民收入保障的依赖性论点（Ferguson, 2013、2015）。在本章中，我将围绕雇佣劳动与收入之间的道德、社会和文化的逻辑与直觉进行论述，这些是广泛存在的对就业与生计分离的抵制的根源。

纳米比亚的补助金、失业和贫困

纳米比亚是探讨对雇佣工作的依恋的理想视角。与撒哈拉以南的许多非洲国家一样，纳米比亚的雇佣劳动和工作纪律起初是由德国，而后由南非白人殖民统治者通过强迫手段和意识形态施加的（Seekings and Nattrass, 2005; Nattrass and Seekings, 2011; Wallace, 2011; Cooper, 2018）。[2]先是基督教传教士，而后是殖民地的管理者，他们强调在将“懒惰 280

的土著”转变为勤劳的劳动者的过程中，所谓的工作伦理的价值（Wallace, 2011）。通过几个世纪对土地和水的剥夺，以及征收棚屋税和土地税，人们被迫进入现金经济，进而进入各种形式的强迫劳动和抵债性劳动，最终，这种意识形态得到了强化。这些暴力干预的行为形成了迁移性劳动系统，纳米比亚人被迫在矿山（矿山一直是纳米比亚国家财富的主要来源）和白人名下的农场工作6个月到2年的时间，之后再回到自己的社区和牧场。该制度形成于殖民时代，在纳米比亚的文化、政治和社会中留下了不可磨灭的痕迹。

在19世纪晚期德国的统治下，年轻黑人男子获得物质财富和社会地位的一种方式是在钻石矿、公路和铁路当短期合同工，也是“用自己的行为、服饰和语言定义现代性的新含义”（Wallace, 2011, 95）。在20世纪南非种族隔离制度下（这种制度重现了迁移性劳动系统，并加深了基于种族的剥夺和隔离），工资劳动（尤其是工会）成为民族主义者反种族隔离组织和抵抗的场所，往往与南非抗议政治力量有联系（Barchiesi, 2011; Wallace, 2011; Lawhon et al, 2018）。

在纳米比亚的大部分殖民历史中，劳动力是一种稀缺资源。首先是德国政府，然后是南非政府，试图通过剥夺原住民的土地和流动性来强制使用（常伴有暴力）劳动力。这些政策得到了“防止漂泊和懒散”的意识形态的支撑（The Native Labour Commission, 1920, cited in Wallace, 2011, 219）。然而到了20世纪70年代晚期，纳米比亚从劳动力稀缺经济体转变为劳动力过剩经济体。在气候干旱和经济衰退的时期，也出现了有组织的劳工抵抗行为，还有反对纳米比亚合同制度的数量众多的罢工。工会运动在20世纪80年代迅速扩张，同时劳工斗争也日益成为反对南非种族隔离制度的策略（Wallace, 2011）。与南非及非洲大陆其他地区的情况一样，到20世纪90年代，纳米比亚赢得独立之时，民族解放政党把有组织的工人阶级和工会工人作为抵抗经济压迫和政治压迫的依靠（Cooper, 2005; Barchiesi, 2011; Lawhon et al, 2018）。简言之，在纳米比亚，雇佣劳动与资本主义生产主义的工作伦理的历史是复杂的，正如它在更广泛的南部非洲的情况。长期以 281
来，雇佣工作作为种族化的剥削和胁迫的场所而受到人们的抵制（Comaroff and Comaroff, 1987; Makhulu, 2012），但同时又作为城市化和现代性的工具、社会经济地位的象征以及政治行动和公民身份的来源，而受到人们的重视和渴望。

在当代纳米比亚，这些矛盾依然存在，从20世纪70年代末以来，地方性失业一直存在。纳米比亚被划分为中上收入水平国家，但高度贫穷、失业率高。据统计，2018年纳米比亚总体失业率为33%，青年失业率为46%（Namibia Statistics Agency, 2019）；同时，纳米比亚的不平等现象严重，根据某些衡量标准，纳米比亚在全世界最不平等国家里排名第二，仅次于南非（World Bank, 2020）。为应对这些挑战，纳米比亚实行了一项福利补助制度，与南非类似，但范围更小。这些补助金利用20世纪60年代开始实行的养老金计划支持老年人，通过直接现金转让支持残疾人和寄养儿童。值得注意的是，这些资金转移给了那些由于身体原因而无法工作的人，事实上与南非不同，即使是贫困家庭的孩童也无法得到国家的货币支持，除非他们是孤儿或住在寄养家庭里。正如弗格森所说（2015, 156），需要“社会”干预的群体继续追求“照片中的挣工资的男人”形象。

21世纪，一个由教会、非政府组织、工会和活动家组成的联盟开始在纳米比亚倡导实施基本收入补助金制。基本收入联盟（Basic Income Grant Coalition, BIG）中值得骄傲的是一处基本收入补助金试点。试点在名叫奥奇韦罗（Otjivero）的小村庄进行，共持续两年时间（2008年至2009年），由德国教会团体和非政府组织资助。试点的结果惊人：虽然每个月只给每位村民100纳米比亚元（约合9美元），但犯罪率下降了42%，粮食短缺率从76%下降到16%，辍学率从40%下降到0，参与经济活动的人的比例从44%上升到55%（Haarmann et al, 2009）。

尽管效果显著，当时的总统波汉巴（Pohamba）依旧断然拒绝了这项提议，他强调说：“我们不能把钱免费分给无所事事的人。”（Haarmann, 2012, 8）工会跟随他的脚步，纷纷离开了基本收入联盟。因此，倡导基本收入补助金制的活动家都盼望着2015年根哥布（Geingob）当选总统后，政府的政策能有所改变。奥奇韦罗试点期间，根哥布不仅负担了一个家庭的基本收入，而且一上台就任命基本收入联盟的前负责人泽弗奈亚·卡梅塔（Zephania Kameeta）主教为新成立的消除贫困部（Ministry of Poverty Eradication）的负责人。来自世界各地的很多活动家认为，此举意味着基本收入补助金制有可能回归纳米比亚的主要政策议程。然而2016年，希望破灭。当时根哥布推出“哈兰比繁荣计划”（Harambee Prosperity Plan），计划明确指出基本收入补助金制不属于该计划。取而代之的是规划建立食品银行，以及规划以基础设施建设为导向的青年工作计划（纳米比亚共和国，2016）。纳米比亚的第五个国家发展计划（2017年至2022年）没有提及基本收入补助金制，这似乎证实了总统对基本收入补助金制不再支持。消除贫困部的2018年战略规划和蓝图也只是顺带提到了基本收入补助金制，并没有建议实施这项政策（Ministry of Poverty Eradication and Social Welfare，2018a、2018b；Republic of Namibia，2017）。 282

但最近出现些许复苏的迹象。鉴于新型冠状病毒肺炎疫情，有资格获得社会金的人增多，其中包括没有收到其他形式补助的失业成年群体（尽管社会金只是单笔款项）。此外，根哥布总统在2020年6月的国情咨文中提到，从食品银行转变为“修改后的基本收入补助金制”的“可行性调查”（2020）。

不平等现象频发，人民的失业率高，围绕收入保障的普遍形式展开的政策争论激烈，在这种大背景下，纳米比亚的穷人和失业者是如何思考收入与工作脱钩的呢？

纳米比亚的收入与劳动：根深蒂固的依恋

在纳米比亚，与我交谈过的很多长期失业的穷人都听说过基本收入，尽管大多数人不认识“基本收入补助金制”这个词。纳米比亚2008年至2009年的试点项目可能已经传播了全民基本收入的理念，这是公共政策讨论和宣传活动无法做到的。事实上，基本收入联盟通过派遣参与试点的人员去其他城镇谈论自己的经历，利用了试点扩展的可能性（Herbert Jauch，2016年4月8日私人联系）。

我把时间花在采访奥奇韦罗村的部分村民身上，他们都曾参加过基本收入补助金制试点项目。无论年长还是年轻，无论是男是女，每个人都对该提议表示支持，并对自己在试点期间的经历表示高度赞赏。人人都希望恢复基本收入补助金制，并坚持认为，即使补助金额不大（每月100纳米比亚元，相当于当时的12美元），也会对自己的生活产生巨大影响。一位年轻姑娘
283 告诉我，这笔补助金让她能够离开村庄，到纳米比亚首都温得和克（Windhoek）求职，而坐共享出租车去需要一小时，且价格昂贵。另一位姑娘指出，自己在试点期间开了家发廊，客户的数量变多，反映了收入转移项目在促进当地经济增长和创业方面产生的连锁效应。还有人告诉我，补助金保障了粮食安全，因此他们在那段时间里，不必担心孩子或孙子的吃饭问题。许多人用补助金购买食物、出去找工作，还买了电话和电视。用村庄前任校长的话说，这让他们有“与世界连接”的感受。每个人都对取消补助金感到失望，尽管大多数人对现任总统表示乐观（看起来他得到了广泛的赞许），因为他会做一些类似于基本收入补助金制的事情，即使这些事项不叫“基本收入”。

但是当我提问，民众想要政府提供基本收入补助金还是某种形式的公共工作计划时，某些关键的细微差别开始出现。即使我解释补助金和工作计划支付的金额相同，并且在工作计

划中，对工作类型和工作时间的规定相当模糊，许多受访者还是告诉我，他们更喜欢工作计划。一位中年妇女需要抚养10个子女和孙子，最初支持基本收入补助金试点，她坚持认为工作计划比补助金更适合自己，因为自己“整天在家什么也不干，想出去活动活动”。我问她，什么样的工作较为理想，她说缝纫或熨烫衣物，她的回答让我十分惊讶，因为这类工作都在室内进行，不需要多少运动。我追问她，为什么不干脆领取补助金，然后找工作，或者把时间花在追求快乐但没有报酬的户外活动上。她坚称：“村子太小，没什么可做的。”事实上，她理想中的国家干预措施是政府在村庄附近建工厂，部分原因是她认为工厂的工资比政府补助更高。

奥奇韦罗的村民们对此也表示赞同，虽然两者能给相同数
额的钱，可他们更喜欢工作计划而不是现金转让。某位年轻女
士[3]告诉我，她认为基本收入补助金是个好主意，但她更喜欢工
作计划，因为她想“保持忙碌，而不是只待在家里”。同样，两
位年轻人对我说，基本收入补助金是一项“好计划”，他们希
望政府能够实施这个计划。当我进一步提问时，他们甚至说，
自己愿意参加在温得和克举行的示威或抗议，来支持基本收 284
入补助金制。然而两人也都说，更希望参加金额相同的工作计
划，因为“没什么可做的，而［我们］需要点事做”。相比之下，
雇佣工作“让人身体健康，因为无所事事不好”。在所有的回答
里，无聊和健康是关键的动机。对于受访者来说，工作带来生
活的意义，能转移注意力，还能让身体健康。

然而，不是所有奥奇韦罗的村民都喜欢工作计划。几位年

轻姑娘告诉我，她们更喜欢拿补助金而非就业计划，因为她们会用这些钱来经营美容美发厅。事实上，其中一位年轻姑娘在基本收入试点实施期间正是这样做的，而其他人是她的姐妹和朋友。受到这位姑娘成功的启发，其他人打算，如果基本收入补助金制重新出现在奥奇韦罗，她们也会联合起来做同样的事情。重要的是，那些宁愿选择现金转让而不是工作计划的人，脑海中也有明确的商业提案，使得他们在补助金的帮助下，很容易就能获得工作。然而雇佣工作仍然是首选，利用补助金赚到的是利润，而不是工资。

这种强调工作带来"忙碌感"并将人从无聊中解脱，得到了奥奇韦罗许多村民的响应，为研究失业者和就业不足者对工作的依恋带来了新的启示。与我在南非的比较研究中所发现的情况不同，长期失业者担心，如果"白给"身体健康的成年人金钱，可能会导致他们整日无所事事或挥霍无度（Fouksman，2020）。对于领取补助金的人变得懒散等道德问题，奥奇韦罗的村民并不担心。相反，人们认为，雇佣劳动在人们的生活中发挥着心理和生理上的作用，几乎是一种医学作用。受访者似乎重视忙碌感本身（Weeks，2011；Bellezza et al，2017），看电视或与朋友聊天等行为不足以打发时间，也没有别的事情可以取代雇佣劳动的位置。工作似乎也是活动和行动的外部动力，或许还是人生意义的外部动力。当我建议村民在雇佣劳动之外获得这种忙碌感时，我的建议很快遭到否定。安德烈·高兹的"非商品活动"类别，包括"为自己工作"（即必要但没有薪水的工作，如承担家务或养育孩子）和"自主活动"（即精通和享受的活动、创造性活动或社会活动，如在教堂唱诗班唱歌），两者不在讨论之列，甚至没有在纳米比亚的讨论中出现（Gorz, 1989）。[4]

在纳米比亚西部的斯皮茨科普村（Spitzkoppe），人们表 285
示更想要雇佣工作而不是现金转让。斯皮茨科普村较小，离奥奇韦罗村很远，大多数受访者都没有听说过这个试点项目，也没有听说过“基本收入”这一英文术语，但很多人听说过全民补助的想法。正如在奥奇韦罗，许多受访者认为，尽管有些人确实对补助金导致的懒惰和乱花钱持有道德上的担忧，但是都认为全民补助的想法是好的（Fouksman, 2020）。然而与奥奇韦罗村的情况相同，几乎所有受访者都表示，自己更喜欢公共工作计划而不是补助金，即便两者支付的金额相同。

当然，他们的回答也有差异。有位年轻姑娘在“以粮代工”计划和“以钱代工”计划两种选择之间摇摆不定，前者能让她不用担心别人乱用补助金，后者可以让她既能养活孩子，还能给他们买衣服。她对滥用补助金的担忧与我在南非的实地考察中听到的道德担忧相呼应，南非许多长期就业不足的人担心，若社会补助金变得更普遍，可能会导致酒精和毒品的滥用（Fouksman, 2020）。重要的是，她的两个建议都是与工作计划而不是与现金转让有关。当我问及这一偏好时，她一再重复“人必须为赚钱而工作”。她觉得没必要进一步解释自己的话，对于她来说，这似乎是显而易见的事情，根本无须解释。

我与斯皮茨科普村的不少男性交流过，包括一位30多岁的年轻男子、两位中年男子，还有村里年纪最大的老叟（90岁）。

他们的意见也各不相同，但都渴望雇佣劳动。年轻男人是画T恤衫的艺术家，他谈论了对创业的渴望。他告诉我，政府应该给所有人提供创业贷款而不是补助金，以便人人都能发展自己的生意：所有人都应该成为商人。其中一位中年人表示同意，在他看来，畜牧业是个好办法，政府应该让每个人从养鸡开始创业。最初，这些人都认为全民补助是个好主意，也都愿意去首都向政府争取补助金，但有位中年男子担心，尽管自己会把补助金投入生意，但补助金可能会导致人们变得“懒惰”。但是随着谈话展开，四个人都显得摇摆不定，他们有时认为为钱工作更好，“白给的钱不好”—— 这句话又出现了，一项明确的道德判断，每个人都明白的一句道德话语。另一个人相信，政府终将停止发放基本收入补助，因为“懒惰的人”会利用这一补助，这
286 一论点与殖民时期以及当今某些统治精英所推崇的工人利益的论调相呼应。

当我问及为什么工作计划比支付相同金额的补助金更好时，其中一种回答是：工作计划可能会让当地的社区受益。受访者认为，工作计划可能有助于收拾村庄或建成基本的公共工程。事实上，尽管人们普遍认为“为钱工作更好，白给的钱不好”，但工作的社会意义和个人意义与道德意义同样重要。例如，当我提问，这些人是否愿意挖沟再填平，挖沟再填平，如此反复作业来换取工资时，所有人都说绝对不行，因此他们希望自己的工作是有益的、有价值的。那位90岁的老叟补充说，现金补助适合已经工作了一辈子的长辈，但年轻人“不能空等着钱来，他们必须工作”，如果年轻人“干坐着什么都不做”，他们

“一辈子都没有进步”，这与美国、英国关于福利依赖的长期性质的论述相呼应。经过多次讨论，其中一位中年男子赞同基本收入可以让社区自我组织并发展。虽然这个观点经过了大量讨论，然而其他男性仍然怀疑这种情况是否真的会发生。

重新规划再分配制度

与有关基本收入的学术辩论相比，这些讨论完全没有提到再分配的道德要求，即富人应该把自己的部分财富分给穷人。我在斯皮茨科普村直接提出了这一点，男性村民也赞成，政府应该要求富人分一部分钱给穷人，但必须有大量的激励措施。弗格森（2015）认为，现金转让越发流行，围绕基本收入的辩论越发激烈，这可能与越来越多的人认为这种拨款是国家财富的“合法份额”有关。然而，我采访的许多人并没有认识到补助金与国家财富的关系。尽管学术文献呼吁分配的正义，但是我在纳米比亚采访过的大多数男男女女都没有从这个角度看待社会补助金。

然而，当我把基本收入重新定义，使其成为一个分配的问题时，这种想法得到了人们的热情支持。事实上，当我把它描述为“红利”或国家财富的合法份额，而不是政府的“补助”时，即使是那些最初不愿支持基本收入补助金制的人，也变得热情起来。当我在南非进行比较性实地考察时，这一点变得很明显，我在那里听到了与纳米比亚受访者非常相似的观点。最 287
初许多人表示，相对于其他形式的资源分配，他们更倾向于雇佣工作，并呼吁国家提供就业机会，而不是直接分发现金补助（Fouksman, 2020）。但我在访谈尾声提出新的问题，询问人们对全民自然资源红利的看法，即每月向所有公民分配一定份额的自然资源财富。令我惊讶的是，即便是那些认为"不劳而获"非常不好的人，或那些认为会导致懒惰或滥用资金的人，都对这一提议表示支持。以穆托科济西（Mthokozisi）为例，穆托科济西是一位19岁的年轻男士，住在南非约翰内斯堡市中心某座废弃仓库里。当我第一次向他提出基本收入补助金的想法时，他坚持认为这是个坏主意，因为"如果你给民众发放补助金，[民众]会浪费它，[民众将]坐以待毙"。然而，当我把基本收入补助金的想法改成从南非的自然资源财富中拿出一部分分给每位公民时，他表现出对这一想法的热情支持，对懒惰的担忧似乎也随之消失。当我问他，自然资源财富的份额与补助金有何区别时，他回答说："我们必须从自己的经济活动中受益……社会补助金是政府发的，而不是我赚来的，这就是区别。"对于受访者来说，补助金与份额、慈善与权利之间的精神距离似乎很是疏远。

为什么即使在纳米比亚这样一个系统性失业和不平等程度极高的地方，雇佣劳动仍然是获得收入的核心手段？为了理解其中缘由，我们必须关注普通人思考分配方式的细微差别，还要思考现金、工作道德与应得利益之间根深蒂固的联系。正如我在其他地方论述的那样（Dawson and Fouksman, 2020; Fouksman, 2020），受访者并不抗拒所有形式的再分配，也不认为国家在分配的正义中没有起作用。事实上，许多受访者都对家庭成员、伴侣和赞助人之间的分配网络有依赖性，分配成为一种社会经济活动（弗格森，2013、2015）。受访者强调，国家应该为自己提供教育、卫生、住房、土地以及污水处理、供电和水资源等社会服务，还要为自己提供创造收入的工作。正如穆托科济西的评论所反映的，受访者并不反对土地或自然资源等集体财富（看似）的分配。事实上，正如本章开篇所述，对土地和自然资源进行更公正的再分配，是纳米比亚反殖民主义斗争的关键所在。然而值得注意的是，在我的访谈中，自然资源红利的想法不是自发提及的，而是我提出的。对于受访者而言，土 288
地看起来是可分享的集体资源，但现金（尤其是生计和社会保障）似乎依然与雇佣劳动有关联。

许多后工作理论学者认为，“普通人”会更喜欢工作时间缩短；无论是否有工作，每个人的收入都有保障，以及为了拥有更多的“自主活动”（Gorz，1989）而将工作非商品化（Frayne，2015，119）。例如，高兹（1999）承认资本主义工作伦理的中心地位，并同时认为人们更愿意从事有意义的“多种活动”，而不是为了工资或利润工作。但这些假设的证据几乎全是来自北半球受过良好教育的中产阶级或中上阶层工人的看法，他们要么已经有了雇佣工作，要么可以选择在相对稳定、安全、体面的职场当白领。该群体表示，雇佣劳动没有意义，充满了没有实际价值的“狗屁”任务，或者与其他更有必要、更有意义的活动相比过于累人（Gorz，1999；Frayne，2015；Graeber，2018）。然而，本章的实证研究提出了疑问——从这样一个群体的经历中是否能总结出有价值的结论。人们可能会直观地以为，如果在全球劳动力市场上拥有相对特权地位的人，对雇佣劳动和唯生产主义工作行为准则在其日常生活中的中心地位感到不满，那么那些在该劳动力市场中处于最不利地位的人（如本章中的受访者）会更加不满。然而我的研究表明，情况恰恰相反。受访者们深深怀念20世纪中期福特主义的愿景，即大众都能通过雇佣工作获得社会成员资格和社会公民身份。纳米比亚的民族解放历史，雇佣工人在殖民时期和种族隔离时期的政治中心地位，以及辛勤工作、精英管理和正当性等说辞导致的普遍不平等状态的正常化，最后形成了这种“后福特主义影响”（Muehlebach and Shoshan, 2012）。

结论：面向后工作时代的新想象

用弗雷德里克·库珀（Frederick Cooper）的话说，“创新项目会带来真实的后果”（1996, 457）。尽管在广泛的结构性失业与高度不平等的背景下，只有部分受访者认为，应该无条
289 件地保障收入安全。他们拒绝利用通用现金补助（这时称为福利或社会保障）进行再分配，这种想法似乎源于对雇佣工作的三种依恋，即道德依恋、心理依恋和社会依恋。道德依恋关注的是社会补助金可能导致出现“懒惰”和滥用金钱的情况，因为它免除了民众从事雇佣工作的义务。心理依恋是基于对工作所带来的结构性、积极性和忙碌性的渴望。社会依恋是关注有偿工作创造集体利益和建立社会关系的方式。这三种依恋最终都与时间的使用有关，即我们是在哪里、和谁一起如何共

度时光，谈论了我们自身、我们的道德价值和我们在世界上的地位。

因此，本章的论述恳请我们（打工者和研究人员）去反思自己对花费时间的正确和错误方式的想法。如果人们能够广泛接受和要求全民再分配制度和劳动的非商品化，这些假设必然“表现得奇怪”。目前有关自动化与后工作时代的讨论（Coote et al，2010；Srnicek and Williams，2015），必须与围绕资源分配和时间使用的新的政治想象和社会想象联系起来，超越那种基本收入为自动化造成的失业提供补偿的想法。我们需要努力想象，在未来，有意义的活动和时间与资源的公正分配将会是什么模样。

这里有两种乌托邦式的方法：一种是政治性的，另一种是学术性的，但两者是不可分割的。第一种方法是将目前对社会保障线、全民基本收入保障的兴趣与缩短工作时间的运动联系起来。这种方法将在一个依恋雇佣工作的时代分配现有的雇佣工作机会，同时颠覆“努力工作是获得收入和财富的关键”这一道德论断。与此同时，我们必须重新规划全民收入保障的建议，不是把它看作一种福利或扶贫的形式，而是一种公平分配已经属于我们的集体财富份额的方式。

第二种方法是重新构想社会机构、文化机构和政治机构，它们能够取代工作的意义形成和关系维度（Standing，2009）。在公众的想象中，这一领域基本上是缺失的，它将包括志愿协会的复苏、对公共和社区空间的保护、教育系统的改革以及与工会并存的“休闲协会”的兴起。我们必须认真对待当前对雇佣劳动的道德依恋、社会依恋和心理依恋，不是为了捍卫它们，而是为了重新设想这些依恋如何满足劳动力市场之外的群体。
290 这将需要实证工作，解读人们的想法和愿望，以及这些愿望在多大程度上是对财富积累和不平等的正常化的回应。只有在这种“深刻”的理解下，我们才能真正开始重新构想新类别和新结构，以挑战和取代当下人们对雇佣就业的依恋。

为了实现一种新的分配政治，首先我们需要参与长期的政治性工作，从雇佣劳动的框架中重新获得生计、身份和社区。我们需要采取干预措施，对雇佣劳动在人们生活中发挥的社会、心理、道德和经济作用保持敏感，以及对这些作用在不同地域和阶级中的变化及区别保持敏感。我们需要理解雇佣劳动在调解方方面面的社会经验时所发挥的更广泛的社会作用，尤其是强加的结构、价值、秩序和等级制度。人们选择从事雇佣劳动不仅仅是为了收入，也是为了嵌入资本主义的依赖关系（Ferguson, 2013）和纪律。在这个世界上，稳定的全职雇佣工作的承诺已经变成一种“残酷的乐观主义”（Berlant, 2006），我们必须创造新的社会想象，在这个想象中，我们的生计、身份和社区都建立在薪酬以外的机制上。

致谢

这项工作得到了福特基金会（Ford Foundation）和利弗休姆信托基金（Leverhulme Trust）的资助。本项工作还得益于社会、工作与政治研究所成员的支持和反馈，本章在此机构的研讨会上得到首次讨论。感谢牛津大学的非洲研究中心，感谢伦敦玛丽女王大学的后工资经济时代研讨会的参与者。我真诚地感谢所有参会人员。还有本书的编辑，感谢他们付出时间、参与和深刻的见解。

注释

1　最著名的大规模现金转让计划包括墨西哥机遇计划（Mexico's Oportunidades，最近改称为墨西哥繁荣计划，即Mexico's Prospera）和巴西的家庭援助金计划（Bolsa Família），两者都由政府管理，有条件地针对低收入家庭，以及非政府组织"直接给钱"慈善组织（GiveDirectly）在东非进行的无条件（但有针对性）的现金转让计划。全民基本收入已经在纳米比亚和印度进行试点，即将在东非（由"直接给钱"慈善组织负责）、欧洲、加拿大和美国进行小规模试验。最近关于现金转让的元评论见巴斯塔利（Bastagli）等人（2016）的论述。

2　虽然纳米比亚在1884年正式成为德国的殖民地，在1920年至1990年由南非统治，但纳米比亚的殖民历史可以追溯到1485年，从19世纪初开始加剧，不仅是德国人，还有葡萄牙人、英国人和荷兰人都曾是纳米比亚的殖民者。

3　这位受访者在试点期间没有收到补助金，因为她当时在外地工作，但她的姐妹们都收到了。 291

4　本章甚至本项目都无法详细地论述这些依恋背后的原因和历史，尽管解释范围较广，包罗了从南部非洲的资本主义历史到当代教育，再到围绕“所有人的全职工作”这一理念建立的文化和公共世界的社会化。“为自己工作”“自主活动”可能需要教师、设备、空间和互动场所，还需要不再重视雇佣工作的社会，而像奥奇韦罗这样的地方，缺失上述所有条件。

参考文献

Barchiesi, F. (2011) *Precarious Liberation: Workers, the State, and Contested Social Citizenship in Postapartheid South Africa,* Albany, NY: SUNY Press.

Bastagli, F., Hagen-Zanker, J., Harman, L., Barca, V., Sturge, G., Schmidt, T. and Pellerano, L. (2016) *Cash Transfers: What Does the Evidence Say?* London: Overseas Development Institute.

Bellezza, S., Paharia, N. and Keinan, A. (2017) 'Conspicuous consumption of time: When busyness and lack of leisure time become a status symbol', *Journal of Consumer Research,* 44: 118–138.

Berlant, L. (2006) 'Cruel Optimism', *Differences: A Journal of Feminist Cultural Studies,* 17(5): 20–36.

Birnbaum, S. (2016) 'Basic Income', *Oxford Research Encyclopedia of Politics* (Nov 2016): 1–29.

Comaroff, J.L. and Comaroff, J. (1987) 'The Madman and the Migrant: Work and Labor in the Historical Consciousness of a South African People', *American Ethnologist,* 14(2): 191–209.

Cooper, F. (1996) *Decolonization and African Society: The Labor Question in French and British Africa,* Cambridge: Cambridge University Press.

Cooper, F. (2005) *Colonialism in Question: Theory, Knowledge, History,* Berkeley, CA: University of California Press.

Cooper, F. (2018) 'From Enslavement to Precarity? The Labour Question in African History', in Adebanwi, W. (ed) *The Political Economy of Everyday Life in Africa,* pp.135–156.

Coote, A., Franklin, J. and Simms, A. (2010) *21 Hours: Why a Shorter Working Week Can Help Us All to Flourish in the 21st Century,* London: The New Economic Foundation.

Dawson, H. and Fouksman, E. (2020) 'Labour, laziness and distribution: Work imaginaries among the South African unemployed', *Africa,* 90(2): 229–251.

Ferguson, J. (2013) 'Declarations of dependence: Labour, personhood, 292
and welfare in Southern Africa', *Journal of the Royal Anthropological Institute,* 19(2): 223–242.

Ferguson, J. (2015) *Give a Man a Fish: Reflections on the New Politics of Distribution,* Durham, NC and London: Duke University Press.

Fouksman, E. (2020) 'The moral economy of work: Demanding jobs and deserving money in South Africa', *Economy and Society,* 49(2): 287–311.

Frayne, D. (2015) *The Refusal of Work: The Theory and Practice of Resistance to Work,* London: Zed Books.

Gorz, A. (1989) *Critique of Economic Reason,* New York, NY: Verso.

Gorz, A. (1999) *Reclaiming Work: Beyond the Wage-Based Society,* Cambridge: Polity.

Graeber, D. (2018) *Bullshit Jobs: A Theory,* London: Allen Lane.

Haarmann, C. and Haarmann, D. (2012) 'Piloting basic income in Namibia – Critical reflections on the process and possible lessons', in *Pathways to a Basic Income: 14th Congress of the Basic Income Earth Network (BIEN),* Munich.

Haarmann, C., Haarmann, D., Jauch, H., Shindondola-Mote, H., Nattrass, N., van Niekerk, I. and Samson, M. (2009) *Making the Difference! The BIG in Namibia: Basic Income Grant Assessment Report, April 2009.*

Hanlon, J., Barrientos, A. and Hulme, D. (2010) *Just Give Money to the Poor: The Development Revolution from the Global South,* Sterling, VA: Kumarian Press.

International Labour Office (2012) *Social Security for All: Building Social Protection Floors and Comprehensive Social Security Systems. The Strategy of the International Labour Organization.*

International Labour Organization and the World Bank Group (2015) 'Joint Statement by World Bank Group President Jim Yong Kim and ILO Director General Guy Ryder', available at http://www.ilo. org/wcmsp5/groups/public/---dgreports/---dcomm/documents/statement/wcms_378989.pdf.

Lawhon, M., Millington, N. and Stokes, K. (2018) 'A labour question for the 21st century: Perpetuating the work ethic in the absence of jobs in South Africa's waste sector', *Journal of Southern African Studies,* 44(6): 1115–1131.

Li, T.M. (2010) 'To Make Live or Let Die? Rural Dispossession and the

Protection of Surplus Populations', *Antipode,* 41(1): 66–93.

Li, T.M. (2013) 'Jobless growth and relative surplus populations', *Anthropology Today,* 29(3): 1–2.

Makhulu, A.M. (2012) 'The conditions for after work: Financialization and 293
informalization in posttransition South Africa', *Pmla,* 127(4): 782–799.

Marais, H. (2018) 'The employment crisis, just transition and the universal basic income grant', in V. Satgar (ed), *The Climate Crisis: South African and Global Democratic Eco-Socialist Alternatives,* Johannesburg: Wits University Press, pp.70–106.

Ministry of Poverty Eradication and Social Welfare (2018a) 'Blueprint on Wealth Redistribution and Poverty Eradication', Windhoek.

Ministry of Poverty Eradication and Social Welfare (2018b) 'Strategic Plan 2017/2018–2021/2022', Windhoek.

Muehlebach, A. and Shoshan, N. (2012) 'Introduction', *Anthropological Quarterly,* 85(2): 317–343.

Namibia Statistics Agency (2019) *The Namibia Labour Force Survey 2018 Report,* Windhoek.

Nattrass, N. and Seekings, J. (2011) 'The Economy and poverty in the twentieth century', in Hamilton, C., Mbenga, B. and Ross, R. (eds) *The Cambridge history of South Africa, Vol. 2,* Cambridge: Cambridge University Press, pp.518–572.

Paine, T. (1796) *Agrarian Justice,* digital edn, available at www.grundskyld.dk.

Republic of Namibia (2016) 'Harambee prosperity plan, 2016/17–2019/20:

Namibian government's action plan towards prosperity for all', Windhoek.

Republic of Namibia (2017) 'Namibia's Fifth National Development Plan', Windhoek: Government of Namibia.

Seekings, J. and Nattrass, N. (2005) *Class, Race, and Inequality in South Africa,* New Haven, CT: Yale University Press.

Srnicek, N. and Williams, A. (2015) *Inventing the Future: Postcapitalism and the World without Work,* London: Verso.

Standing, G. (2009) *Work After Globalization: Building Occupational Citizenship.* Cheltenham, UK and Northampton, MA: Edward Elgar Publishing.

The Presidency (2020) 'State of the Nation Address by His Excellency Dr Hage G. Geingob, President of the Republic of Namibia', Windhoek.

Wallace, M. (2011) *A History of Namibia: From the Beginning to 1990,* New York, NY: Columbia University Press.

Weeks, K. (2011) *Problem with Work: Feminism, Marxism, Antiwork Politics, and Postwork Imaginaries,* Durham, NC and London: Duke University Press.

294 Widerquist, K. (2017) 'Basic income's third wave', *Open Democracy,* 18 October.

World Bank (2020) 'GINI Index (World Bank Estimate)', available at http://data.worldbank.org/indicator/SI.POV.GINI/, accessed 7 June 2020.

索　引

（索引页码为原著页码，即本书边码）

Y

Z

图书在版编目（CIP）数据

薪酬之上：多元经济中的劳动形态 / （英）威廉·蒙蒂思，（英）多拉-奥利维亚·维科尔，（英）菲利帕·威廉姆斯编；潘馨，田明刚译. —北京：中国工人出版社，2022.11

书名原文：*Beyond the Wage: Ordinary Work in Diverse Economies*

ISBN 978-7-5008-8012-7

Ⅰ. ①薪… Ⅱ. ①威… ②多… ③菲… ④潘… ⑤田… Ⅲ. ①就业—研究 Ⅳ. ①C913.2

中国版本图书馆CIP数据核字（2022）第216311号

著作权合同登记号：图字01-2022-6100

薪酬之上：多元经济中的劳动形态

出 版 人	董　宽
责任编辑	杨　铁
责任校对	张　彦
责任印制	黄　丽
出版发行	中国工人出版社
地　　址	北京市东城区鼓楼外大街45号　邮编：100120
网　　址	http://www.wp-china.com
电　　话	（010）62005043（总编室）　（010）62005039（印制管理中心） （010）62001780（万川文化项目组）
发行热线	（010）82029051　62383056
经　　销	各地书店
印　　刷	北京盛通印刷股份有限公司
开　　本	880毫米×1230毫米　1/32
印　　张	13.75
字　　数	300千字
版　　次	2023年2月第1版　2023年2月第1次印刷
定　　价	98.00元